普通高等教育新形态教材

计量经济学原理与应用

◀◀◀◀ 第三版

许振宇◎主　编

张厚鼎　傅龙天◎副主编

清华大学出版社

北　京

内 容 简 介

本书系统阐述了计量经济学的基本原理与相关应用,编写原则为"精简理论,凸显实务",在讲清基本原理的基础上,结合社会经济实际问题,探究相关经济变量的内部数量关系,并列出详细的软件操作步骤,彰显出应用型教材的特点,突出计量经济学的知识性、趣味性、应用性、实践性、前沿性等特征。

全书共分十三章,讲述了计量经济学概述、一元线性回归模型、多元线性回归模型、异方差问题、序列相关问题、多重共线性问题、随机解释变量问题、虚拟变量模型、滞后变量模型、联立方程模型、时间序列平稳性问题、数据挖掘、机器学习等,附录部分列出了相关统计分布表。

本书是为应用型高等院校经济学大类的专业基础课程"计量经济学"编写的实务类教材,包括独立学院、民办本科院校与高等职业技术学院的经济学专业、经济统计学专业、国际经济与贸易专业、金融学专业、金融工程专业、投资学专业、工商管理专业、市场营销专业等。本书的创新之处是设计了"情景—体验—拓展—互动"一体化,穿插有大量软件操作演示和经济案例分析,并提供了相关教学课件和思考题答案。本书也可以作为从事市场调研与数据分析的在职人员的参考书。

图书在版编目(CIP)数据

计量经济学原理与应用 / 许振宇主编. -- 3 版. --北京:清华大学出版社,2025.9.
(普通高等教育新形态教材). -- ISBN 978-7-302-70245-0

Ⅰ. F224.0

中国国家版本馆 CIP 数据核字第 2025JJ3904 号

责任编辑:张 伟
封面设计:汉风唐韵
责任校对:王荣静
责任印制:刘海龙

出版发行:清华大学出版社
   网   址:https://www.tup.com.cn,https://www.wqxuetang.com
   地   址:北京清华大学学研大厦 A 座   邮   编:100084
   社 总 机:010-83470000   邮   购:010-62786544
   投稿与读者服务:010-62776969,c-service@tup.tsinghua.edu.cn
   质量反馈:010-62772015,zhiliang@tup.tsinghua.edu.cn
   课件下载:https://www.tup.com.cn,010-83470332
印 装 者:三河市人民印务有限公司
经   销:全国新华书店
开   本:185mm×260mm   印   张:15.5   字   数:366 千字
版   次:2016 年 2 月第 1 版   2025 年 9 月第 3 版   印   次:2025 年 9 月第 1 次印刷
定   价:49.00 元

产品编号:112475-01

Preface 前 言

　　第二次世界大战之后,许多西方经济学家因成功发展或应用计量经济学理论与方法而获得诺贝尔经济学奖。计量经济学为现代经济学的繁盛作出了重要贡献。西方经济学家保罗·萨缪尔森(Paul Samuelson)指出:"经济学已进入计量经济学的时代。"

　　计量经济学是一门理论与实务兼顾的学科。它以一定的经济理论和统计资料为基础,以建立经济计量模型为主要手段,以运用数学、统计学方法与信息技术等定量分析随机经济变量之间的数量关系为主要内容。西方经济学家劳伦斯·R.克莱因(Lawrence R. Klein)曾说:"计量经济学在世界各大高校已成为经济学最具权威性的课程之一。"

　　计量经济学理论,是在一定的经济理论的指导下,研究如何发展数理统计方法,使之成为随机经济变量关系测定的重要工具。计量经济学实务,则偏重如何运用计量经济学理论方法,探索现实经济统计变量之间存在的数量规律。

　　现有国内出版的计量经济学教材,往往过于偏重理论的诠释,不适应应用型高等院校的教学要求。本书中相关数学理论晦涩,如果学生数学功底不够深厚,要充分理解和掌握其内容,自然难度较大。当前,应用型高等院校非常需要一本理论简洁、操作性强、师生互动的计量经济学实务教材。

　　基于上述背景,我们确定本书编写的原则为"精简理论,凸显实务",授课对象为应用型高等院校学生。在讲清基本原理的基础上,结合社会经济实际问题,探究相关经济变量的内部数量关系,并列出详细的软件操作步骤。

　　本书的创新之处是设计了"情景—体验—拓展—互动"一体化,更适合应用型高等院校教师的教授和学生的自学,并提供了相关教学课件和每章后的闯关习题答案。

　　本书共分十三章,穿插大量软件操作演示和经济案例分析,尽可能彰显出实务类用书的特点,突出计量经济学的知识性、趣味性、应用性、实践性、前沿性等特征。

第一章介绍计量经济学的概念、研究对象和模型如何构建；第二章介绍一元线性回归模型的基本假定、参数估计和统计检验；第三章介绍多元线性回归模型的基本假定、正确设定、参数估计和统计检验；第四章介绍异方差性的检验和修正；第五章介绍序列相关性的检验和修正；第六章介绍多重共线性的检验和修正；第七章介绍随机解释变量问题的检验和修正；第八章介绍虚拟变量模型，包括二元 Probit 模型、二元 Logit 模型；第九章介绍滞后变量模型，包括自回归模型、格兰杰因果关系检验；第十章介绍联立方程模型，包括联立方程模型的识别和联立方程模型的估计；第十一章介绍时间序列平稳性问题，包括平稳性问题的检验、协整关系的检验和误差修正模型；第十二章介绍数据挖掘，包括数据挖掘概述、数据挖掘算法、数据挖掘案例；第十三章介绍机器学习，包括机器学习概述、机器学习算法、机器学习案例；附录部分列出了相关统计分布表。

本书由许振宇主编，本书第一版曾获福建省本科优秀特色教材。

本书在编写过程中，参考了大量国内外计量经济学教材、计量经济学期刊论文、相关网络文库资料等，在此对其作者一并表示深深的谢意。

由于作者水平有限，书中难免有不足之处，恳请读者与专家批评指正。

许振宇

2025 年 6 月

Contents 目 录

第五章　序列相关问题

第六章　多重共线性问题

第七章　随机解释变量问题

第八章　虚拟变量模型

第九章　滞后变量模型

第十章　联立方程模型

第十一章　时间序列平稳性问题

第十二章　数据挖掘

第十三章　机器学习

附录　统计分布表

1 第一章
Chapter 1
计量经济学概述

>>> 知识结构图

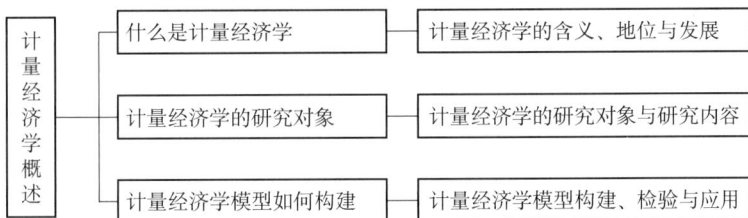

>>> 学习目标

1. 知识目标：计量经济学的含义、地位与发展状况；计量经济学的研究对象与内容体系；计量经济学模型的含义、构建步骤、检验与应用。

2. 能力目标：理解计量经济学与数学、统计学、经济学之间的关系；理解计量经济学的内容体系；掌握计量经济学模型的构建步骤、检验方法与应用范围。

>>> 情景写实

妈妈说"多喝牛奶会长高"，但你发现邻居家孩子每天喝牛奶却没你高。

这是**"遗漏变量偏差"**问题。身高不仅受牛奶等饮食因素影响，还与遗传、运动、睡眠等因素相关。需要加入"控制变量"（父母身高、运动时长等）才能准确估计单一变量（牛奶）的真实影响。

你刷到的网红店评价全是好评，但自己去了却觉得一般。

这是**"选择性样本偏差"**问题。网红店的好评可能来自商家筛选的"托儿"，或只有满意的顾客才会主动评价。判断一件事时，别只看"显眼的数据"，要考虑样本是否全面，需要通过随机抽样避免样本偏差。

第 一 节　　什么是计量经济学

计量经济学(Econometrics)是经济学的基础学科之一。**它以一定的经济理论和统计资料为基础,运用数理方法与计算机技术等,以建立计量经济模型为主要手段,定量研究具有随机特性的经济变量,进而探究经济主体之间的互动规律。**

理论经济计量学以计量经济学理论与方法技术为研究内容,目的在于为应用计量经济学提供方法论,主要研究如何运用、改造和发展数理统计方法,使之成为随机经济关系测定的特殊方法。

应用计量经济学是在一定的经济理论的指导下,以反映事实的统计数据为依据,用经济计量方法研究经济数量模型的实用化,或探索实证经济规律、分析经济现象和预测经济行为,以及对经济政策做定量评价。

相关链接 1-1

计量经济学的学科地位

计量经济学从诞生之日起,就显示出极强的生命力,而且经过 20 世纪四五十年代的大发展、60 年代的大扩张、70 年代现代计量经济学理论方法的研究与应用,已经在经济学科中占据非常重要的地位。正如著名计量经济学家、诺贝尔经济学奖获得者克莱因所评价的:"计量经济学已经在经济学科中居于最重要的地位。""在大多数大学和学院中,计量经济学的讲授已经成为经济学课程表中最有权威的一部分。"著名经济学家、诺贝尔经济学奖获得者萨缪尔森甚至说:"第二次世界大战后的经济学是计量经济学的时代。"

计量经济学是经济学的一个分支学科,以揭示经济活动中客观存在的数量关系为主要内容。第一届诺贝尔经济学奖获得者、计量经济学的创始人、挪威经济学家拉格纳·弗里希(Ragnar Frisch)将计量经济学定义为经济学、统计学和数学三者的有机结合(图 1-1)。

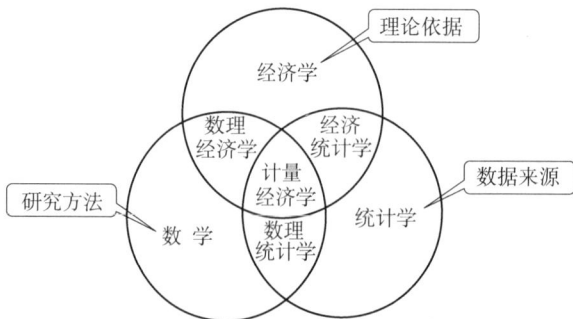

图 1-1　计量经济学的学科地位

20 世纪 70 年代末,计量经济学在我国得到了迅速的传播与广泛的应用。目前,它对于经济管理工作的重要性不言而喻。

经典实例 1-1

计量经济学与经济学、数理经济学、经济统计学的学科内涵有什么异同？

经济学：研究如何最优配置和高效利用现有可供选择的有限资源,实现人类现在和将来无限欲望的最大满足。

数理经济学：研究如何运用抽象的方法得出经济学概念与理论,包括借助数学函数和几何图形等工具,不考虑对经济理论的度量和经验解释。

经济统计学：研究如何获得经济学统计资料和借助统计资料实现现实经济现象动态变化过程的高效记录,包括收集、整理、输出经济数据等。

计量经济学：研究如何以经济学统计资料作为数据来源,以经济学作为理论依据,以数学作为研究方法,以计量经济学模型作为主要手段,实现经济理论验证、未来经济预测和经济政策评价。

一、计量经济学的起源

数学方法在经济学中的应用,最早可追溯到 300 多年前,即 1676 年英国古典政治经济学的创始人威廉·配第(William Petty)编著的《政治算术》。"计量经济学"一词,是挪威经济学家弗里希在 1926 年仿照"生物计量学"一词提出的。随后不久,1930 年成立了世界计量经济学会,1933 年创办了在经济学界影响力非常大的《计量经济学》学术杂志。

对于人们应如何理解"计量经济学",弗里希在《计量经济学》学术杂志的创刊词中解释："用数学方法探讨经济学,可以从好几个方面着手,但任何一方面都不能与计量经济学混为一谈。计量经济学与经济统计学绝非一码事,它也不同于我们所说的一般经济理论,尽管经济理论大部分都具有一定的数量特征,计量经济学也不应视为数学应用于经济学的同义语。经验表明,经济学、统计学和数学这三者对于真正了解现代经济生活中的数量关系来说,都是必要的,但各自并非充分条件,而三者有机结合起来才有力量,这种有机结合便构成了计量经济学。"

相关链接 1-2

计量经济学的学科属性

任何一项科学研究,大体都需要经过以下几个阶段：首先是观察自然或社会现象,观察的现象通常都是偶然或随机的；然后设计严格的假设条件,在随机现象的基础上提出理论模型；最后对理论模型实行一系列严格的数理检验,如果数理检验通过了,说明理论模型是成立的。检验方法多样,工科、理科主要借助实验或实践,社会学可以借助各种数理统计检验。计量经济学中的回归模型就是理论模型,计量经济学正是通过各种数理检验(如 R^2 检验、F 检验、t 检验)验证回归模型成立与否的一门学科。

1998 年 7 月,教育部高等学校经济学学科教学指导委员会讨论并确定了高等学校经济学一级学科各专业的 8 门共同的核心课程,其中包括"计量经济学"。由于计量经济学教材中充满各种数学原理的应用,而当时对经济学等学科的数学基础认识不足,于是教育部将"计量经济学"纳入文科课程范畴,这也是当前许多高校出现计量经济学课程"教师难教、学生难学"窘况的原因之一。

总体而言,要真正学好"计量经济学",需要良好的数学、统计学和经济学知识基础,同时还需较强的思维分析能力,以及较专业的计量建模能力和计量软件(如 EViews 软件)的应用能力。对于基础不够好的学生,需要预习教材,多听老师讲授,多阅读国内外同类相关书籍,多进行计量软件的实训操作等。学习计量经济学,可为写作毕业论文和实证分析经济学现象等提供保障。

二、计量经济学的应用

目前,国内对计量经济学的理论研究很少,大多是关于计量经济学应用的研究。对现代计量经济学理论,国内基本上处于学习和跟踪阶段。计量经济学在经济管理等工作中应用非常广泛,大致表现在以下几个方面。

(一)理论检验

理论检验是计量经济学最主要的用途。从一系列样本观察开始,然后通过数理分析,概括出相关经济理论模型,这是理论构建。用已有的经济理论模型去拟合(或预测、应用等)现实世界,如果拟合得非常好,那么这一理论就得到检验;反之就未通过检验。这是理论检验。从逻辑上看,理论构建是一种归纳推理的过程,即从特殊到一般;而理论检验则是一种演绎推理的过程,即从一般到特殊。

社会经济研究的主要目的,是对社会经济现象及其规律(或理论模型)作出科学归纳和正确解释。一个成功的计量经济学模型,必须很好地拟合社会经济的样本数据。样本数据是已经发生了的经济活动,如果模型拟合得非常好,则模型中的数量关系就是经济活动所遵循的经济规律。

相关链接 1-3

冒险犯罪的经济模型

诺贝尔经济学奖得主加里·斯坦利·贝克尔(Gary Stanley Becker)设计了一个著名的计量经济学模型,试图验证个体犯罪行为的选择机制。通常每一项特定的犯罪都有较可观的经济回报,但当实施该犯罪行为时往往也有不可忽视的机会成本。根据利润最大化原理,理性的个体会在经济回报与机会成本的比较中作出选择,只有当经济回报大于机会成本时,个体才会冒险去犯罪。

计量经济学模型为 $y = f(x_1, x_2, x_3, x_4, x_5, x_6, x_7, \cdots)$,$y$ 为犯罪所获得的利润。其中:x_1 为犯罪活动获得的经济回报;x_2 为犯罪活动所耗时间;x_3 为个体单位时间的合法收入;x_4 为犯罪活动被抓的概率;x_5 为被抓后被判有罪的概率;x_6 为获罪后被监禁的时间长度;x_7 为个体年龄……

(二)结构分析

当一个变量或几个变量发生变化时,会对其他变量以至整个经济系统产生一定的影响。结构分析就是对经济现象中变量之间关系的研究,如价格 P 与需求量 Q 之间的关系。结构分析所采用的主要方法有弹性系数法、边际分析法等。

相关链接 1-4

施肥量对大豆收成的影响

大豆的生长通常需要大量肥料,一般施肥量越大,大豆收成就越高。当然,施肥量只是影响收成的重要因素之一,还有土地肥力因素、降雨量、种群特征、耕作劳动量等。为了得到施肥量与收成之间的相互关系,可以选择几块面积相同、土地肥力相同的耕地,同时种上大豆。这几块耕地除了施肥量不同之外,其他影响要素都相同。分别对这几块耕地施撒不同倍数($n=1,2,3,4,5,\cdots$)的肥料量,等收割后,登记这几块耕地的大豆收成,并根据结构分析法找出施肥量与大豆收成量之间的数量关系。

(三)最优决策

最优决策是指决策者选择最优方案,追求理想条件下的最优目标。

决策行为包括以下几个要素。

(1)决策主体,通常分为个人决策者与集体决策者。

(2)决策目标,不同的决策其目标函数可能不同。

(3)决策变量,指影响决策目标并且决策者能够调控的因素。

(4)决策参数,指影响决策目标而决策者无法调控的因素。

(5)约束条件,指决策变量与决策参数变化的范围及其相互关系,如社会经济因素、制度环境因素等。

按照决策的目标函数,其可以分为投入产出效率最大化、利润最大化、产量最大化、成本最小化等;按照决策变量,其可以分为行业组合决策、产品组合决策、产量决策、要素组合决策、投资组合决策、人力资源组合决策、营销组合决策等。

相关链接 1-5

粥分配的民主决策

从前,有9个伙伴住在一起,每天共喝一桶粥,粥每天都不够分。

一开始,他们采用抓阄的方式决定由谁来分粥。每次抽选一个人,几周下来,结果他们觉得只有自己分粥的那一次是饱的。

接着,他们想到采用投票的方式选出一个道德高尚的人当首长,让首长全权负责分粥。权力过分集中就易产生腐败,于是就有人挖空心思去讨好首长,甚至贿赂他。首长后来也越来越嚣张跋扈,顺我者粥多,逆我者粥少。直到某一天,该首长被举报家有大量粥米源不明并因而被免职。

然后,他们设计出三人的分粥立法委员会、三人的分粥行政委员会和三人的分粥司法委员会,各委员会相互监督。结果是三个委员会经常互相攻击,不断相互扯皮,办事效率低下,导致大家喝到嘴里的粥天天都是凉的。

最后,大家摸索出一个最优决策:实行轮流分粥制,但分粥的那个人必须要等其他人挑选完后,才能拿剩下的最后一碗。为了不让自己的粥最少,每个人每次分粥时都尽可能把粥分配平均。

自此以后,大家和和气气,日子越过越好。

(四)政策评价

政策评价是研究不同的政策实施对经济目标所产生影响的差异。在采取某项政策前,有时先在局部范围内进行试验,然后推广与实行。

计量经济学模型,揭示了经济系统中变量之间的相互联系,将经济目标作为被解释变量,经济政策作为解释变量,可以很方便地评价各种不同的政策对目标的影响。一是预期目标法,给定目标变量的预期值,即希望达到的目标,通过求解模型,可以得到政策变量值;二是政策模拟法,将各种不同的政策代入模型,计算各自的目标值,然后比较其优劣,决定其政策的取舍。

相关链接 1-6

牛肉面馆老板的烦恼

在闹市入口有家牛肉面馆,一开始生意非常红火,但后来却不知什么原因不做了。

朋友问老板为什么,老板说:"现在的人贼着呢!我当时雇了个会做拉面的师傅,但在工资上总也谈不拢。开始的时候,为了调动师傅的积极性,我们按卖的多少来分成,每卖一碗面让他挣 5 毛钱。经过一段时间,他发现来吃面的客人越多,他的收入越高。这样一来,他就在每碗面里加超量的牛肉,吸引回头客。一碗面才 4 块钱,本来就靠薄利多销,他每碗多放几片牛肉,我还怎么挣钱?"

"后来我看这样不行,钱全被他赚去了!就换了个办法,给他每月发固定工资,工资给高点也无所谓,这样他不至于多加牛肉了吧?因为客多客少和他的收入没关系。但你猜怎么着?"老板有点儿激动了,"他在每碗里都少放牛肉,把客人都赶走了!""这又是为什么?"朋友激动地问。"牛肉的分量少,顾客就不满意,回头客就少,生意肯定清淡,他才不管你赚钱不赚钱呢,反正他拿的是固定的工钱,卖多少无所谓,没客人他才清闲呢!"

(五)经济预测

经济预测是与未来有关的旨在减小不确定性对经济活动影响的一种经济分析,不是靠经验、凭直觉或猜测,而是以科学的理论方法、可靠的资料、精密的计算及对客观规律性的认识作出的分析和判断。

计量经济学模型作为一类经济数学模型,是以模拟历史、从已经发生的经济活动中找出变化规律的技术手段,从经济预测特别是短期预测发展起来的。在 20 世纪五六十年代,运用计量经济学模型对西方国家经济预测不乏成功的实例。

经典实例 1-2

计量经济学模型能告诉我们什么

以某区域汽车市场计量经济学模型为例,$y = f(x_1, x_2, x_3, x_4, x_5, x_6, x_7, \cdots)$,$y$ 为汽车销售量,其中:x_1 为该区域人均收入水平;x_2 为汽车价格;x_3 为汽油价格;x_4 为汽车售后服务水平;x_5 为交通罚款平均值;x_6 为汽车寿命;x_7 为银行利率水平……

一旦该区域的汽车市场计量经济学模型各参数计算出来,即完整的计量经济学模型已

经建立。那么,我们可以获得以下信息:

(1) 影响汽车销售量的主要因素是什么(收入、价格等)?

(2) 各种因素对汽车销售量影响的性质怎样(正、负)?

(3) 各种因素影响汽车销量的具体数量程度怎样(各变量的参数值)?

(4) 以上分析所得结论是否可靠(F 检验、R^2 检验、t 检验等)?

(5) 今后发展的趋势怎样(经济预测)?

三、计量经济学的发展

1969 年,首届诺贝尔经济学奖授予了"计量经济学奠基人"挪威经济学家弗里希和"计量经济模式建造者之父"荷兰经济学家简·丁伯根(Jan Tinbergen)。随后,一半以上的诺贝尔经济学奖颁给了对计量经济学模型颇有建树的经济学家。

近些年来,诺贝尔经济学奖两次授予计量经济学的分支学科,2000 年是表彰詹姆斯·J. 赫克曼(James J. Heckman)和丹尼尔·L. 麦克法登(Daniel L. McFadden)对横截面数据的分析方法作出的杰出贡献,2003 年是表彰罗伯特·F. 恩格尔(Robert F. Engle)和克莱夫·W. J. 格兰杰(Clive W. J. Granger)分别用"随着时间变化的易变性"和"共同趋势"两种新方法分析经济时间数列。这都说明,计量经济学"技术层面"的研究工作越来越得到广泛的认可和高度的重视。

计量经济学早已不再是数理统计在经济学领域的简单应用,针对研究对象的独特性,计量经济学不断开创出新的理论和方法,如广义矩估计、协整分析、因果关系、脉冲效应、高频数据处理、虚拟变量处理、面板数据处理、状态空间模型、联立方程模型等,不仅拓展和丰富了统计学的研究范式,也给人们带来了对经济社会的全新认识。

如今,计量经济学与微观经济学、宏观经济学一起构成了现代经济学的三大核心。计量经济学对社会学、政治学乃至历史学等的研究也产生了深远的影响。它们也越来越多地借鉴和使用计量经济学的分析工具。在我国,计量经济学经过 30 多年的发展,计量经济学模型已经成为经济理论研究和实际经济分析的主流实证方法。当前,科研论文如果没有计量经济学模型实证分析,很难发表在《美国经济评论》和《经济研究》《中国社会科学》《管理世界》等国内外顶级学术期刊上。

一项实证研究从计量经济学模型的设定开始,一直到模型的估计、检验、评价和解释,其随意和错误随处可见。于是,人们对计量经济学模型方法产生了不同的甚至是相反的评价,究其原因:部分来自计量经济学模型方法本身,更多来自计量经济学模型的应用研究。国内学者李子奈、潘文卿、高铁梅、叶阿忠、张晓峒、于俊年等为我国计量经济学的普及作出了奠基性的贡献。

相关链接 1-7

三次著名的计量经济学国际大讨论

计量经济学作为一门独立的经济学分支学科,其区别于其他相关学科的本质特征是什么?计量经济学应用研究的科学性和可靠性如何保证?这些问题引发了三次著名的计量经济学国际大讨论。

第一次大讨论,始于有名的"凯恩斯-丁伯根之争"(Keynes,1939、1940；Tinbergen,1940),凯恩斯认为丁伯根所用的多元回归分析是一种"巫术",计量经济学作为"统计炼金术"的分支还远未成熟到足以成为科学的分支。凯恩斯反对使用概率论,而丁伯根的"回归"却未能利用概率论的原理很好地解释估计结果,当时的经济学实证研究陷入困难丛生的境地。最后这场争论以 Haavelmo(1944)《计量经济学中的概率论方法》一文的发表而告结束。该文为经济学中的概率论原理正名,并在概率论的基础上建立起统一的计量经济学基本框架。

20 世纪 80 年代初,掀起了有关经验研究可信性问题的第二次大讨论。Sims(1980)对当时大型宏观计量经济模型的外部约束条件的可靠性提出质疑,认为这些不现实的约束条件将导致不可靠的政策分析结论,建议使用更少约束条件的 VAR 建模策略。该模型已被研究者和政策制定者所广泛采用,主要用于分析经济如何受到经济政策临时性变化和其他因素的影响,Sims 也因此获得 2011 年诺贝尔经济学奖。Hendry(1980)对计量经济学沦为"炼金术"问题展开了尖锐的批判,提出经验研究走向科学的一条金科玉律——"检验、检验、再检验"。Leamer(1983)指出模型假定以及控制变量选择的随意性会导致结果的脆弱性,提倡进行回归模型的敏感性分析。Black(1982)以及 Pratt 和 Schlaifer(1984)对随机变量之间的相关关系错误推广至因果关系等现象提出了批判,同时对两者的区别进行了详细的论述。随后,计量经济学家提出了各种建模思想、估计量以及检验统计量,理论计量进入百花齐放的阶段。

然而,理论计量研究与经验研究之间的裂缝反而扩大了,理论计量越来越复杂,应用计量则在某些领域变得越来越简单(Heckman,2001)。为此,进入 21 世纪以来,以 *Journal of Econometrics* 百期纪念专刊对计量经济学方法论、模型方法发展的总结为开端,以重要学术期刊的专刊为阵地,计量经济学界掀起了对经验研究可信性的第三次大讨论。一场经验研究的"可信性革命"(Angrist and Pischke,2010)蔚然成风,并形成了模型设定的统计适切性和因果关系的有效识别两大核心议题。

综观三次大讨论,可信性革命的核心问题在于实现经济学、统计学、数学在计量经济学应用研究中的科学结合。第一次大讨论主要关注经济理论与数学的结合问题,解决了计量经济学的概率论基础问题,同时确立了凯恩斯宏观经济理论在模型设定中的导向作用。第二次大讨论突出了数据与模型的结合问题,在宏观实证领域摒弃了模型设定的经济理论导向,确立了数据关系的导向作用。第三次大讨论强调了模型设定的统计适切性问题和因果关系的有效识别问题,本质上是试图实现经济理论导向和数据关系导向的综合,向实现经济理论、统计学、数学的科学结合迈出了坚实的一步。

第 二 节　计量经济学的研究对象

计量经济学主要有两大研究对象:横截面数据(Cross Sectional Data)和时间序列数据(Time Series Data)。前者旨在归纳不同经济行为者是否具有相似的行为关联性,以模型参数估计结果显现相关性;后者重点在分析同一经济行为者不同时间的资料,以展现研究对象的动态行为。

新兴计量经济学研究切入同时具有横截面及时间序列的资料,换言之,每个横截面都同时具有时间序列的观测值。这种资料称为面板数据(Panel Data)。面板数据研究多个不同经济体动态行为之差异,可以获得较单纯横截面或时间序列分析更丰富的实证结论。例如诺贝尔经济学奖得主格兰杰指出,在回归模型中对一组检验进行诠释进而揭示因果关系是可行的,其所提出的格兰杰因果关系检验强化了回归分析(Regression Analysis)的说服力。

经典实例 1-3

当代计量经济学的主要研究领域

当代计量经济学研究,主要集中在单位根检验、时间序列模型、波动模型、向量自回归模型与向量误差修正模型、离散选择模型与受限模型和面板数据模型六个领域。其他研究领域还有非参数与半参数估计、广义矩估计、贝叶斯估计、分数积分研究、模拟与自举技术等。

一、横截面数据

横截面数据是指在同一时间(时期或时点)截面上反映一个总体的一批(或全部)个体的同一特征变量的观测值,是样本数据中的常见类型之一。横截面数据是由同一时间、不同统计单位、相同统计指标组成的数列。与时间序列数据相比较,其区别在于组成数据列的各个数据的排列标准不同,时间序列数据是按时间顺序排列的,横截面数据是按照统计单位排列的。例如,工业普查数据、人口普查数据、家庭收入调查数据。

横截面数据不要求统计对象及其范围相同,但要求统计的时间相同,即必须是同一时间截面上的数据。与时间序列数据完全一样,横截面数据的统计口径和计算方法(如价值量的计算标准)也应当是可比的。例如,为了研究某一行业各个企业的产出与投入的关系,需要关于同一时间截面上各个企业的产出 Q 和劳动投入 L、资本投入 K 的横截面数据。这些数据的统计对象显然是不同的,因为是不同企业的数据,但是关于产出 Q 和投入 L、K 的解释、统计口径和计算方法仍然要求相同,即各企业的 Q、L、K 在统计上要求可比。

分析横截面数据时,应主要注意两个问题:一是异方差问题,由于数据是在某一时期对个体或地域的样本的采集,不同个体或地域本身就存在差异;二是数据的一致性,主要包括变量的样本容量是否一致、样本的取样时期是否一致、数据的统计标准是否一致。

二、时间序列数据

时间序列数据是在不同时间点上收集到的数据。这类数据反映某　事物随时间的动态变化状态,如 2004—2024 年的国内生产总值(GDP)。时间序列数据除了年度数据之外,还有季度数据、月度数据、周度数据、天度数据、时度数据等。

时间序列分析是根据系统观测得到的时间序列数据通过曲线拟合和参数估计等建立数学模型的数量方法。其基本原理:一是承认事物发展的延续性,应用过去数据,推测事物的发展趋势;二是考虑到事物发展的随机性,因为任何事物的发展都可能受偶然因素影响,为此要利用加权平均法对历史数据进行处理。该方法常应用在国民经济宏观控制、区域综合发展规划、企业经营管理、市场潜量预测、气象预报、环境污染控制等方面。

一个时间序列通常由趋势、季节变动、循环波动和不规则波动四种要素组成。趋势是时间序列在长时期内呈现出来的持续向上或持续向下的变动;季节变动是时间序列在一年内重复出现的周期性波动,是诸如气候条件、生产条件、节假日或风俗习惯等因素影响的结果;循环波动是时间序列呈现出非固定长度的周期性变动,是涨落相同的交替振动;不规则波动是时间序列中除去趋势、季节变动和循环波动之后的随机波动。

不规则波动通常总是夹杂在时间序列中,致使时间序列产生一种波浪形或震荡式的变动。只含有不规则波动的序列也称为平稳序列。

相关链接 1-8

时间序列数据的输入与编辑

EViews 8.0 软件操作步骤:

(1) 创建工作文件。打开 EViews 工作界面,单击 File/New/Workfile,如图 1-2 所示。

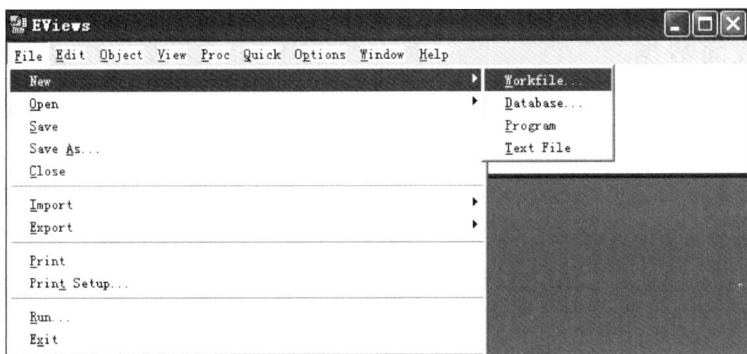

图 1-2　新建工作文件的命令

(2) 完成 Workfile Create。选择 Workfile structure type(文件结构类型)为 Dated-regular frequency(时间序列),选择 Date specification(时间标准)中 Frequency(频率)为 Annual(年度),Start date(开始年份)如 2000 年,End date(结束年份)如 2025 年,单击 OK 按钮,如图 1-3 所示。

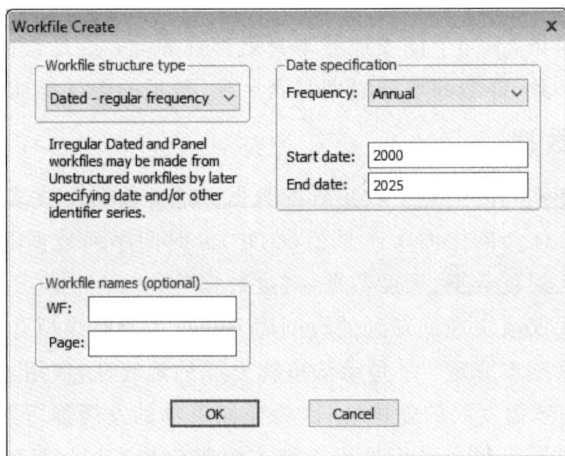

图 1-3　新建工作文件的对话框

出现 c(常数项)和 resid(残差项)两个数据系列(图 1-4)。

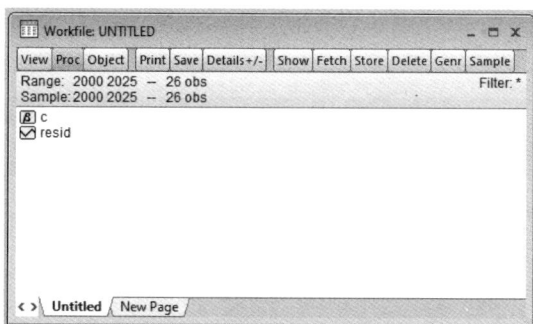

图 1-4　常数项和残差项系列

(3) 创建工作组。单击最上层标题栏 Quick,进入 Empty Group(空组),如图 1-5 所示。

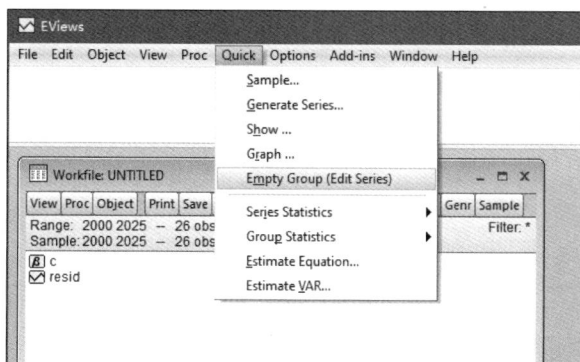

图 1-5　新建工作组的命令

出现 Group 组变量与数据输入界面(图 1-6)。

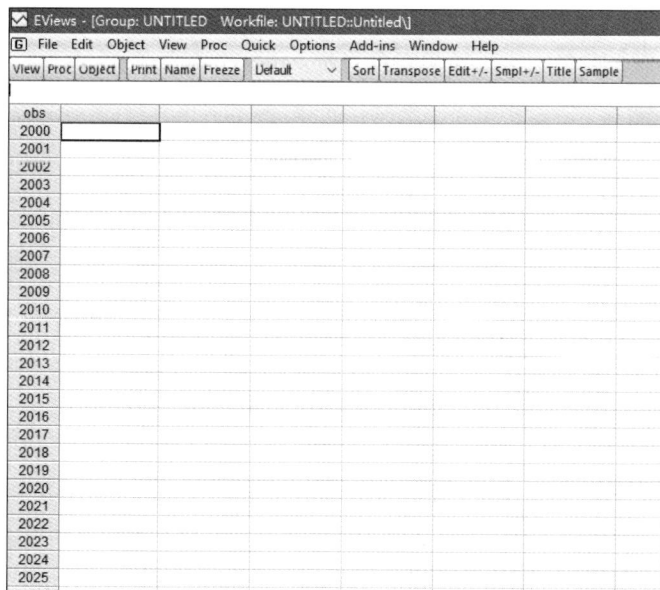

图 1-6　数据输入界面

（4）输入变量名与变量对应的样本数据。在 obs（观察值）中输入 Y 与 x1，x2 等变量名，将光标移出格子外，单击，得到 Series create 界面，如图 1-7 所示；可以选择变量的属性，如 Numeric series（数值系列）。

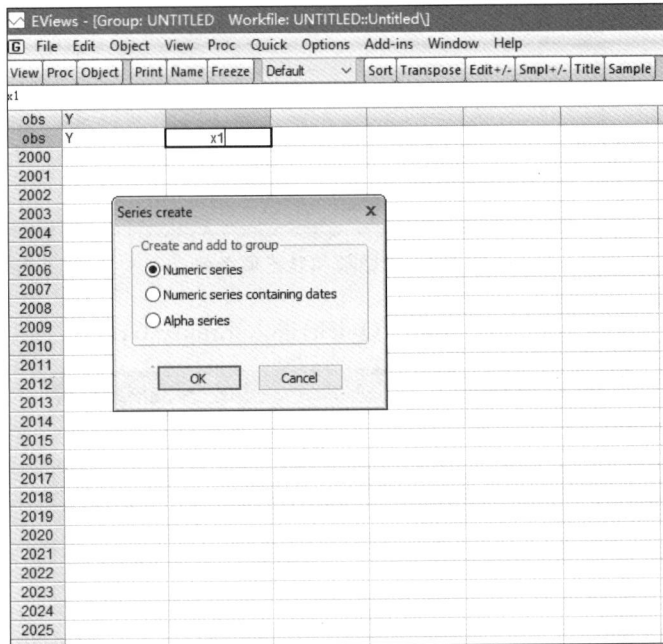

图 1-7　变量属性界面

在 NA（数值）时间系列中输入样本数据，如图 1-8 所示。

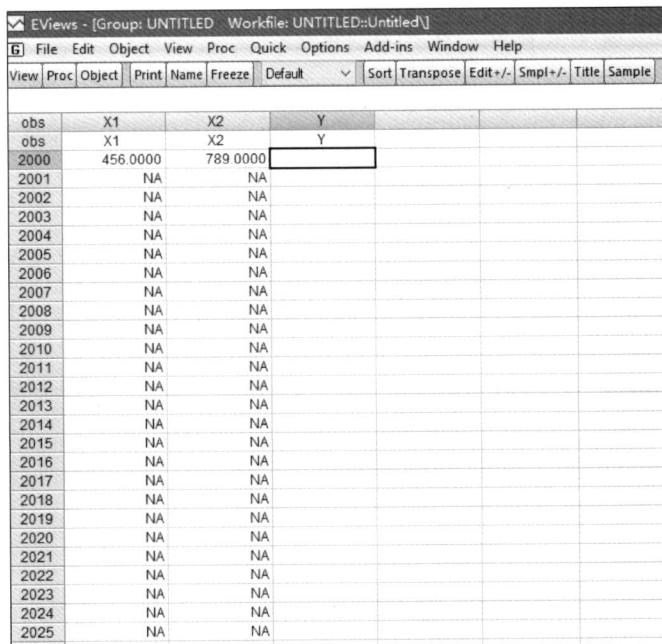

图 1-8　变量样本数据输入

在文件界面自动增加了 y,x1,x2 数据系列,如图 1-9 所示。

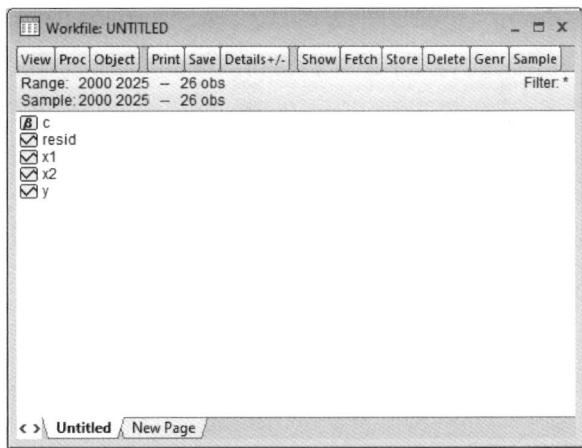

图 1-9　变量数据系列

三、面板数据

面板数据有时间序列和横截面两个维度。当这类数据按两个维度排列时,是排在一个平面上,与只有一个维度的数据排在一条线上有着明显的不同,整个表格像是一个面板。例如:A、B、C、D 四个乡镇 2025 年的地区生产总值分别为 8、9、10、11(亿元),这是横截面数据;A 乡镇 2025、2026、2027、2028 四年的地区生产总值分别为 8、9、10、11(亿元),这就是时间序列数据;A、B、C、D 四个乡镇 2025、2026、2027、2028 四年的地区生产总值(亿元)分别为

　　A 乡镇(2025—2028):8、9、10、11　　　　B 乡镇(2025—2028):9、10、11、12

　　C 乡镇(2025—2028):10、11、12、13　　　D 乡镇(2025—2028):11、12、13、14

这就是面板数据。面板数据可以克服时间序列数据多重共线的困扰,能够提供更多的信息、更多的变化、更多的自由度和更高的估计效率。

相关链接 1-9

面板数据的输入与编辑

EViews 8.0 软件操作步骤:

(1) 创建工作文件。打开 EViews 工作界面,单击 File/New/Workfile。

(2) 完成 Workfile Create。选择 Workfile structure type(文件结构类型)为 Balanced Panel(平衡面板),选择 Panel specification(面板标准)中 Frequency(频率)为 Annual(年度),Start date(开始年份)如 2000 年,End date(结束年份)如 2025 年,Number of cross sections 中输入截面数据成员个数,如图 1-10 所示,单击 OK 按钮。

出现 c(常项)和 resid(残差项)、crossid(截面项)、dateid(时间序列项)四个数据系列,如图 1-11 所示。

(3) 创建 Pool(数据库)对象。单击最上层标题栏 Object,进入 New Object(新对象),如图 1-12 所示。

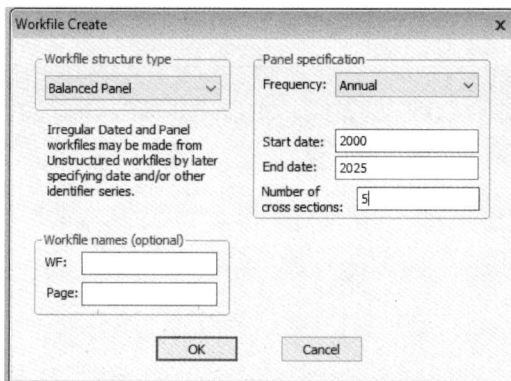

图 1-10　面板数据属性设置

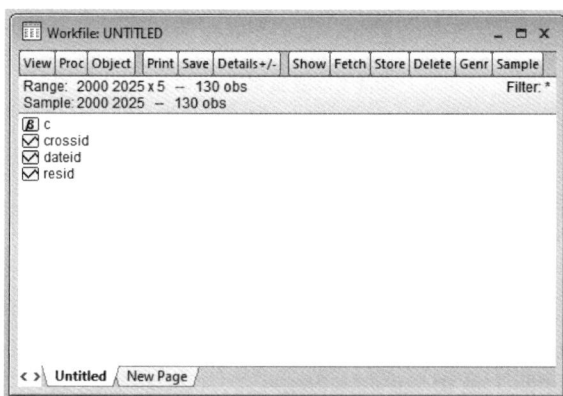

图 1-11　变量数据系列

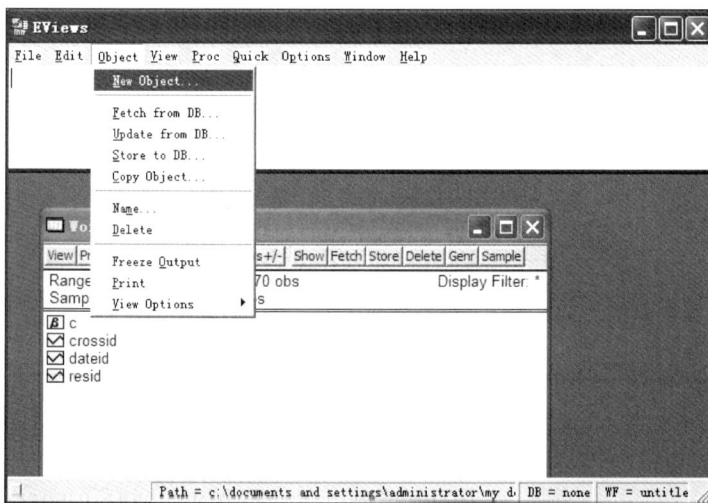

图 1-12　建立新对象的命令

出现 New Object 界面,在 Type of object(对象类型)中选择 Pool(数据库),在 Name for object(对象名)中输入对象名称,单击 OK 按钮,如图 1-13 所示。

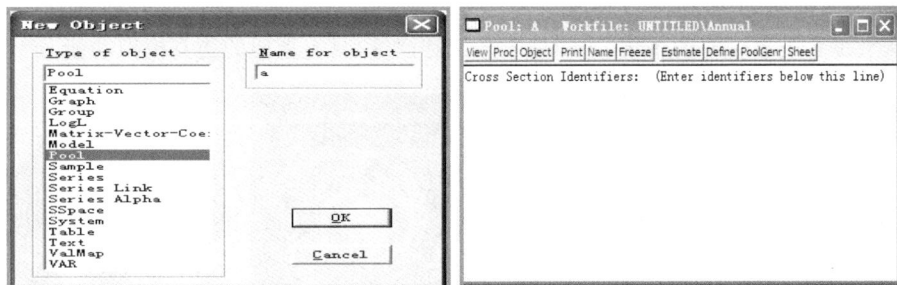

图 1-13　建立 Pool 对象

出现 Pool 的编辑窗口,可以在窗口输入截面成员的标识名。例如中国省际面板数据,可以选取湖南省、湖北省、河南省、江西省、安徽省中部五省份,分别用字母 HN、HB、HN、JX、AH 表示,一般每一个标识名占一行,如图 1-14 所示。

(4) 输入 Pool 对象的样本数据。打开 Pool 对象,选择 View/Spreadsheet(stacked data) 电子表格菜单命令,如图 1-15 所示;在弹出的对话框里输入序列名称,如 Pool01,如图 1-16 所示,单击 OK 按钮;出现 Pool01 数据表,单击工具栏中的 Edit+/- 可对样本数据进行输入和编辑,如图 1-17 所示。

图 1-14　Pool 编辑窗口

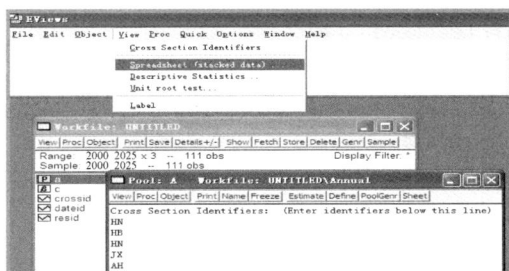

图 1-15　Pool 电子表格

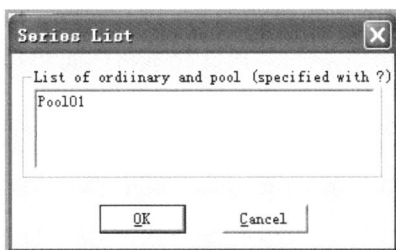

图 1-16　Pool 对象序列名称输入

图 1-17　Pool 对象样本数据输入

第三节　计量经济学模型如何构建

一、什么是计量经济学模型

模型是用人们所熟悉的形式(几何或数学或实物)去解读和说明现实世界的某些功能(或

规律)。模型是所研究的系统(过程或事物)的一种表达形式,是对现实世界的抽象,如图 1-18 所示。模型是人类思维的创造物,通常易于操作和演练,具有重要的仿真模拟功能。

图 1-18　星系与太极图

计量经济模型(The model of Econometrics)是表示经济现象及其主要因素之间数量关系的方程式,通常用随机性的数学方程加以描述。数学方程式主要由经济变量、参数以及随机误差三大要素组成。例如道格拉斯生产函数:

$$Q = A\mathrm{e}^{\gamma t}K^{\alpha}L^{\beta}\mu \tag{1-1}$$

式中,Q、K、L、t 为经济变量;A、γ、α、β 为参数;μ 为随机误差项。

相关链接1-10

大豆收成与施肥量的计量经济学模型

假定大豆收成的计量经济学模型为:$Y = \alpha + \beta X + \mu$,其中 Y 为大豆收成;X 为施肥量;α、β 为参数;μ 为随机误差项。农业研究者感兴趣的是:在其他因素不变的情况下,施肥量如何影响大豆收成。参数 β 给出了这个答案,因为 $\Delta Y = \beta \Delta X$。当然,施肥量只是影响收成的重要因素之一,随机误差项 μ 包括土地肥力因素、降雨量、种群特征、耕作劳动量等因素。

经济变量(Variable)是反映经济变动情况的随机变量,分为自变量和因变量,如式(1-1)中的 Q 为因变量,K 与 L、t 为自变量。为了描述自变量与因变量的变化,引入一些不是当前问题必须研究的另外变量,这样的变量叫作参数(Coefficient),一般反映事物之间相对稳定的比例关系。

自变量也可分为内生变量和外生变量。内生变量是在经济体系内部由纯粹经济因素影响而自行变化的变量(通常不被政策因素所左右),如式(1-1)中的 K、L、t;外生变量是在经济机制中受外部因素(主要是政策因素)影响而非经济体系内部因素所决定的变量,如式(1-1)中的技术指数 A。

随机误差项(Stochastic Error)是指那些很难预知的偶然性误差,包括统计与整理经济资料、模型运算等过程中所出现的差错,通常正负误差可以抵消,可忽略不计。

相关链接1-11

经济变量的统计描述

EViews 8.0 软件操作步骤:

(1) 输入变量名与样本数据,如图 1-19 所示。

图 1-19　变量名与样本数据输入

（2）组描述性统计。单击最上层标题栏 Quick，进入 Group Statistics/Descriptive Statistics/Common sample，如图 1-20 所示。

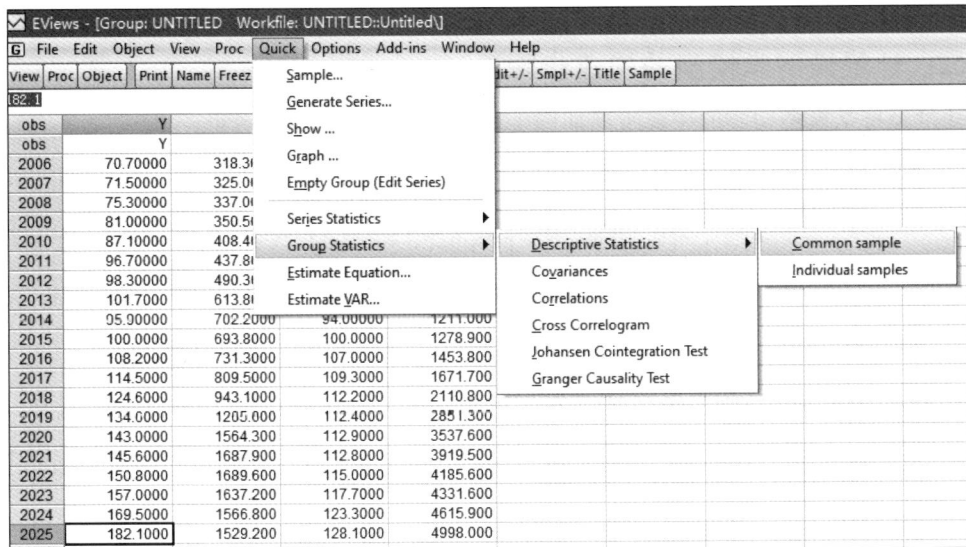

图 1-20　组描述性统计的命令

（3）经济变量描述统计输出。出现 Series List 窗口，输入系列名或组名，如图 1-21 所示，单击 OK 按钮；得到各经济变量的描述统计量，如图 1-22 所示，自上至下依次为：均值（或期望值）、中位数、最大值、最小值、标准差、偏度、峰度、JB 统计值、正态分布的概率、变量总和、离差平方和、样本数。

（4）经济变量描述统计列表。由软件（英文）格式转换成常规学术论文（中文）格式，见表 1-1。

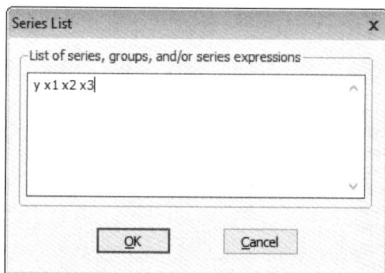

图 1-21　系列名的输入

EViews - [Group: UNTITLED Workfile: UNTITLED::Untitled\]

	Y	X1	X2	X3
Mean	115.4050	905.0800	113.2400	2080.970
Median	104.9500	716.7500	112.6000	1366.350
Maximum	182.1000	1689.600	146.7000	4998.000
Minimum	70.70000	318.3000	86.10000	456.8000
Std. Dev.	33.64201	528.9418	16.48905	1598.099
Skewness	0.425762	0.410712	0.263998	0.617535
Kurtosis	2.043767	1.536829	2.263764	1.793953
Jarque-Bera	1.366229	2.346339	0.684018	2.483291
Probability	0.505042	0.309385	0.710342	0.288908
Sum	2308.100	18101.60	2264.800	41619.40
Sum Sq. Dev.	21503.91	5315809.	5165.888	48524473
Observations	20	20	20	20

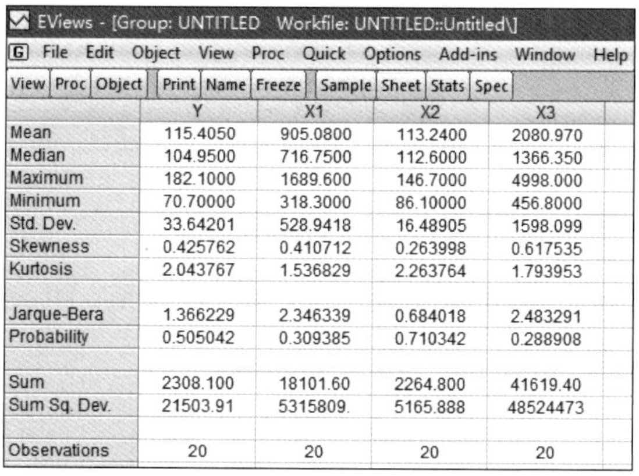

图 1-22　组描述性统计量的输出

表 1-1　主要变量的统计描述

变量	单位	均值	标准差	最小值	最大值
Y	亿元	115.40	33.64	70.70	182.10
X_1	万人	905.08	528.94	318.30	1 689.60
X_2	万元	113.24	16.48	86.10	146.70
X_3	亿元	2 080.97	1 598.09	456.80	4 998.00

二、计量经济学模型的构建步骤

计量经济学模型构建的主要步骤如图 1-23 所示。

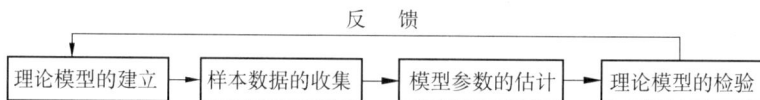

图 1-23　计量经济学模型构建的主要步骤

（一）理论模型的建立

首先，对所研究的经济现象有足够的认识和较深入的分析；其次，确定研究目标，即明白这个计量经济学模型需要去解析哪些内在规律；再次，寻找影响研究目标的主要因素，合理确定因变量和自变量；最后，从数理统计的综合角度去构建理论模型。

例如：

$$\ln(\text{人均食品需求量})=\alpha+\beta\ln(\text{人均收入})+\gamma\ln(\text{食品价格})+\delta\ln(\text{其他商品价格})+\mu \tag{1-2}$$

式中，α、β、γ、δ 为参数；μ 为随机误差项。

（1）确定模型包含的变量。根据经济学理论和经济行为分析，如式(1-2)中人均食品需求量与人均收入、食品价格、其他商品(包括替代品、互补品)价格等因素相关；考虑数据的可得性，有些变量数据很容易在国家或地方统计局网、国家与地方统计年鉴、中国知网、百度搜索、世界银行网、NBER 网等(见相关链接)找到；考虑入选变量之间的关系；要求变量间互相独立，避免变量的多重共线性。

（2）确定模型的数学形式。利用经济学和数理经济学的成果，如生产函数、消费函数、利润函数等；根据样本数据作出的变量关系图，如菲利普斯曲线、库兹涅茨曲线、洛伦茨曲线等；选择可能的形式模拟，如一元一次方程、一元二次方程、半对数方程、全对数方程、差分方程、微分方程、指数方程等。

（3）拟定模型中参数的期望值区间。以式（1-2）为例，预先拟定好 α、β、γ、δ 的正负符号、大小区间、相关关系等。

（二）样本数据的收集

（1）几类常用的样本数据。其包括时间序列数据、截面数据、虚变量离散数据（0，1）、面板数据等。

（2）数据质量。其包括下列问题。

完整性问题：尽可能数据齐全，数据残缺会对模型估计结果产生误差。

准确性问题：尽可能统计资料准确，错误的数据会产生错误的结果。

可比性问题：尽可能数据统计口径统一，统计标准不同的数据放在一起比较就毫无意义，如要求汇率换算统一、货币单位统一等。

一致性问题：尽可能保证整体数据与样本数据统计的一致，尽可能保持近代数据与现代数据统计的一致等。

相关链接 1-12

部分社会经济数据网站

一、国内综合类

中国国家统计局：http://www.stats.gov.cn/

中国政府网：http://www.gov.cn/shuju/

中国统计年鉴：http://www.stats.gov.cn/sj./ndsj/

二、国内行业数据

中国人民银行调查统计司：http://www.pbc.gov.cn/diaochatongjisi/116219/index.html

中国人民银行金融市场司：http://www.pbc.gov.cn/jinrongshichangsi/147160/147171/index.html

中国证券监督管理委员会：http://www.csrc.gov.cn/pub/newsite/sjtj/

中华人民共和国文化和旅游部-统计数据：http://zwgk.mct.gov.cn/

中国民用航空局-统计数据：http://www.caac.gov.cn/XXGK/XXGK/index_172.html?fl=11

中国学术调查数据资料库：http://www.cnsda.org/

中国综合社会调查：http://cgss.ruc.edu.cn/

中国教育追踪调查：https://ceps.ruc.edu.cn/

中国宗教调查：http://crs.ruc.edu.cn/

中国老年社会追踪调查：http://class.ruc.edu.cn/

中国健康与养老追踪调查：http://charls.pku.edu.cn/index/zh-cn.html

中国票房数据-艺恩：http://www.endata.com.cn/BoxOffice/

SOSHOO 搜数-中国宏观经济数据：http://www.soshoo.com/index.do

中国科技资源共享网：https://www.escience.org.cn/

国家地球系统科学数据中心：http://www.geodata.cn/

中国工程科技知识中心：http://www.ckcest.cn/home/

三、互联网相关数据

百度指数：http://index.baidu.com/v2/index.html#/

谷歌趋势：https://trends.google.com/trends/explore

巨量算数：https://index.toutiao.com/

360 趋势：https://trends.so.com/?src=index.so.com

微博指数：https://data.weibo.com/index

Y Combinator：https://www.ycdb.co/

中国互联网络信息中心：http://www.cnnic.cn/

四、开放数据集世界宏观数据

世界人口数据：http://www.worldpop.org.uk

世界人口统计：https://www.ifreesite.com/population/

世界银行公开数据：https://data.worldbank.org.cn/

世界气象组织：https://public.wmo.int/zh-hans

联合国粮食及农业组织-统计资料：http://www.fao.org/statistics/zh/

世界各地开放数据门户汇总：https://opendatainception.io/

OECD data：https://data.oecd.org

knoema 世界和地区统计数据集：https://cn.knoema.com/atlas

全球幸福指数：http://happyplanetindex.org/

UN 人类发展指数：http://hdr.undp.org/en/content/human-development-index-hdi/

UN 儿童基金会数据中心：http://hdr.undp.org/en/content/human-development-index-hdi/

Statista 全球 600 多个行业、50 多个国家的商业数据：https://www.statista.com/

CEIC 全球宏观经济数据：https://www.ceicdata.com/zh-hans/co

（三）模型参数的估计

（1）模型参数估计方法。模型参数估计是一个纯数学技术问题,常用的有最小二乘法、二阶段最小二乘法、广义矩估计法、最大似然对数法等。

（2）估计方法的选择。每一种模型参数估计方法都有其优点和缺点,需要根据特定的研究问题认真分析和考虑哪一种最适合,有时需要采用好几种参数估计方法进行综合分析。

（3）应用软件。市场上有很多种可以完成计量经济学模型参数估计、模型检验、预测等基本运算的计量经济学软件包,如 EViews、SPSS、Stata、MATLAB、SAS、ET、ESP、GAUSS、MicroTSP、Data Fit、Minitab、SYSTAT、Shazam 等。目前,时间序列数据模型使用较多的软件是 EViews。

（四）理论模型的检验

（1）经济意义检验。以式(1-2)为例,假定变量数据的三组不同样本输入应用软件,得到以下三种结果。

ln(人均食品需求量)＝－2.0－0.5ln(人均收入)＋4.5ln(食品价格)＋0.8ln(其他商品价格)

ln(人均食品需求量)＝－2.0＋0.5ln(人均收入)－4.5ln(食品价格)＋0.8ln(其他商品价格)

ln(人均食品需求量)＝－2.0＋0.5ln(人均收入)－0.8ln(食品价格)＋0.8ln(其他商品价格)

根据人均收入与人均食品需求量呈正比例关系,弹性系数 β 等于＋0.5 是正确的;根据食品价格与人均食品需求量呈反比例关系,弹性系数 γ 是负数,但到底是 0.8 还是 4.5 呢? 又根据微观经济学知识,食品价格需求弹性系数较小,通常小于 1,故－0.8 是正确的。

（2）统计检验。其由数理统计理论决定,包括拟合优度检验、总体显著性检验、变量显著性检验等,即 R^2 检验、F 检验、t 检验等。

（3）计量经济学检验。其由计量经济学理论决定,包括异方差性检验、序列相关性检验、多重共线性检验、随机解释变量问题、协整检验、格兰杰因果检验等。

（4）模型预测检验。其由模型的应用要求决定,包括稳定性检验(扩大样本重新估计)和预测性能检验(对样本外一点进行实际预测)等。

三、构建计量经济学模型的注意事项

构建计量经济学模型,需要注意三个要素:经济理论、数理方法和数据质量。

经济理论是指所研究的社会经济学问题的微观经济学理论与宏观经济学理论,是计量经济学模型构建的基础。一个不懂经济学理论、不了解经济规律的人,是不可能建立起一个哪怕是极其简单的计量经济学模型的。计量经济学家首先应该是一个经济学家。切忌在对经济问题的内部结构认识不清的情况下,想当然地设置自变量和模型的具体形式。

数理方法主要包括模型分析方法和参数计算方法,是计量经济学研究的工具,是计量经济学不同于其他经济学分支学科的主要特征。数理方法是计量经济学模型构建的重点,技术水平往往成为衡量一项研究成果等级的主要依据。人们往往过于重视数理方法的研究,而忽视对经济学理论的探讨。当然,数理方法的突破是计量经济学学科义不容辞的责任,但部分学者不了解计量经济学数理方法具体的应用背景和适用条件,陷入滥用和错用的误区。

变量样本数据反映了所研究的社会经济问题的活动水平、相互联系以及外部环境,是计量经济学研究的原料。相比之下,人们对数据质量的重视往往不够。在评审一项研究成果时,专家们往往对实证数据的可得性、可用性、可靠性关注太少。当在研究过程中出现问题时,人们较少从数据质量方面去寻找原因。目前,数据已经成为制约计量经济学实际应用的关键。

关键术语

计量经济学　横截面数据　时间序列数据　面板数据　计量经济学模型

闯关习题

一、即测即练

二、简述题

1. 简述计量经济学模型,以及所包括的三个要素。
2. 简述计量经济学模型的构建步骤。

课外修炼

阅读《计量经济学导论》

《计量经济学导论》(伍德里奇著,费剑平译,第四版,中国人民大学出版社)是我国引进的国外优秀计量经济学教材之一。该书主要根据实际经验应用来解释计量经济学中的假定,并用简洁、准确的语言阐释了计量经济学研究的最新特点。

一、作者简介

伍德里奇,密歇根州立大学经济学教授,曾在国际知名期刊发表学术论文三十余篇,参与过多种书籍的写作。

二、主要特点

(1) 不需要具备高深的数学知识,读者只要掌握部分线性代数和概率统计基础知识即可。

(2) 强调计量经济学在实际问题中的应用。

(3) 含有大量例题,许多是受启发于应用经济学最新有影响的作品。

有些路,可能很远,一直走下去,你会很累。可是,你想要的生活,却在很远的前方等着你!

2 第二章
Chapter 2
一元线性回归模型

>>> 知识结构图

>>> 学习目标

1. 知识目标：回归分析的含义；随机干扰项成因；高斯-马尔可夫假定；最小二乘法；拟合优度检验；变量显著性检验等。

2. 能力目标：理解相关分析与回归分析的差异；理解高斯-马尔可夫假定的设立；掌握最小二乘法的原理；区分拟合优度检验、变量的显著性检验等。

>>> 情景写实

在喧闹都市的办公室中忙碌了一天的人们，多么希望自己能一步跨入一个热带天堂，幻想一片一望无边的海滩，挽起裤腿站在水边，任凭海浪轻抚脚面，椰林随风清唱，海鸥自由翔翔，太阳在天际徐徐落下，余晖把海面染红。这种想象能使许多人忘却疲劳，在心中创造一个使自己心旷神怡的幻境。如果那景象三维立体、细致入微，如果你能看到自己用手拾起一片贝壳，这个幻境就会变得活灵活现，你就会认为自己实际已去过了那个海岛。基于虚拟现实(virtual reality)技术的"休息机"可以为人们提供这种跨越空间的手段。

那么，这种虚拟现实是一种什么样的技术呢？它是用一个系统模仿另一个真实系统的技术。虚拟现实实际上是一种可创建和体验虚拟世界(virtual world)的计算机系统。同样，回归模型的构建实则是对现实样本数据进行最小误差的数学模拟或虚拟。

第 一 节　回归分析概述

各种社会经济现象之间存在不同程度的联系,有的联系是非常确定的**函数关系**(functional relationship),如销售收益与商品销售量:TR＝P_0Q;有的联系是不确定的**相关关系** (correlation relationship),如需求量 Q^d 与个人可支配收入 DPI,当 DPI 确定时,Q^d 是不确定的,我们把需求量 Q^d 称为**随机变量**(random variable)。计量经济学正是利用数学、统计学等工具探寻具有随机特性的经济变量之间数量关系的一门学科。

一、变量间的非确定性关系

相关关系是指客观现象之间确实存在的,但数量上不是严格对应的依存关系。在这种关系中,对于某一现象的每一数值,可以有另一现象的若干数值与之相对应。

例如成本的高低与利润的多少有密切关系,但某一确定的成本与相对应的利润的数量关系却是不确定的。这是因为影响利润的因素除了成本外,还有价格、供求平衡、消费嗜好等以及其他偶然因素。

再如,生育率与人均国内生产总值的关系也属于典型的相关关系。人均国内生产总值高的国家,生育率往往较低,但二者没有唯一确定的关系。这是因为除了经济因素外,生育水平还受教育水平、城市化水平以及不易测量的民族风俗、宗教和其他随机因素的共同影响。

(一)相关分析

所谓相关就是两个或两个以上的变量之间的非确定性关系。这种相关关系可以是线性(直线型)的,也可以是非线性(曲线型)的;可以是正相关,也可以是负相关,还可以是零相关,如图 2-1 所示。

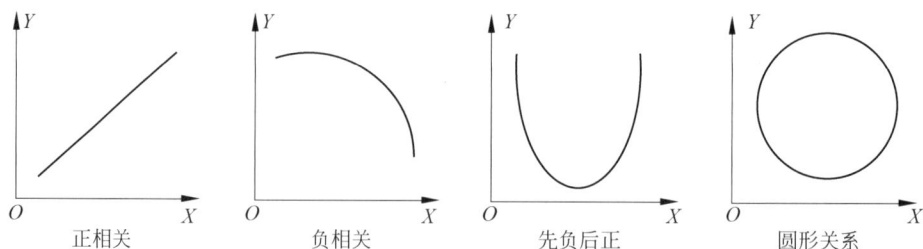

| 正相关 | 负相关 | 先负后正 | 圆形关系 |

图 2-1　相关关系的种类

相关链接2-1

受教育程度与薪酬的相关性

哈佛大学的学生曾做过受教育程度与薪酬方面的调查,他们发现:一个人的学历越高,那么这个人的工薪也越高。那么,这个结论在中国是否也成立?

根据 2023 年《中国薪酬发展报告》和 BOSS 直聘数据,不同学历的薪资中位数见表 2-1。

表 2-1 不同学历的薪资中位数

学 历	月薪中位数	主 要 岗 位
初中及以下	3 000～4 500 元	保洁、流水线工人、快递员
高中/中专	4 500～6 000 元	司机、零售店员、技工
专科毕业	6 000～8 000 元	行政、销售、初级技术岗
本科毕业	8 000～12 000 元	程序员、教师、公务员
硕士及以上	12 000～20 000 元	工程师、金融分析师、高校教师

由表 2-1 可得,受教育程度越高,那么平均工薪也相应越高,印证了"受教育程度代表收入"这句话。各企业白领中,几乎没有不接受大学教育的,大学四年教给你的不仅是各种知识,对于个人修养和社会交往也是一种极大的提升。由于这些优越的工作充满技术性,所以没有相当的知识储备是无法完成的。一个仅仅接受初中教育的人,即使有幸得到了这种工作,也很快会由于技术不过关而被辞退。相反,即使一个有着大量知识的高学历的大学生沦落到底层,但"腹有诗书气自华",只要他肯沉下心来努力工作,博得赏识,他最终也会被上层领导看中,获得不错的职位,得到满意的工作。

受教育程度越高,你往往选择工作的范围也就越广,你也就有更大的可能和更多的机会获得与自己兴趣相投的工作;受教育程度低就只能在极其有限的底层职位中转来转去,一年更换工作许多次,就像临时工,哪里需要哪里干。可以这么说:高学历者选择工作,低学历者被工作选择。即使如此,有些学生们仍说比尔·盖茨大学停学却能成为世界首富。可笑的是,他们并不知道世界首富比尔·盖茨先生在哈佛大学停学后仍旁听了四年。

(二) 相关系数

相关系数(Correlation Coefficient)是用以反映随机变量之间相关关系密切程度的统计指标,公式如下:

$$r = \frac{\sum_{i=1}^{n}(X_i - \overline{X})(Y_i - \overline{Y})}{\sqrt{\sum_{i=1}^{n}(X_i - \overline{X})^2 \cdot \sum_{i=1}^{n}(Y_i - \overline{Y})^2}} \tag{2-1}$$

$$= \frac{\text{cov}(X_i, Y_i)}{\sqrt{\text{var}(X_i) \cdot \text{var}(Y_i)}}$$

相关系数一般以字母 r 表示,用来度量两个变量间的线性关系,当 $|r|>0.8$ 时,称为高度相关;当 $|r|<0.3$ 时,称为低度相关。

相关链接 2-2

相关系数的计算

EViews 8.0 软件操作步骤:

(1) 输入变量名和样本数据。

(2) 单击最上层标题栏 Quick,进入 Group Statistics/Correlations,如图 2-2 所示。

(3) 经济变量普通相关系数的输出。出现 Series List 窗口,输入变量名(图 2-3),单击 OK 按钮;得到各经济变量的普通相关系数矩阵(图 2-4)。

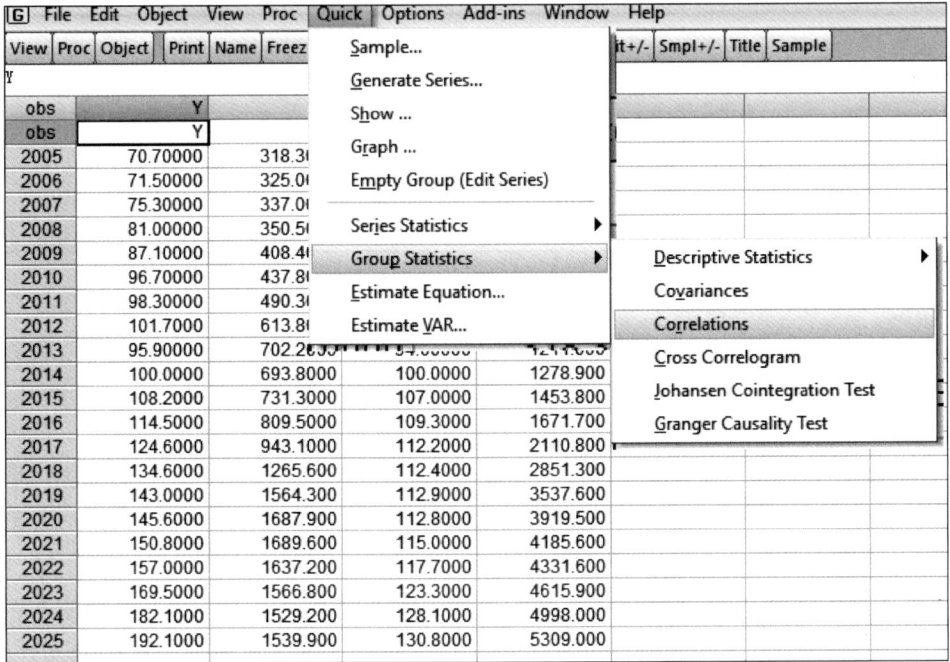

图 2-2 相关系数的命令

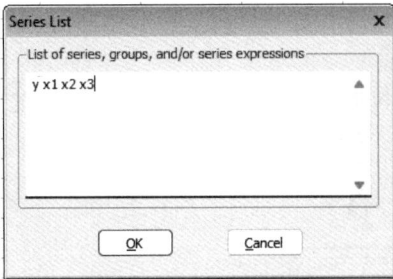

图 2-3 变量名的输入

图 2-4 相关系数矩阵

（4）经济变量相关系数列表。由软件（英文）格式转换成常规学术论文（中文）格式，见表 2-2。

表 2-2 主要变量之间的相关系数矩阵

变 量	Y	X_1	X_2	X_3
Y	1	0.933 9	0.121 2	0.982 8
X_1	0.933 9	1	0.103 2	0.965 6
X_2	0.121 2	0.103 2	1	0.206 8
X_3	0.982 8	0.965 6	0.206 8	1

（三）回归的概念

"回归"（Regression）一词来源于生物学。1885 年，英国生物学家弗朗西斯·高尔顿

(Francis Galton,1822—1911)对人体遗传特征进行实验研究,他根据 1 072 对父子/母女身高的散点图发现,父母身材高的孩子个子普遍较高,父母身材矮的孩子个子普遍较矮,但孩子的身材高矮不是无限制的,**父母身材高的孩子,他们的平均身高比父母平均身高要小些;父母身材矮的孩子,他们的平均身高比父母平均身高要大一些**,即孩子的身高总是越来越趋向于人群总体的平均身高,他称这种现象为"回归"。

他的学生卡尔·皮尔逊(Karl Pearson)为了纪念高尔顿,将"回归"一词引入数量统计分析,特指当变量之间存在显著的相关关系时,样本观测值具有聚集在回归线周围的倾向,如图 2-5 所示。对于每一个自变量 X_i 的取值,都出现很多不同的 Y_i 值,但总有一个条件期望值 $E(Y_0|X_i)$ 与之对应,所以条件期望值形成的轨迹(直线或曲线)称为回归线。

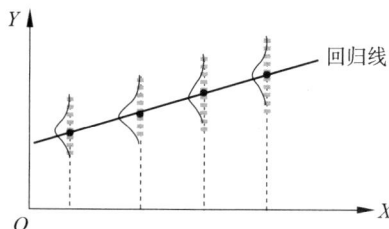

图 2-5　回归线示意图

(四)回归分析

回归分析(Regression Analysis)是应用极其广泛的数据分析方法之一。它基于观测数据建立变量间适当的依赖关系,以分析数据的内在规律,并可用于预报、控制等问题。其目的主要是求证两个或多个变量间是否相关、相关方向与强度,并建立数学模型,以便观察特定变量来预测研究者感兴趣的变量。

如果在回归分析中,只包括一个自变量(解释变量)和一个因变量(被解释变量),且二者的关系可用一条直线近似表示,这种回归分析称为一元线性回归分析。如果回归分析中包括两个或两个以上的自变量,且因变量和自变量之间是线性关系,则称为多元线性回归分析。

回归分析的主要步骤如下。

(1)寻求变量间的近似的函数关系,即回归方程,如 $Y=\alpha+\beta X+\mu$,一般通过散点图大致确定回归方程类型。

(2)求出合理的回归参数,如 α、β 的值。

(3)进行相关性和回归模型检验,如 R^2 检验、F 检验、t 检验等。

(4)通过检验后,根据回归方程与具体条件进行预测和控制。

二、回归函数

由于变量间关系的随机性,回归分析是根据解释变量的已知值,考查被解释变量的总体均值,即当解释变量取某个确定值时,与之统计相关的被解释变量所有可能出现的对应值的平均值。

例:某社区由 100 户家庭组成,要研究该社区每月家庭消费支出 Y 与每月家庭可支配

收入 X 的关系,即已知各家庭的月收入数据预测该社区各家庭的平均月消费支出水平。可将该 100 户家庭划分为组内收入差不多的 10 组,以分析每一收入组的家庭消费支出(表 2-3)。

表 2-3　某社区家庭每月收入与消费支出统计表　　　　　　元

收入-支出	每月家庭可支配收入 X									
	800	1 100	1 400	1 700	2 000	2 300	2 600	2 900	3 200	3 500
每月家庭消费支出 Y	561	638	869	1 023	1 254	1 408	1 650	1 969	2 090	2 299
	594	748	913	1 100	1 309	1 452	1 738	1 991	2 134	2 321
	627	814	924	1 144	1 364	1 551	1 749	2 046	2 178	2 530
	638	847	979	1 155	1 397	1 595	1 804	2 068	2 266	2 629
		935	1 012	1 210	1 408	1 650	1 848	2 101	2 354	2 860
		968	1 045	1 243	1 474	1 672	1 881	2 189	2 486	2 871
			1 078	1 254	1 496	1 683	1 925	2 233	2 552	
			1 122	1 298	1 496	1 716	1 969	2 244	2 585	
			1 155	1 331	1 562	1 749	2 013	2 299	2 640	
			1 188	1 364	1 573	1 771	2 035	2 310		
				1 210	1 408	1 606	1 804	2 101		
					1 430	1 650	1 870	2 112		
					1 485	1 716	1 947	2 200		
						2 002				
合计	2 420	4 950	11 495	16 445	19 305	23 870	25 025	21 450	21 285	15 510

由于不确定因素的影响,对同一收入水平 X_0,不同家庭的消费支出 Y_i 不完全相同。根据样本数据,描出散点图(图 2-6),可以得出随着收入的增加,消费总体也在增加,且 Y 的条件均值均落在一正斜率的直线上。

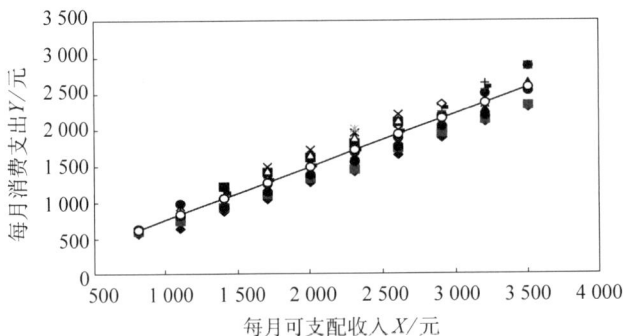

图 2-6　回归曲线

在给定解释变量 X_i 条件下,被解释变量 Y_i 的期望(平均值)轨迹称为回归曲线,相应的函数 $E(Y|X_i)=f(X_i)=\alpha+\beta X_i+\mu$,称为回归函数(Regression Function)。

三、随机误差项

回归函数说明了在给定的收入水平 X_0 下该社区家庭平均的消费支出水平,但对某个别家庭其消费支出可能与该平均水平有偏差,即 $\mu_i=Y_i-E(Y|X_i)$。

μ_i 为观察值 Y_i 围绕它的期望值 $E(Y|X_i)$ 的离差（Deviation），是一个不可观测的随机变量，又称随机误差项（Stochastic Error）。它是测试过程中诸多因素随机作用而形成的具有抵偿性的误差，是不可避免的，可以设法将其减少，但又不能完全消除。

随机误差具有统计性，在多次重复测量中，绝对值相同的正、负误差出现的机会大致相同，大误差出现的概率比小误差出现的概率小。多次测量的随机误差的平均值趋向于零，因此不影响测量的准确度，随机误差使测量值产生波动，影响测量结果的精密度。

产生随机误差的原因一般包括未知的影响因素、残缺数据、数据观察误差、模型设定误差、变量内在随机性等。

第 二 节　回归模型的基本假定

一元线性回归模型是最简单的计量经济学模型，模型中只有一个解释变量，其一般形式为 $Y_i=\alpha+\beta X_i+\mu$，其中 α,β 为回归参数。对回归参数的估计方法有很多种，目前使用最广泛的是普通最小二乘法（Ordinary Least Squares）。为保证参数 α,β 估计量具有良好的性质，根据普通最小二乘法的适用条件，对一元线性回归模型提出若干基本假定。

一、高斯-马尔可夫假定（Gauss-Markov Assumption）

假设 1　解释变量 X_i 是确定性变量，不是随机变量。

假设 2　随机误差项随 μ_i 具有零均值、同方差和无序列相关性，即

$$E(\mu_i)=0, \quad i=1,2,3,\cdots,n \tag{2-2}$$

$$\mathrm{var}(\mu_i)=\sigma_\mu^2, \quad i=1,2,3,\cdots,n \tag{2-3}$$

$$\mathrm{cov}(\mu_i,\mu_j)=0, \quad i\neq j \quad i,j=1,2,3,\cdots,n \tag{2-4}$$

假设 3　随机误差项随 μ_i 与解释变量 X_i 之间不相关，即

$$\mathrm{cov}(X_i,\mu_i)-0, \quad i=1,2,3,\cdots,n \tag{2-5}$$

假设 4　μ_i 服从零均值、同方差、零协方差的正态分布，即

$$\mu_i \sim N(0,\sigma_\mu^2), \quad i=1,2,3,\cdots,n \tag{2-6}$$

如果假设 1 与假设 2 成立，则假设 3 也成立；如果假设 4 成立，则假设 2 也成立。

二、暗含的假定

假设 5　随着样本容量的无限增加，解释变量 X 的样本方差趋于一有限常数，即

$$\sum (X_i-\overline{X})^2/n \to Q, \quad n \to \infty \tag{2-7}$$

其旨在排除时间序列数据出现持续上升或下降的变量作为解释变量，因为这类数据不仅使大样本统计推断变得无效，而且往往产生所谓的伪回归问题（Spurious Regression Problem）。

假设 6　回归模型是正确设定的，即回归模型没有设定偏误（Specification Error）。

某些经济现象需要进行深入研究，计量经济学模型的正确设定非常重要，包括选择了正确的函数形式和选择了正确的自变量和因变量。

第 三 节 　 回归模型的参数估计

一、普通最小二乘法

对一元线性回归模型 $Y_i = \alpha + \beta X_i + \mu$ 两边取期望值,得到样本回归直线:

$$E(Y_i) = \hat{Y}_i = \hat{\alpha} + \hat{\beta} X_i$$

式中,$\hat{\alpha}$ 为 α 的估计量;$\hat{\beta}$ 为 β 的估计量。

任意选定一组样本观测值 $A(X_i, Y_i)$,要求样本回归函数值 $B(X_i, \hat{Y}_i)$ 尽可能好地拟合 A 这组样本值。若定样本值 Y_i 与回归拟合值 $\hat{Y}_i$ 之差为 ε_i,即 $\varepsilon_i = Y_i - \hat{Y}_i$,通常将 ε_i 称为残差(Residual)。

因为 ε_i 既可以为正值,也可以为负值,故普通最小二乘法原理:给定样本观测值 $A(X_i, Y_i)$ 的情况下,估算最合适的回归模型参数 $\hat{\alpha}$ 与 $\hat{\beta}$,使得被解释变量的回归拟合值 $\hat{Y}_i$ 与样本值 Y_i 之差的二次方和最小,即如何使得

$$Q = \sum_{i=1}^{n} \varepsilon_i^2 = \sum_{i=1}^{n} (Y_i - \hat{Y}_i)^2 = \sum_{i=1}^{n} [Y_i - (\hat{\alpha} + \hat{\beta} X_i)]^2 \tag{2-8}$$

达到最小。

二、回归模型参数的估算

根据微积分中极小值计算原理,Q 函数式(2-8)分别对 $\hat{\alpha}$ 与 $\hat{\beta}$ 求一阶偏导数,且定其一阶偏导数值为 0,即

$$\begin{cases} \dfrac{\partial Q}{\partial \hat{\alpha}} = 0 \\ \dfrac{\partial Q}{\partial \hat{\beta}} = 0 \end{cases} \Rightarrow \begin{cases} -2 \sum_{i=1}^{n} [Y_i - (\hat{\alpha} + \hat{\beta} X_i)] = 0 \\ -2 \sum_{i=1}^{n} [Y_i - (\hat{\alpha} + \hat{\beta} X_i)] X_i = 0 \end{cases} \tag{2-9}$$

式(2-9)一般称为正规方程组(Normal Equations)。显然

$$\sum_{i=1}^{n} \varepsilon_i = \sum_{i=1}^{n} [Y_i - (\hat{\alpha} + \hat{\beta} X_i)] = 0 \tag{2-10}$$

$$\sum_{i=1}^{n} \varepsilon_i X_i = \sum_{i=1}^{n} [Y_i - (\hat{\alpha} + \hat{\beta} X_i)] X_i = 0 \tag{2-11}$$

解正规方程组得

$$\begin{cases} \sum_{i=1}^{n} Y_i = n\hat{\alpha} + \hat{\beta} \sum_{i=1}^{n} X_i \\ \sum_{i=1}^{n} X_i Y_i = \hat{\alpha} \sum_{i=1}^{n} X_i + \hat{\beta} \sum_{i=1}^{n} X_i^2 \end{cases} \Rightarrow \begin{cases} \hat{\alpha} = \overline{Y} - \hat{\beta} \overline{X} \tag{2-12} \\ \hat{\beta} = \dfrac{\sum_{i=1}^{n} (X_i - \overline{X})(Y_i - \overline{Y})}{\sum_{i=1}^{n} (X_i - \overline{X})^2} \tag{2-13} \end{cases}$$

相关链接2-3

时间序列数据的普通最小二乘法参数估计

EViews 8.0 软件操作步骤：

（1）输入变量名和样本数据。

（2）单击最上层标题栏 Quick，进入 Estimate Equation，如图 2-7 所示。

图 2-7　方程参数估计的命令

（3）Method 选项中选择 LS-Least Squares（普通最小二乘法），在 Equation Specification 对话框中输入因变量与自变量，**因变量与自变量用空格隔开**（图 2-8），例如：y c x1 x2 x3，其中 c 为常数项。

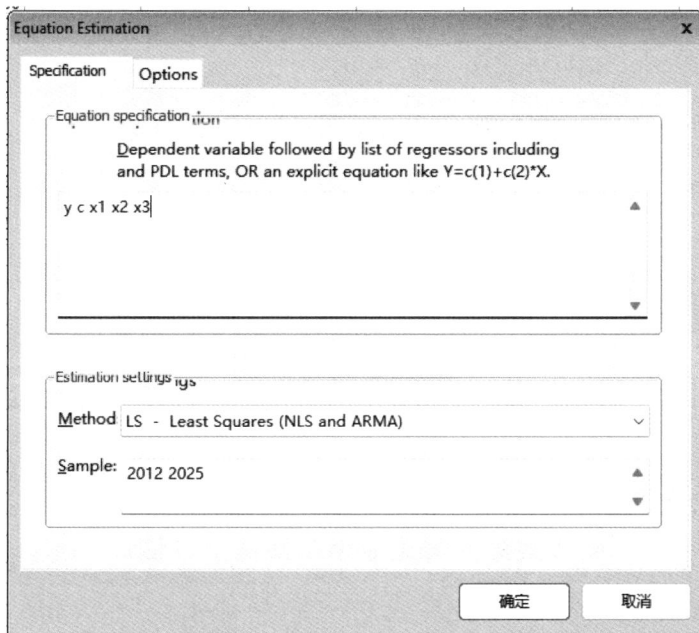

图 2-8　普通最小二乘法的界面

（4）单击"确定"按钮,输出回归模型结果（图 2-9）: $y = -40.75 + 0.21X_1 - 1.68 \times 10^{-5}X_2 + 1.90X_3$

```
Dependent Variable: Y
Method: Least Squares
Date: 05/22/25  Time: 19:59
Sample: 2012 2025
Included observations: 14

Variable          Coefficient    Std. Error    t-Statistic    Prob.

C                 -40.75054      26.62596      -1.530482      0.1569
X1                 0.213120       0.048084       4.432253      0.0013
X2                -1.68E-05       8.49E-05      -0.198130      0.8469
X3                 1.901961       0.758903       2.506198      0.0311

R-squared           0.954125    Mean dependent var       142.7129
Adjusted R-squared  0.940362    S.D. dependent var        26.09805
S.E. of regression  6.373355    Akaike info criterion      6.777085
Sum squared resid   406.1965    Schwarz criterion          6.959673
Log likelihood    -43.43960     Hannan-Quinn criter.       6.760184
F-statistic        69.32776     Durbin-Watson stat         1.620665
Prob(F-statistic)   0.000001
```

图 2-9　普通最小二乘法的结果输出

（5）由软件（英文）格式转换成中文格式,见表 2-4。

表 2-4　软件英文表格翻译成中文表格

因变量：Y
方法：最小二乘法
日期：2025 年 5 月 22 日　时间：19:59
样本：2012—2025 年
样本数：14 个

自变量	回归参数	标准差	t 统计值	显著性水平
常数项	-40.75	26.62	-1.53	0.15
X_1	0.21	0.04	4.43	0.00
X_2	-1.68×10^{-5}	8.49×10^{-5}	-0.19	0.84
X_3	1.90	0.75	2.50	0.03

R^2 拟合优度	0.95	因变量的均值	142.71
修正的 R^2	0.94	因变量标准差	26.09
回归方程标准差	6.37	赤池信息准则	6.77
残差平方和	406.19	施瓦兹信息准则	6.95
似然函数的对数值	-43.43	哈南-奎因准则	6.76
F 统计值	69.32	DW 统计值	1.62
F 统计值的显著性水平	0.00		

相关链接 2-4

面板数据的普通最小二乘法参数估计

EViews 8.0 软件操作步骤:

（1）输入变量名和样本数据。

（2）单击 POOL 对象上层标题栏 Proc,进入 Estimate（图 2-10）。

图 2-10 选择菜单

（3）弹出对话框（图 2-11），**Dependent variable** 项中输入因变量名，**Method** 项中选择 LS-Least Squares（普通最小二乘法），在 Cross-section specific（截面）和 Period specific（时期）项中可对影响方式进行设定：“None”为无影响，“Fixed”为固定影响，“Random”为随机影响。

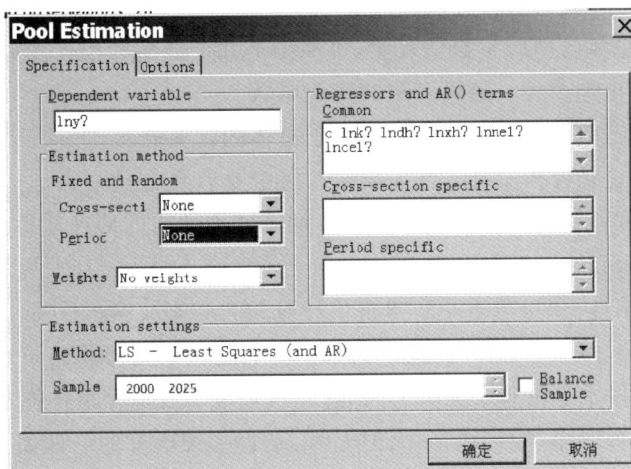

图 2-11 Pool 对象评价的设定

在 **Weights**（权重）项选择加权项或不加权，如果选“Cross-section weights”为广义最小二乘法使用估计截面残差的方差，从而减小截面数据的异方差影响；如果选“Cross-section SUR”为广义最小二乘法使用估计截面残差的协方差，从而减小截面数据的异方差和同期相关性影响，但截面成员很多且时期很短时该方法失效；如果选“Period Weights”为广义最小二乘法使用估计时期残差的方差，从而减小时期异方差影响。

在 **Regressors and AR（）terms** 项中输入解释变量；在 **Cross-section specific** 项中输入的变量对 POOL 对象中每个截面成员的系数都不同，输出结果用截面成员的标识名称和一般序列名称组合形式；在 **Period specific** 项中输入的变量对 POOL 对象中每个时期的系数都不同，输出结果用时期的标识名称和一般序列名称组合形式。

（4）单击"确定"按钮,输出回归模型结果(图 2-12)。

```
Dependent Variable: LNY?
Method: Pooled Least Squares
Date: 05/24/25  Time: 20:30
Sample: 2000 2025
Included observations: 20
Cross-sections included: 29
Total pool (balanced) observations: 580

Variable      Coefficient   Std. Error   t-Statistic   Prob.

   C           -0.860243     0.121396    -7.086277    0.0000
 LNK?           0.829189     0.013059    63.49591     0.0000
 LNDH?          0.261396     0.012005    21.77396     0.0000
 LNXH?          0.237727     0.055628     4.273479    0.0000
 LNNE1?        -0.145277     0.063819    -2.276374    0.0232
 LNCE1?         0.090158     0.056143     1.605873    0.1089

R-squared              0.986459   Mean dependent var   7.086138
Adjusted R-squared     0.986341   S.D. dependent var   1.240231
```

图 2-12　Pool 对象评价结果的输出

三、回归模型参数的统计性质

当模型参数被估计出之后,需考虑参数估计值的精度,即是否能代表总体参数的真值,或者说需考查参数估计量的统计性质。

一个用于考查总体的回归参数估计量,可从如下几个方面考查其优劣性。

（1）线性性,即它是否另一随机变量的线性函数。

（2）无偏性,即它的均值或期望值是否等于总体的真实值。

（3）有效性,即它是否在所有线性无偏估计量中具有最小方差。

这三个准则也称作估计量的小样本性质。拥有这类性质的估计量称为最佳线性无偏估计量(Best Linear Unbiased Estimator)。

当不满足小样本性质时,需进一步考查估计量的大样本或渐近性质。

（4）渐近无偏性,即样本容量趋于无穷大时,是否它的均值序列趋于总体真值。

（5）一致性,即样本容量趋于无穷大时,它是否依概率收敛于总体的真值。

（6）渐近有效性,即样本容量趋于无穷大时,是否它在所有的一致估计量中具有最小的渐近方差。

相关链接 2-5

高斯-马尔可夫定理(Gauss-Markov Theorem)

在给定经典线性回归的假定下,最小二乘估计量是具有最小方差的线性无偏估计量。

（1）线性性,即估计量 $\hat{\beta}_0$、$\hat{\beta}_1$ 是 Y_i 的线性组合。

证明：$\hat{\beta}_1 = \dfrac{\sum x_t y_t}{\sum x_t^2} = \dfrac{\sum x_t (Y_t - \bar{Y})}{\sum x_t^2} = \dfrac{\sum x_t Y_t}{\sum x_t^2} + \dfrac{\bar{Y} \sum x_t}{\sum x_t^2}$

令 $k_t = \dfrac{x_t}{\sum x_t^2}$,因 $\sum x_t = \sum (X_t - \bar{X}) = 0$,故有

$$\hat{\beta}_1 = \sum \frac{x_t}{\sum x_t^2} Y_t = \sum k_t Y_t$$

$$\hat{\beta}_0 = \overline{Y} - \hat{\beta}_1 \overline{X} = \frac{1}{n} \sum Y_t - \sum K_t Y_t \overline{X} = \sum \left(\frac{1}{n} - \overline{X} K_t \right) Y_t = \sum w_t Y_t$$

(2) 无偏性，即估计量 $\hat{\beta}_0$、$\hat{\beta}_1$ 的均值（期望）等于总体回归参数真值 β_0 与 β_1。

证明：$\hat{\beta}_1 = \sum k_i Y_i = \sum k_i (\beta_0 + \beta_1 X_i + \mu_i) = \beta_0 \sum k_i + \beta_1 \sum k_i X_i + \sum k_i \mu_i$

易知　　$\sum k_i = \frac{\sum x_i}{\sum x_i^2} = 0$ 　　　$\sum k_i X_i = 1$

故　　　$\hat{\beta}_1 = \beta_1 - \sum k_i \mu_i$

$$E(\hat{\beta}_1) = E(\beta_1 + \sum k_i \mu_i) = \beta_1 + \sum k_i E(\mu_i) = \beta_1$$

同样地，容易得出

$$E(\hat{\beta}_0) = E(\beta_0 + \sum w_i \mu_i) = E(\beta_0) + \sum w_i E(\mu_i) = \beta_0$$

(3) 有效性（最小方差性），即在所有线性无偏估计量中，最小二乘估计量 $\hat{\beta}_0$、$\hat{\beta}_1$ 具有最小方差。

先求 $\hat{\beta}_0$ 与 $\hat{\beta}_1$ 的方差：

$$\text{var}(\hat{\beta}_1) = \text{var}\left(\sum k_i Y_i \right) = \sum k_i^2 \text{var}(\beta_0 + \beta_1 X_i + \mu_i) = \sum k_i^2 \text{var}(\mu_i)$$

$$= \sum \left(\frac{x_i}{\sum x_i^2} \right) \sigma^2 = \frac{\sigma^2}{\sum x_i^2}$$

$$\text{var}(\hat{\beta}_0) = \text{var}\left(\sum w_i Y_i \right) = \sum w_i^2 \text{var}(\beta_0 + \beta_1 X_i + \mu_i) = \sum (1/n - \overline{X} k_i)^2 \sigma^2$$

$$= \sum \left[\left(\frac{1}{n} \right)^2 - 2 \frac{1}{n} \overline{X} k_i + \overline{X}^2 k_i^2 \right] \sigma^2 = \left[\frac{1}{n} - \frac{2}{n} \overline{X} \sum k_i + \overline{X}^2 \sum \left(\frac{x_i}{\sum x_i^2} \right)^2 \right] \sigma^2$$

$$= \left(\frac{1}{n} + \frac{\overline{X}^2}{\sum x_i^2} \right) \sigma^2 = \frac{\sum x_i^2 + n X^2}{n \sum x_i^2} \sigma^2 = \frac{\sum X_i^2}{n \sum x_i^2} \sigma^2$$

证明最小方差性：

假设 $\hat{\beta}_1^*$ 是其他估计方法得到的关于 β_1 的线性无偏估计量

$$\hat{\beta}_1^* = \sum c_i Y_i$$

其中，$c_i = c_i - k_i + k_i$，c_i 为不全为零的常数。

则容易证明 $\text{var}(\hat{\beta}_1^*) \geqslant \text{var}(\hat{\beta}_1)$。

证明：$\text{var}(\hat{\beta}_1^*) = \text{var}\left(\sum c_i Y_i \right) = \sum c_i^2 \sigma^2$

$$= \sum (c_i - k_i + k_i)^2 \sigma^2 = \sum [(c_i - k_i)^2 + k_i^2 + 2k_i(c_i - k_i)] \sigma^2$$

$$= \sum [(c_i - k_i)^2 + k_i^2] \sigma^2 \geqslant \sum k_i^2 \sigma^2 = \text{var}(\beta_1)$$

同理，可证明 β_0 的最小二乘估计量 $\hat{\beta}_0$ 具有最小的方差。

第 四 节　回归模型的统计检验

回归分析是通过样本所估计的参数来代替总体的真实参数,或者说是用样本回归线代替总体回归线。由统计性质知,如果有足够多的重复抽样,参数的估计值的均值就等于其总体的参数真值。

但在一次抽样中,估计值不一定就等于该真值。那么,在一次抽样中,参数的估计值与真值的差异有多大? 是否显著? 这就需要对回归模型进行统计检验,通常包括模型整体拟合优度检验(R^2 检验)、变量个体显著性检验(t 检验)。

一、拟合优度检验

拟合优度检验实则是对样本回归直线与样本观测值之间拟合程度的检验。采用普通最小二乘估计方法,已经保证了模型最好地拟合了样本观测值,为什么还要检验拟合程度? 问题在于,在一个特定的条件下做得最好的并不一定就是高质量的。普通最小二乘法所保证的最好的拟合是同一个问题内部的比较,拟合优度检验结果所表现的优劣是不同问题之间的比较。

(一)总离差二次方和的分解

对一元线性回归模型 $Y_i = \alpha + \beta X_i + \mu$ 两边取期望值,得到样本回归直线 $E(Y_i) = \hat{Y}_i = \hat{\alpha} + \hat{\beta} X_i$,已知样本总离差 $y_i = Y_i - \overline{Y} = (Y_i - \hat{Y}_i) + (\hat{Y}_i - \overline{Y})$,可以分解成两部分(图 2-13):$(Y_i - \hat{Y}_i)$ 为样本残差 e_i、$(\hat{Y}_i - \overline{Y})$ 为回归离差 $\hat{y}_i$。如果要回归曲线拟合得好,即 Y_i 与 $\hat{Y}_i$ 非常接近,显然 $|e_i|$ 越小越好。

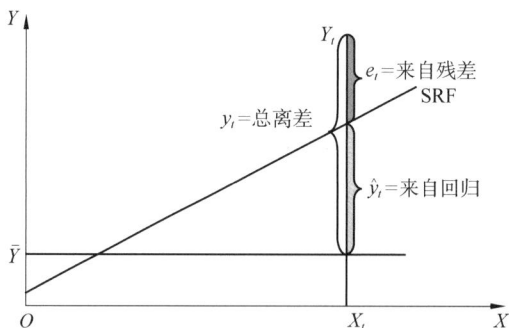

图 2-13　样本总离差分解

因考虑到样本总离差 $y_i = Y_i - \overline{Y}$ 既可以为正数也可以为负数,所以对总离差 $y_i = Y_i - \overline{Y}$ 求二次方,即

$$[(Y_i - \hat{Y}_i) + (\hat{Y}_i - \overline{Y})]^2 = \hat{y}_i^2 + e_i^2 + 2\hat{y}_i e_i \tag{2-14}$$

又因

$$\sum_{i=1}^{n} \hat{y}_i e_i = \sum_{i=1}^{n} (\hat{Y}_i - \overline{Y}) e_i = \sum_{i=1}^{n} [(\hat{\alpha} + \hat{\beta} X_1) - (\alpha + \beta \overline{X})] e_i = \hat{\beta} \sum_{i=1}^{n} e_i X_1 - \beta \overline{X} \sum_{i=1}^{n} e_i$$

$$\tag{2-15}$$

根据式(2-10)和式(2-11),可得 $\sum\limits_{i=1}^{n} \hat{y}_i e_i = 0$,所以

$$\sum y_i^2 = \sum \hat{y}_i^2 + \sum e_i^2 + 2\sum \hat{y}_i e_i$$
$$= \sum \hat{y}_i^2 + \sum e_i^2 \tag{2-16}$$

总离差二次方和(Total Sum of Squares,TSS)可分解成两部分:一部分为回归离差二次方和(Explained Sum of Squares,ESS);另一部分为残差二次方和(Residual Sum of Squares,RSS),即 TSS=ESS+RSS。

(二)可决定系数 R^2

如何衡量回归模型值拟合样本观测值的优度呢? 统计学设计出了一个可决定系数 R^2 (Coefficient of Determination):

$$R^2 = \frac{ESS}{TSS} = 1 - \frac{RSS}{TSS} \tag{2-17}$$

可得 $R^2 \in [0,1]$,显然 RSS 越小,回归模型拟合样本观测值越好,由此,R^2 越接近1,说明实际观测点离样本回归线越近,拟合优度越高。

但需要注意的是,用 R^2 比较模型拟合优度时,要求被解释变量必须相同。

二、变量显著性检验

变量显著性检验旨在对回归模型中因变量与各自变量之间的线性关系是否显著作出评判。

(一)构造 t 统计量

已知样本回归直线 $\hat{Y}_i = \hat{\alpha} + \hat{\beta} X_i$,参数 $\hat{\alpha}$、$\hat{\beta}$ 都服从正态分布:

$$\hat{\alpha} \sim N\left(\alpha, \frac{\sigma_\mu^2 \sum\limits_{i=1}^{n} X_i^2}{n\sum\limits_{i=1}^{n} x_i^2}\right) \tag{2-18}$$

$$\hat{\beta} \sim N\left(\beta, \frac{\sigma_\mu^2}{\sum\limits_{i=1}^{n} x_i^2}\right) \tag{2-19}$$

式中,$N(\cdot)$ 为正态分布函数;n 为样本个数;σ_μ^2 为随机误差项 μ 的方差,因 σ_μ^2 是不可观察的,通常用 σ_μ^2 的无偏估计量 $\hat{\sigma}_\mu^2 = \dfrac{\sum\limits_{i=1}^{n} e_i^2}{n-2}$ 替代。

以 $\hat{\beta}$ 为例,构造 t 统计量:

$$t = \frac{\hat{\beta} - \beta}{S\hat{\beta}} = \frac{\hat{\beta} - \beta}{\sqrt{\dfrac{\hat{\sigma}_\mu^2}{\sum\limits_{i=1}^{n} x_i^2}}} \tag{2-20}$$

该统计量服从自由度为 $n-2$ 的 t 分布,因此可用该统计量作为 $\hat{\beta}$ 显著性检验的 t 统计量。同理,构造 $\hat{\alpha}$ 的 t 统计量:

$$t = \frac{\hat{\alpha} - \alpha}{S\hat{\alpha}} = \frac{\hat{\alpha} - \alpha}{\sqrt{\dfrac{\hat{\sigma}_\mu^2 \sum\limits_{i=1}^{n} X_i^2}{n \sum\limits_{i=1}^{n} x_i^2}}} \tag{2-21}$$

该统计量服从自由度为 $n-2$ 的 t 分布,因此可用该统计量作为 $\hat{\alpha}$ 显著性检验的 t 统计量。

(二)提出假设

以 $\hat{\beta}$ 为例,如果变量 X_i 是显著的,那么参数 β 显著不为 0。于是,可设原假设 $H_0: \beta = 0$,备择假设 $H_1: \beta \neq 0$。

(三)确定显著性水平

给定一个显著性水平 α,一般情况下,α 取 0.01(或 0.05),即 1%是显著的(或 5%是显著的)。

(四)确定临界值

查 t 分布表(见附录),得到一个临界值 $t_{\frac{\alpha}{2}}(n-2)$。

(五)作出判断

以 $\hat{\beta}$ 为例,计算 t 统计量,如果 $|t| >$ 临界值 $t_{\frac{\alpha}{2}}(n-2)$,则拒绝原假设 $H_0: \beta = 0$,即在 $1-\alpha$ 的置信度下接受备择假设 $H_1: \beta \neq 0$,表明在 $1-1\% = 99\%$ 的置信度下变量 X_i 对因变量 $\hat{Y}_i$ 是显著的。

相反,$|t| \leqslant$ 临界值 $t_{\frac{\alpha}{2}}(n-2)$,则接受原假设 $H_0: \beta = 0$,表明在 99%的置信度下变量 X_i 对因变量 $\hat{Y}_i$ 是不显著的。

t 检验是单个自变量对因变量独自验证显著性的一种方法,体现了该解释变量独自对被解释变量在一定置信度下的影响是否显著。

关键术语

相关系数　回归函数　随机误差项　高斯-马尔可夫假定　普通最小二乘法　拟合优度检验　变量显著性检验

闯关习题

一、即测即练

二、简述题

1. 简述相关系数的计算公式及 EViews 8.0 软件操作步骤。

2. 什么是回归? 什么是回归线?

3. 回归分析的主要内容包括哪些?

4. 随机误差项产生的主要原因有哪些?

5. 一元线性回归模型在使用普通最小二乘法估计参数时,需要满足哪些基本假定?

6. 什么是普通最小二乘原理? 根据普通最小二乘法原理推导参数的计算公式。

7. 简述一元线性回归模型的拟合优度检验的基本思想。

8. 简述一元线性回归模型的变量的显著性检验的基本思想。

三、软件操作题

表 2-5 是某县 2006—2025 年财政收入 Y 和地区生产总值 X 的统计表。

表 2-5 某县 2006—2025 年财政收入与地区生产总值统计表 万元

年份	财政收入 Y	地区生产总值 X	年份	财政收入 Y	地区生产总值 X
2006	1 132.26	3 624.1	2016	2 357.24	14 922.3
2007	1 146.38	4 038.2	2017	2 664.90	16 917.8
2008	1 159.93	4 517.8	2018	2 937.10	18 598.4
2009	1 175.79	4 860.3	2019	3 149.48	21 662.5
2000	1 212.33	5 301.8	2020	3 483.37	26 651.9
2011	1 366.95	5 957.4	2021	4 348.95	34 560.5
2012	1 642.86	7 206.7	2022	5 218.00	46 670.0
2013	2 004.82	8 989.1	2023	6 242.20	57 494.9
2014	2 122.01	10 201.0	2024	7 404.99	66 850.5
2015	2 199.35	11 954.5	2025	8 651.14	73 452.0

请利用 EViews 8.0 软件,得出财政收入 Y 和地区生产总值 X 的一元线性回归模型,并解释拟合优度值(R^2)和变量 t 值的含义。

课外修炼

阅读《计量经济学基础》

一、基本信息

《计量经济学基础》由古扎拉蒂著,中国人民大学出版社于 2012 出版。

二、作者简介

古扎拉蒂,西点军校的经济学荣誉退休教授。他曾在纽约城市大学执教 25 年多,之后又在纽约美国西点军校政治科学系执教 17 年。古扎拉蒂在美国及世界知名的学术期刊上发表了大量论文,这些期刊包括《经济学与统计学评论》(*Review of Economics and Statistics*)、《经济学杂志》(*Economic Journal*)、《金融与数量分析杂志》(*Journal of Financial and Quantitative Analysis*)和《商学杂志》(*Journal of Business*)等,他的计量经济学教材被翻译成多种语言出版。

大学是塑造灵魂的地方,是提升人格和培养文化素养的场所,而不仅仅为学生以后的谋生或就业而存在。

3 第三章
Chapter 3
多元线性回归模型

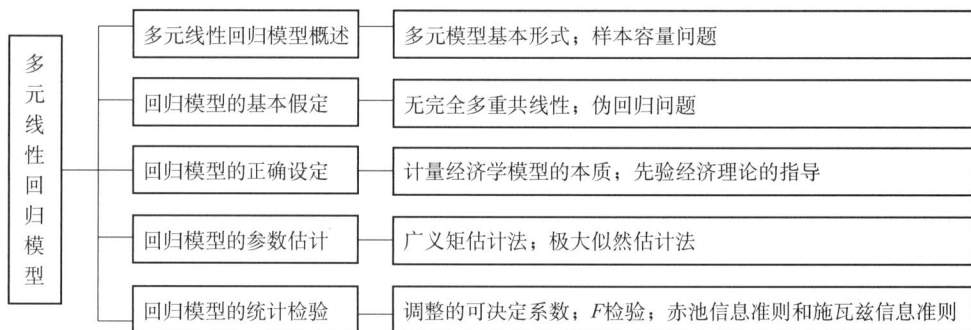

多元线性回归模型	多元线性回归模型概述	多元模型基本形式；样本容量问题
	回归模型的基本假定	无完全多重共线性；伪回归问题
	回归模型的正确设定	计量经济学模型的本质；先验经济理论的指导
	回归模型的参数估计	广义矩估计法；极大似然估计法
	回归模型的统计检验	调整的可决定系数；F检验；赤池信息准则和施瓦兹信息准则

>>> **学习目标**

1. 知识目标：多元线性回归模型概述；样本容量问题；回归模型的基本假定；广义矩估计法；极大似然估计法；调整的可决定系数；方程总体线性的显著性检验等。

2. 能力目标：理解样本容量问题；理解伪回归问题；掌握广义矩估计法和极大似然估计法；区分可调整的 R^2 检验、F 检验等。

>>> **情景写实**

在中国古代，有个国王叫齐宣王，他非常喜欢听乐队吹竽，而且一定要 300 人一起吹。根本不会吹竽的南郭先生，那时也请求给齐宣王吹竽。齐宣王很高兴。官府给南郭先生的待遇和那几百人一样。这说明：整体吹竽效果很好，总体显著性检验（F 检验）通过。

齐宣王死后，他的儿子齐湣王继承了王位。齐湣王也喜欢听吹竽，但他喜欢听独奏，南郭先生就只好灰溜溜地逃走了。这说明：进行单个变量的显著性检验（t 检验）时，南郭先生没有通过，被淘汰掉了。因此，在做计量实证分析时，当总体显著性检验（F 检验）通过时，还有必要进行变量的显著性检验（t 检验）。

一个和尚挑水喝,两个和尚抬水喝,三个和尚没水喝。这说明:变量的显著性检验(t 检验)通过时,还有必要进行总体显著性检验(F 检验)。

可以得出,F 检验与 t 检验不能相互替代,缺一不可。

第 一 节　　多元线性回归模型概述

一、多元线性回归模型的一般形式

(一)时间序列数据形式

$$Y = \beta_0 + \beta_1 X_1 + \beta_2 X_2 + \cdots + \beta_k X_k + \mu \tag{3-1}$$

式中,k 为解释变量的数目;β_i 为模型参数;μ 为随机误差项。常数项 β_0 可被看作一虚变量的系数,该虚变量的样本观测值始终取 1,则模型中解释变量的数目为 $(k+1)$。

(二)面板数据形式

$Y_i = \beta_0 + \beta_1 X_{i1} + \beta_2 X_{i2} + \cdots + \beta_k X_{ik} + \mu_i$,改成矩阵形式为

$$
\begin{bmatrix} Y_1 \\ Y_2 \\ \vdots \\ Y_n \end{bmatrix}
=
\begin{bmatrix}
1 & x_{11} & x_{12} & \cdots \\
1 & x_{21} & x_{22} & \cdots \\
\vdots & \vdots & \vdots & \vdots \\
1 & x_{n1} & x_{n2} & \cdots
\end{bmatrix}
\begin{bmatrix} \beta_0 \\ \beta_1 \\ \vdots \\ \beta_k \end{bmatrix}
+
\begin{bmatrix} \mu_1 \\ \mu_2 \\ \vdots \\ \mu_k \end{bmatrix}
\tag{3-2}
$$

二、样本容量问题

模型参数估计是建立在被解释变量和解释变量的大量样本观测值的基础上运算完成的,其精度对样本数据的依赖性很大,通常样本数目越多,精度越高。当然,也得考虑样本数据效果的有用性和时间的一致性等。例如,要分析我国当代经济发展规律,一般选择社会经济数据从 1978 年(党的十一届三中全会)开始。

(一)最小样本容量

从普通最小二乘法原理出发,不管其质量如何,欲能得出参数估计量,所要求的样本容量的下限必须不少于模型中解释变量的数目(包括常数项),即 $n \geqslant k+1$。

(二)满足基本要求的样本容量

当样本数目 n 满足不少于模型中解释变量的数目(包括常数项)$k+1$,但 n 还是太小,除了参数估计质量不高外,一些后续统计检验工作难以实现。例如,当 $n \geqslant 8+k$ 时,t 分布较为稳定;当 $n > 30$ 时,Z 检验才能应用。

回归模型的良好性质,只有在大样本容量下才能在理论上真正得到实现。计量经济学一般实证经验表明,当 $n \geqslant 30$,或者至少 $n \geqslant 3(k+1)$ 时,才满足模型估计的基本统计要求。

第 二 节　　回归模型的基本假定

为了使参数估计量具有良好的统计性质,特对多元线性回归模型作出若干假定。

一、回归模型的经典假定

假设 1　解释变量 X_i 是非随机(即固定)的,且 X_i 之间不存在严格线性相关(无多重共线性)。

假设 2　随机误差项随 μ_i 具有零均值、同方差及无序列相关性:

$$E(\mu_i)=0, \quad i=1,2,3,\cdots,n \tag{3-3}$$

$$\text{var}(\mu_i)=\sigma_\mu^2, \quad i=1,2,3,\cdots,n \tag{3-4}$$

$$\text{cov}(\mu_i,\mu_j)=0, \quad i\neq j \ \ i,j=1,2,3,\cdots,n \tag{3-5}$$

假设 3　解释变量 X_i 与随机误差项 μ_i 不相关:

$$\text{cov}(X_i,\mu_i)=0, \quad i=1,2,3,\cdots,n \tag{3-6}$$

假设 4　随机误差项 μ_i 满足正态分布:

$$\mu_i \sim N(0,\sigma_\mu^2), \quad i=1,2,3,\cdots,n \tag{3-7}$$

二、隐含的假定

假设 5　样本容量趋于无穷时,各解释变量的方差趋于有界常数:

$$\sum(X_i-\overline{X})^2/n \rightarrow Q, \quad n \rightarrow \infty \tag{3-8}$$

假设 6　多元线性回归模型的设定是正确的。

计量经济学模型的正确设定非常重要,包括选择了正确的函数形式以及正确的自变量和因变量。

第 三 节　　回归模型的正确设定

任何一项计量经济学应用研究,最重要的工作是设定计量经济学模型。只有设定了正确的总体回归模型,才能通过严格的数学过程和统计推断,得到正确的研究结果。回归模型的设定正确与否可以决定计量经济学应用研究的成败。

进入 20 世纪 70 年代,人们对计量经济学模型的预测功能提出了疑问,并不源于它未能对 1973 年和 1979 年的"石油危机"提出预报,而是几乎所有的计量经济学模型都无法预测"石油危机"对经济造成的影响。当代,翻开任何一本国际顶级经济学刊物,应用计量经济学模型分析方法的研究论文随处可见,但是人们对它的否定甚至攻击也不绝于耳。

一、计量经济学模型的本质

对计量经济学模型的正确设定,必须首先明确回答以下两个问题:

(1) 要确定的是经济主体内在的本质,还是经济主体之间的关系?

（2）要确定的是经济主体之间的动力学关系，还是经济变量（经济主体经济活动的结果）之间的数据关系？

计量经济学模型分析的目的是发现和塑造整个经济世界的经济主体之间的互动规律。计量经济学模型不应该是确定在经济主体动力学关系（图 3-1）上无所指的经济变量之间的关系，经济变量及相关数据是经济主体活动的结果，脱离经济主体之间动力学关系建构的经济变量，不过是纯粹的数字。经济主体的任何行为，都应在主体和其所处的环境之间寻找原因。

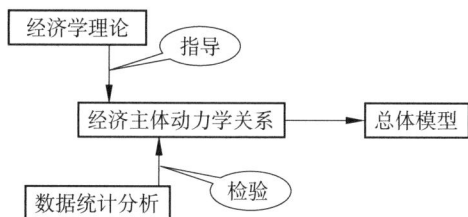

图 3-1　总体模型的构建

构建计量经济学模型，需要注意经济理论、数理方法和数据质量三个要素。部分研究者因不了解计量模型方法的具体应用背景和适用条件，而陷入滥用和错用的误区。

二、先验经济理论的指导

对于同一个作为研究对象的被解释变量，它和所有影响因素之间只能存在一种客观的正确的关系。不同的研究者、不同的研究目的、不同的数据选择方法等，会对计量经济学模型采用不同的处理（约化和简化），最终所得的应用模型自然不同，但正确的总体模型只能是一个。

相关链接 3-1

消费者行为理论与消费函数模型

消费者行为理论是西方经济学最基本的研究。按照不同的消费者行为理论，目前存在多种消费函数模型。

1. 绝对收入消费函数模型

$$C_t = \alpha + \beta_0 Y_t + \beta_1 Y_t^2 + \mu_t, t = 1, 2, 3, \cdots, n \tag{3-9}$$

消费 C_t 是由绝对收入 Y_t 唯一决定的，参数能较好地体现收入边际消费递减规律。

2. 相对收入消费函数模型

J. S. 杜森贝利（J. S. Duesenberry）认为，在一个群体收入分布中处于低收入的个体，往往有较高的消费倾向，即

$$\frac{C_i}{Y_i} = \alpha_0 + \alpha_1 \frac{\overline{Y}_i}{Y_i} \tag{3-10}$$

由式（3-10）可以推导出

$$C_i = \alpha_0 Y_i + \alpha_1 \overline{Y}_i + \mu_i \tag{3-11}$$

杜森贝利也认为，当前收入低于曾经达到的最高收入时，往往有较高的消费倾向，即

$$\frac{C_t}{Y_t} = \alpha_0 + \alpha_1 \frac{Y_0}{Y_t} \tag{3-12}$$

由式(3-12)可以推导出

$$C_t = \alpha_0 Y_t + \alpha_1 Y_0 + \mu_t \tag{3-13}$$

3. 生命周期消费函数模型

F. 莫迪利安尼(F. Modigliani)、R. 布伦伯格(R. Brumberg)和 A. 安多(A. Ando)于1954 年提出预算约束为

$$\sum_{t=1}^{T} \frac{C_t}{(1+r)^{t-1}} = \sum_{t=1}^{T} \frac{Y_t}{(1+r)^{t-1}} \tag{3-14}$$

当效用函数达到最大时,消费则是各个时期的收入和贴现率的函数,即

$$C_t = c_t(Y_1, Y_2, \cdots, Y_T, r) \tag{3-15}$$

4. 持久收入消费函数模型

米尔顿·弗里德曼(Milton Friedman)于 1957 年提出持久收入消费理论,即

$$C_t = \alpha_0 + \alpha_1 Y_t^p + \alpha_2 Y_t^t + \mu_t \tag{3-16}$$

5. 合理预期消费函数模型

$$C_t = \alpha + \beta Y_t^e \tag{3-17}$$

式中,收入预期值 Y_t^e 是现期实际收入与前一期预期收入的加权和,即

$$Y_t^e = (1-\lambda)Y_t + \lambda Y_{t-1}^e \tag{3-18}$$

从上述不同的消费函数模型,可以得出如下启示。

(1) 不同的研究者,依据不同的消费理论,就可以设定不同的消费函数模型。

(2) 如果仅仅试图检验哪种消费理论适合于我国,也许是有意义的。如果研究的目的是揭示我国的消费行为,或者是揭示影响消费的各个因素对我国消费的实际影响,那么不同的研究者就会得到不同的结论,这样的研究是没有意义的。

(3) 先验的经济理论,可以指导我们分析实际的经济行为关系,但不能直接作为总体回归模型设定的导向。

三、样本数据关系的导向

计量经济学模型方法是一种经验实证的方法。一旦总体模型被设定,利用样本数据进行的数理检验,只能发现已经包含其中的哪些变量是不显著的,而不能发现未包含其中的显著变量;只能发现已经被采用的数理函数关系是不恰当的,而不能发现未被采用的正确函数关系。

总体回归模型必须反映现实的经济行为,而现实经济活动中变量之间的关系是复杂的,而且这些变量都是变化的。如果只将一部分变量引入模型,只有在其他变量不变的条件下,模型所揭示的它们与被解释变量之间的结构关系才是正确的。"其他变量不变"的条件,在现实中是无法得到满足的,所以必须将所有变量同时引入模型,因为被解释变量的变化是它们共同作用的结果。

计量经济学模型的研究范式要求对变量的设定首先作出假定,然后再进行数理检验,即各种统计检验方法。假定是从先验经济理论出发的,统计检验是从数据出发的,二者似乎在

这里得到了完美的结合。但由于统计检验本质上只能证伪,不能证实,因而实际上没有被证实的假定却首先被接受了,先验的经济理论在变量设定中发挥了主导作用,再通过统计检验的证伪也就变得毫无实际价值,自然计量经济学模型构建中的错误频发也就不足为奇了。

第 四 节　回归模型的参数估计

普通最小二乘法具有一定局限性,其参数估计值只有在回归模型满足一些严格假定条件下才具有良好的性质。广义矩估计法(Generalized Method of Moments,GMM)与极大似然估计法(Maximum Likelihood Estimate)则不需要太多严格的限制,如广义矩估计法不要求随机误差项一定非序列相关和同方差等,并且得到的回归参数估计值与真实值更接近。

一、广义矩估计法

广义矩估计法在大样本下是有效的,在小样本下是无效的。在随机抽样中,样本统计量将依概率收敛于某个常数,这个常数又是分布中未知参数的一个函数,即在不知道分布的情况下,利用样本矩构造方程(包含总体的未知参数),利用这些方程求得总体的未知参数。

基于模型实际参数满足一定矩条件而形成的一种参数估计方法,是矩估计方法的一般化,只要模型设定正确,则总能找到该模型实际参数满足的若干矩条件而采用广义矩估计法。

参数要满足的理论关系通常是参数函数 $f(\beta_i)$ 与工具变量 z_i 之间的正则条件,即

$$E[f(\beta_i)^{\mathsf{T}} z_i] = 0 \tag{3-19}$$

式中,β_i 为被估计参数。

参数估计量选择的标准是工具变量 z_i 与参数函数 $f(\beta_i)$ 之间的样本相关性越接近于 0 越好,用函数表示为

$$J(\beta_i) = \lfloor f(\beta_i)^{\mathsf{T}} z_i \rfloor^{\mathsf{T}} A [f(\beta_i)^{\mathsf{T}} z_i] \tag{3-20}$$

式中,A 为加权矩阵,任何对称正定矩阵 A 都能得到 β_i 的一致估计。

相关链接 3-2

广义矩估计法的参数估计

EViews 8.0 软件操作步骤:

(1) 输入变量名和样本数据。

(2) 选择 Quick/Estimate Equation 菜单命令。

(3) 弹出对话框(图 3-2),Method 下拉列表中选择 GMM(广义矩估计法),Equation specification 下的列表框中输入所有因变量名和自变量名(包括常数项),在 Instrument list(工具变量列表)下的列表框中输入工具变量名。注意:工具变量的个数不能比被估参数个数少。

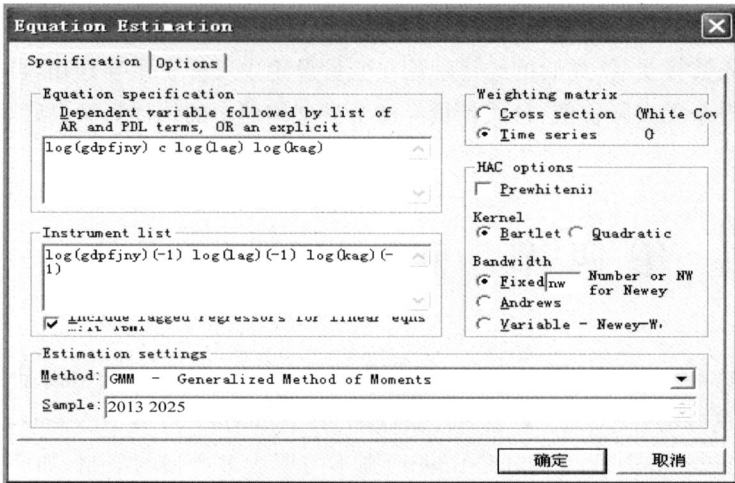

图 3-2　广义矩估计法的界面设定

在对话框右侧的 Weighting matrix(加权矩阵)选项组中有 Cross section(交叉项)和 Time series(时间序列)两个单选按钮,选择其中一个后,回归模型的异方差都是稳健的。

在 HAC options 区域的 Kernel(核函数)选项组中选择 Bartlet 或 Quadratic 单选按钮可决定计算加权矩阵时自协方差的权重,Bandwidth(宽带)选项组中有三个单选按钮,选中 Fixed(固定宽带)单选按钮后,可在其右边的文本框中输入宽带数,亦可输入“nw”,即使用 Newey-west 固定宽带。

(4) 单击“确定”按钮,输出广义矩估计法的模型参数结果(图 3-3)。

EViews - [Equation: UNTITLED Workfile: FJNYMT\Annual]

Dependent Variable: LOG(GDPFJNY)
Method: Generalized Method of Moments
Date: 04/04/25 Time: 12:45
Sample: 2013 2025
Included observations: 13
Kernel: Bartlett, Bandwidth: Fixed (2), No prewhitening
Simultaneous weighting matrix & coefficient iteration
Convergence achieved after: 8 weight matrices, 9 total coef iterations
Instrument list: LOG(GDPFJNY)(-1) LOG(LAG)(-1) LOG(KAG)(-1)

Variable	Coefficient	Std. Error	t-Statistic	Prob.
C	30.82776	5.051396	6.102820	0.0001
LOG(LAG)	-3.581709	0.746948	-4.795126	0.0007
LOG(KAG)	-0.023233	0.042088	-0.552012	0.5931

R-squared	0.739667	Mean dependent var	7.382462
Adjusted R-squared	0.687601	S.D. dependent var	0.360837
S.E. of regression	0.201681	Sum squared resid	0.406754
Durbin-Watson stat	0.271097	J-statistic	0.105040

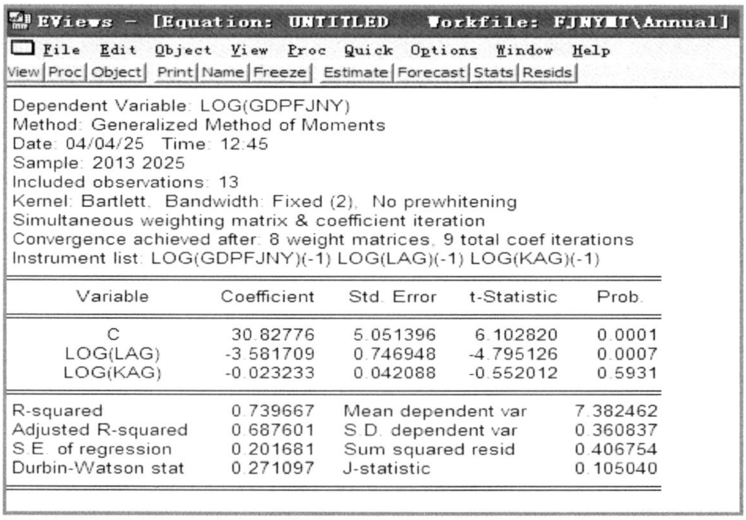

图 3-3　广义矩估计法的结果输出

二、极大似然估计法

极大似然估计法最早由德国数学家约翰·卡尔·弗里德里希·高斯(Johann Carl Friedrich Gauss)于 1821 年提出。其基本原理为:从回归模型总体随机抽取 n 组样本观测值后,最合理的参数估计值 $\hat{\beta}_i$ 应该使从模型中抽取该 n 组样本观测值的概率最大,而不是像普通最小二乘估计法那样使得模型最好地拟合样本数据。已知某个参数估计值 $\hat{\beta}_i$ 能使这个样本出现的概率最大,我们当然不会再去选择其他小概率的样本,所以干脆就把这个参数估计值 $\hat{\beta}_i$ 作为参数的真实值。

求极大似然函数估计值的一般步骤:

(1) 写出似然函数。

$$P(Y_1,Y_2,\cdots,Y_n)=\frac{1}{(2\pi)^{\frac{n}{2}}\sigma^n}e^{-\frac{1}{2\sigma^2}\sum_{i=1}^{n}(Y_i-\beta_0-\beta_1 X_1-\cdots-\beta_i X_i)^2} \tag{3-21}$$

(2) 对似然函数取对数。

$$L^*=\ln p=-n\ln(\sqrt{2\pi}\sigma)-\frac{1}{2\sigma^2}\sum_{i=1}^{n}(Y_i-\beta_0-\beta_1 X_1-\cdots-\beta_i X_i)^2 \tag{3-22}$$

(3) 求导数。要得到 L^* 的极大值,则 L^* 分别对 β_i 求偏导数,并假定所有偏导数等于 0。

(4) 解似然方程。根据偏导数方程,求解 β_i 的估计值。

相关链接 3-3

极大似然法的参数估计

EViews 8.0 软件操作步骤:

(1) 输入变量名和样本数据。

(2) 选择 Object/New Object 菜单命令。

(3) 弹出对话框(图 3-4),Type of object 文本框中输入 LogL(极大似然估计法),在 Name for object 文本框中输入项目名(要求是字母或数字),单击 OK 按钮。

(4) 弹出如图 3-5 所示的窗口,输入描述统计语句。

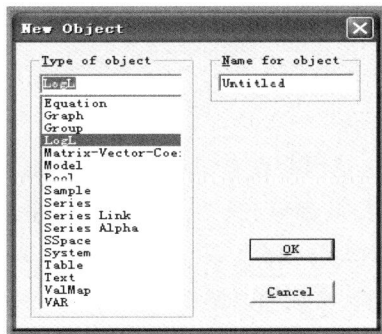

图 3-4　极大似然估计法

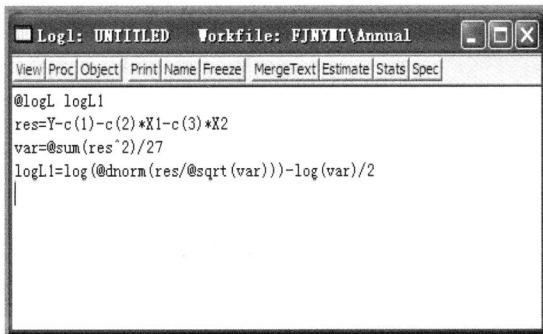

图 3-5　极大似然估计法的描述统计语句

以 $Y=\beta_0+\beta_1 X_1+\beta_2 X_2+\mu$ 为例,假定样本数 $n=30$,则 $n-3=27$,res 表示残差,var 表示方差,又 $\hat{\sigma}_\mu^2=\dfrac{\sum_{i=1}^{n}e_i^2}{n-3}$,则输入以下统计语句:

```
@logL logL1
res＝Y-c(1)-c(2)＊X1-c(3)＊X2
```

var＝@sum(res^2)/27

logL1＝log((@dnorm(res/@sqrt(var)))-log(var)/2

(5) 单击图 3-5 所示窗口中的 Estimate 按钮，输出极大似然估计法的模型参数结果（图 3-6）。

```
EViews - [Logl: UNTITLED    Workfile: FJNYMT\Annual]
File  Edit  Object  View  Proc  Quick  Options  Window  Help
View Proc Object  Print Name Freeze  MergeText Estimate Stats Spec

LogL: UNTITLED
Method: Maximum Likelihood (Marquardt)
Date: 04/05/25  Time: 18:07
Sample: 2014 2025
Included observations: 12
Evaluation order: By observation
Convergence achieved after 9 iterations
```

	Coefficient	Std. Error	z-Statistic	Prob.
C(1)	-16207.92	129.9479	-124.7263	0.0000
C(2)	2386.887	13.38877	178.2753	0.0000
C(3)	154.3046	2.246226	68.69504	0.0000
Log likelihood	-65.13882	Akaike info criterion		11.35647
Avg. log likelihood	-5.428235	Schwarz criterion		11.47770
Number of Coefs.	3	Hannan-Quinn criter.		11.31159

图 3-6 极大似然估计法的输出结果

第 五 节　回归模型的统计检验

一、调整的可决定系数

在回归模型中增加一个解释变量，R^2 往往会增大，这是因为残差二次方和往往随着解释变量个数的增加而减小，于是给人一种错觉：要使模拟效果好，只要增加解释变量就行了。但现实情况是由于增加解释变量个数引起的 R^2 的增大与拟合好坏无关，因此在多元回归模型之间比较拟合优度，R^2 就不是一个合适的统计检验，必须加以调整。

在样本容量一定的情况下，增加解释变量必定使得自由度减小，所以调整的思路是：将残差二次方和(RSS)与总离差二次方和(TSS)分别除以各自的自由度，以剔除变量个数对拟合优度的影响。

$$\bar{R}^2 = 1 - \frac{\text{RSS}/(n-k-1)}{\text{TSS}/(n-1)} \tag{3-23}$$

式中，$n-k-1$ 为残差二次方和的自由度；$n-1$ 为总体二次方和的自由度。

显然，如果增加的解释变量没有很好的解释能力，则对残差二次方和的减小没有多大帮助，但增加了待估参数的个数，从而使 $\bar{R}^2$ 有较大幅度的下降。

在实际应用中，$\bar{R}^2$ 达到多大才算回归模型通过了检验？没有绝对的标准，要具体情况具体分析，模型的拟合优度并不是判断模型质量的唯一标准，有时甚至为了追求模型的经济意义，可以牺牲一点拟合优度。

二、方程总体线性的显著性检验

前面的拟合优度检验，能够验证解释变量对被解释变量的解释程度，可以推测模型总体线性关系是否成立，但只是一个模糊的推测，不能给出一个在统计上严格的结论。这就要求进行方程总体线性的显著性检验，旨在对模型中被解释变量与解释变量之间的线性关系在总体上是否显著成立作出判断，是检验所有解释变量联合起来对被解释变量的影响。

（一）构造 F 统计量

$$F = \frac{\text{ESS}/k}{\text{RSS}/(n-k-1)} \tag{3-24}$$

F 检验的思想来自总离差二次方和的分解式 $\text{TSS}=\text{ESS}+\text{RSS}$，ESS 与 RSS 的比值越大，方程总体线性关系越显著。

（二）提出假设

多元线性回归模型 $Y=\beta_0+\beta_1 X_1+\beta_2 X_2+\cdots+\beta_k X_k+\mu$ 中，如果方程总体上的线性关系是显著的，那么参数 β_i 显著不都为 0。于是可设原假设 $H_0：\beta_i$ 全为 0；备择假设 $H_1：\beta_i$ 不全为 0。

（三）确定显著性水平

给定一个显著性水平 α，一般情况下，α 取 0.01（或 0.05），即 1% 是显著的（或 5% 是显著的）。

（四）确定临界值

查 F 分布表（见附录），得到一个临界值 $F_\alpha(k,n-k-1)$。

（五）作出判断

计算 F 统计量，如果 $F>$ 临界值 $F_\alpha(k,n-k-1)$，则拒绝原假设 $H_0：\beta_i$ 全为 0，即在 $1-\alpha$ 的置信度下接受备择假设 $H_1：\beta_i$ 不全为 0，表明在 $1-1\%=99\%$ 的置信度下方程总体的线性关系是显著的。

相反，$F\leqslant$ 临界值 $F_\alpha(k,n-k-1)$，则接受原假设 $H_0：\beta_i$ 全为 0，表明在 99% 的置信度下方程总体的线性关系是不显著的。

三、赤池信息准则和施瓦兹信息准则

（一）赤池信息准则（Akaike Information Criterion）

$$\text{AIC}=\ln\frac{e'e}{n}+\frac{2(k+1)}{n} \tag{3-25}$$

（二）施瓦兹信息准则（Schwarz Information Criterion）

$$\text{SIC}=\ln\frac{e'e}{n}+\frac{k}{n}\ln n \tag{3-26}$$

式中，e 代表残差矩阵，e' 代表残差的转置矩阵。

在被解释变量相同的条件下，为了比较所含解释变量个数不同的多元回归模型的拟合优度，仅当所增加的解释变量能够减少 AIC 值或 SIC 值时，在原模型中增加该解释变量才是合理的。

关键术语

样本容量问题　广义矩估计法　极大似然估计法　调整的可决定系数　方程总体线性
的显著性检验　赤池信息准则　施瓦兹信息准则

闯关习题

一、即测即练

二、简述题

1. 多元线性回归模型满足基本要求的样本容量应该是多少?

2. 广义矩估计法的基本原理是什么?

3. 简述似然估计法的基本思路和一般步骤。

4. 简述调整的可决定系数的基本思路。

5. 简述方程总体线性的显著性检验的基本思路。

6. 简述赤池信息准则和施瓦兹信息准则。

三、软件操作题

已知某市 2012—2025 年粮食年销售量、常住人口、人均收入、肉销售量、蛋销售量、鱼虾
销售量等数据,见表 3-1。

表 3-1　某市 2012—2025 年常住人口、人均收入及粮食等年销售量

年份	粮食年销售量 Y/万吨	常住人口 X_2/万人	人均收入 X_3/元	肉销售量 X_4/万吨	蛋销售量 X_5/万吨	鱼虾销售量 X_6/万吨
2012	98.45	560.20	153.20	6.53	1.23	1.89
2013	100.70	603.11	190.00	9.12	1.30	2.03
2014	102.80	668.05	240.30	8.10	1.80	2.71
2015	133.95	715.47	301.12	10.10	2.09	3.00
2016	140.13	724.27	361.00	10.93	2.39	3.29
2017	143.11	736.13	420.00	11.85	3.90	5.24
2018	146.15	748.91	491.76	12.28	5.13	6.83
2019	144.60	760.32	501.00	13.50	5.47	8.36
2020	148.94	774.92	529.20	15.29	6.09	10.07
2021	158.55	785.30	552.72	18.10	7.97	12.57
2022	169.68	795.50	771.16	19.61	10.18	15.12
2023	162.14	804.80	811.80	17.22	11.79	18.25
2024	170.09	814.94	988.43	18.60	11.54	20.59
2025	178.69	828.73	1 094.65	23.53	11.68	23.37

请利用 EViews 8.0 软件,分别使用广义矩估计法和极大似然估计法构建线性回归模型 $Y_t = \beta_0 + \beta_1 X_1 + \beta_2 X_2 + \beta_3 X_3 + \beta_4 X_4 + \beta_5 X_5 + \mu_t$,根据各解释变量的 t 值或 Z 值来剔除某些解释力较弱的变量,并重新构建回归模型。

课外修炼

阅读《计量经济学导论》

一、作者简介

詹姆斯·H. 斯托克,哈佛大学经济系教授,加州大学伯克利分校经济学博士。曾任教于加利福尼亚州大学伯克利分校及哈佛大学肯尼迪政府学院。他的研究领域为经济计量方法、宏观经济预测、货币政策等,是计量经济学领域的权威,尤其擅长时间序列分析的研究。马克·W. 沃森,普林斯顿大学经济系教授,加利福尼亚州大学圣地亚哥分校经济学博士。他的研究领域主要包括计量经济学的时间序列分析、实证宏观经济学、宏观经济预测等。

二、主要特点

(1) 将现实世界的问题和数据与理论的发展联系起来,并认真对待实证分析中大量的重要发现。

(2) 所选取的内容反映了现代理论和实践的发展。

(3) 给出的理论和假设都与应用相符。本书的写作目的是能够指导学生在与初级课程相应的数学水平上熟练应用计量经济学,可作为本科阶段计量经济学的入门课程来学习使用。

> 不管你的级别、职称和学历有多高,教师都只是学生的勤务员。

第四章 Chapter 4
异方差问题

4

>>> **知识结构图**

异方差问题	异方差问题概述	异方差的概念、类型、产生原因与后果
	异方差性的检验	图形检验法、G-Q检验、White检验与Glejser检验
	异方差性的修正	加权最小二乘法、对数变换法

>>> **学习目标**

1. 知识目标：异方差的概念、产生原因与后果；异方差的各种检验方法；修正异方差的方法与应用。

2. 能力目标：对比 G-Q 检验、White 检验、Glejser 检验等方法；掌握加权最小二乘法中权重的选择；掌握 EViews 软件的操作方法，能应用 EViews 软件进行异方差分析。

>>> **情景写实**

现实生活中容易发现，收入越高的家庭，往往对食品选择的范围越大，消费者消费行为的随意性更大，消费者个体之间的食品支出额的差异也越大；收入较低的家庭受收入水平的限制，消费者消费行为随意性较小，消费者个体之间的食品支出额的差异也越小。

通常，在分析人均年收入对人均年食品支出额的影响时，会假定不同收入阶层的食品支出额的差异性是相同的，因为应用普通最小二乘法估计多元线性回归模型 $Y_i = \alpha + \beta_1 X_{1i} + \cdots + \beta_k X_{ki} + \mu_1$ 的参数时，有一个重要的假定 $\text{var}(\mu_i) = \sigma_\mu^2$，即随机误差项 μ_i 具有相同的方差。

显然，从实际情况来看，随着收入水平的提高，消费者个体之间的消费行为的随机误差项 μ_i 的方差会越来越大，那么随机误差项 μ_i 满足同方差的假定不成立，即存在所谓的异方差问题。

第 一 节 异方差问题概述

一、异方差的概念

多元线性回归模型中 $Y_i = \beta_0 + \beta_1 X_1 + \beta_2 X_2 + \cdots + \beta_k X_k + \mu_i$，如果有

$$\text{var}(\mu_i) \neq \text{var}(\mu_j), i \neq j \tag{4-1}$$

此时，认为该模型存在异方差问题，即

$$\text{var}(\mu_i) = s^2 f(X_i) \tag{4-2}$$

且不为常数。

相关链接 4-1

现实中的异方差问题

表 4-1 列出了某年我国制造工业销售收入与销售利润的统计资料。

表 4-1　某年我国制造工业销售收入与销售利润的统计资料　　　　万元

行业名称	销售利润/Y	销售收入/X	行业名称	销售利润/Y	销售收入/X
食品加工业	187.25	3 180.44	医药制造业	238.71	1 264.10
食品制造业	111.42	1 119.88	化学纤维制品	81.57	779.46
饮料制造业	205.42	1 489.89	橡胶制品业	77.84	692.08
烟草加工业	183.87	1 328.59	塑料制品业	144.34	1 345.00
纺织业	316.79	3 862.90	非金属矿制品	339.26	2 866.14
服装制品业	157.70	1 779.10	黑色金属冶炼	367.47	3 868.28
皮革羽绒制品	81.70	1 081.77	有色金属冶炼	144.29	1 535.16
木材加工业	35.67	443.74	金属制品业	201.42	1 948.12
家具制造业	31.06	226.78	普通机械制造	354.69	2 351.68
造纸及纸品业	134.40	1 124.94	专用设备制造	238.16	1 714.73
印刷业	90.12	499.83	交通运输设备	511.94	4 011.53
文教体育用品	54.40	504.44	电子机械制造	409.83	3 286.15
石油加工业	194.45	2 363.80	电子通信设备	508.15	4 499.19
化学原料纸品	502.61	4 195.22	仪器仪表设备	72.46	663.68

以销售收入为横坐标，销售利润为纵坐标，将各制造工业数据描入二维坐标，得到图 4-1。

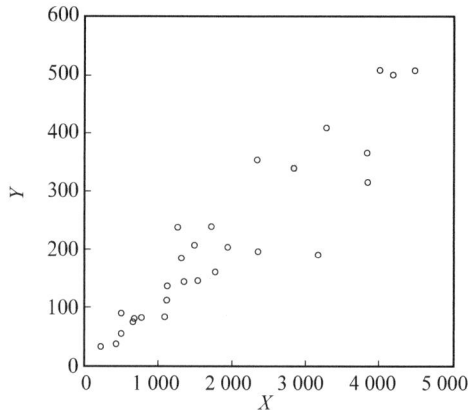

图 4-1 我国制造工业销售收入与销售利润散点图

从图 4-1 中可以看出,随着工业销售收入的增加,销售利润的平均水平不断提高,同时离散程度也逐步扩大,$\mathrm{var}(\mu_i)$ 与 X_i 成正比,即 $\mathrm{var}(\mu_i) = s^2 f(X_i)$ 且不为常数,说明我国制造工业销售收入与销售利润之间存在严重的异方差问题。

二、异方差的类型

异方差通常有三种主要类型。

(一)递增型

递增型,即 $\mathrm{var}(\mu_i)$ 随 X_i 的增大而增大,如图 4-2 所示。

例如,以截面数据研究消费 C_i 与收入 Y_i 之间的联系:$C_i = \alpha + \beta Y_i + \mu_i$。高收入消费主体的消费呈现出较大的随意性,低收入者的消费受收入限制而具有较小的随意性,其消费变动是很小的,体现在模型中,μ_i 的方差随 X_i 增大而增大。

(二)递减型

递减型,即 $\mathrm{var}(\mu_i)$ 随 X_i 的增大而减小,如图 4-3 所示。

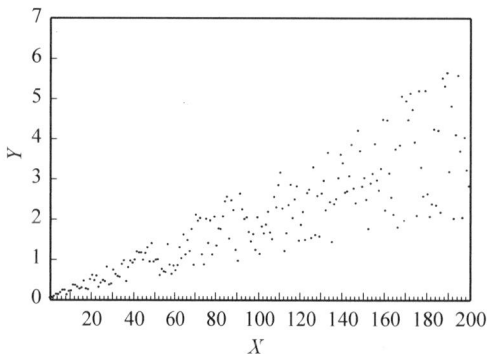

图 4-2 递增型异方差

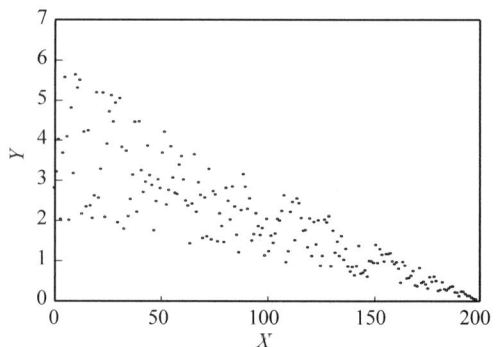

图 4-3 递减型异方差

例如,研究印刷工人的错误密度 Y_i 与从事工作时间 T 的关系 $Y_i = \alpha + \beta T + \mu_i$。人们不断学习,其知识积累将与日俱增,而行动中犯错误的密度随时间的增加而减小。印刷工人从事印刷工作的时间越长,错误密度越小,而且错误密度的随机涨落也越小,体现在模型中便是 u_i 的方差随 X_i 的增大而减小。

（三）复杂型

复杂型,即 $var(\mu_i)$ 随 X_i 的变化呈复杂形式,如图 4-4 所示。

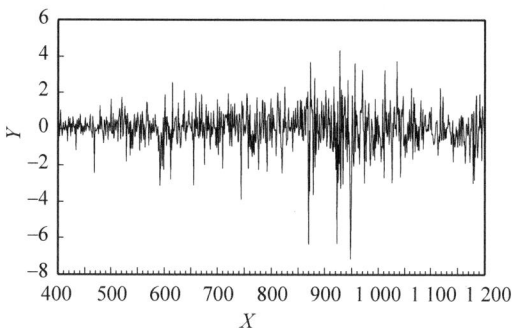

图 4-4　复杂型异方差

例如,以某一行业的企业为样本建立企业生产函数模型 $Y_i = \alpha A_i^{\beta_1} K_i^{\beta_2} L_i^{\beta_3} e^{\mu_i}$,产出为被解释变量,资本、劳动、技术等投入要素为解释变量,那么每个企业所处的外部环境对产出的影响则包含在随机误差项中。每个企业所处的外部环境对产出的影响程度不同,造成了随机误差项的异方差性。这时,随机误差项的方差并不随某一个解释变量观测值的变化而呈规律性变化,为复杂型的一种。

三、异方差产生的原因

（一）略去了某些重要解释变量

模型遗漏了重要解释变量,那么这些变量的影响将归入随机误差项中,如果这些解释变量的变化具有异方差性,这种情况下随机误差项会表现出和那些被遗漏的解释变量相同的变化趋势,从而呈现异方差性。

相关链接 4-2

服装需求模型的建立

研究人们的服装需求模型:以服装需求量 Q 为被解释变量,收入 I、服装价格 P 和其他商品价格为解释变量,于是有 $Q_i = f(I_i, P_i) + \mu_i$,$i = 1, 2, \cdots, n$。

在该模型中,气候因素的影响并没有作为解释变量,其包含在随机误差项中,而对于不同收入的消费者,气候变化所带来的对服装需求量的影响是不同的。高收入者资金比较充足,气候变化时可以拿出来较多的钱购买服装以适应气候的变化,不同人的偏差可以较大,而低收入者的购买能力则很有限,偏差较小。于是,不同收入的消费者的服装需求量偏离均值的程度是不同的。也就是说,不同收入的消费者的服装需求量具有不同的方差,这就产生了异方差。

（二）模型设定错误

很多情况下,解释变量与被解释变量之间呈比较复杂的非线性关系。如果在构造模型时用线性模型表达非线性关系,或者用简单的非线性模型表达复杂的非线性关系,就会造成函数形式的设定误差,进而出现异方差。

相关链接4-3

年龄与工资收入模型

建立模型来研究年龄和工资收入的关系。理论上认为,随着年龄的增长,工作经验不断积累,工资慢慢增加,达到顶峰后又慢慢减少,整体工资随年龄呈现出倒"U"形,因此正确设定的模型为 $W_i = \alpha + \beta_1 Y_i + \beta_2 Y_i^2 + \mu_i$,$W$ 和 Y 分别表示工资收入和年龄。如果在设定模型时将模型错误地设定为 $W_i = \alpha + \beta_1 Y_i + e_i$,则此时随机误差项实际上包含了丢失变量 $\beta_2 Y_i^2$,因此 $\mathrm{var}(e_i) = \mathrm{var}(\varepsilon_i + \beta_2 Y_i^2)$,$e_i$ 方差可能随变量 Y_i^2 的变化而变化,出现异方差。

(三)经济数据本身存在异方差

经济数据本身存在异方差是指当因变量数据样本来自不同类型的个体时,样本方差的差异,如上文所提到的消费 C_i 与收入 Y_i 之间的模型 $C_i = \alpha + \beta Y_i + u_i$。对于不同收入层次的家庭,其消费规律是不一样的。高收入消费主体的消费呈现出较大的随意性,低收入者的消费受收入限制而具有较小的随意性,如靠最低生活保障收入维持生计的消费者,其消费变动是很小的。体现在模型中便是误差项的异方差。

(四)测量误差

一方面,测量误差常常随着时间逐渐积累,所以扰动项的方差,趋向于随时间增大;另一方面,随着抽样技术和其他数据采集技术的不断改进,测量误差及扰动项的方差也可能随时间减小。例如,相对于没有精确数据处理装备的银行,有这种装备的银行在每月或每季的账户收支说明书中会出现更少的差错。当然,这两种情况最容易出现在时间序列数据中,故由于测量误差的影响,时间序列数据建立的模型的 u_i 项也容易出现异方差。

四、异方差的后果

(一)参数估计值仍是无偏的,但不再具有最小方差性

$$E(\hat{\beta}) = E[(\boldsymbol{X}^{\mathrm{T}}\boldsymbol{X})^{-1}\boldsymbol{X}^{\mathrm{T}}Y] = E[(\boldsymbol{X}^{\mathrm{T}}\boldsymbol{X})^{-1}\boldsymbol{X}^{\mathrm{T}}(\boldsymbol{X}\beta + \mu)] = \beta + (\boldsymbol{X}^{\mathrm{T}}\boldsymbol{X})^{-1}\boldsymbol{X}^{\mathrm{T}}E(\mu) = \beta$$

(4-3)

由式(4-3)可以看出,只要模型满足 $E(\mu) = 0$(误差项零均值)和解释变量的非随机性,异方差的存在并不影响估计值的无偏性。

从 OLS(普通最小二乘法)估计值的最小方差性证明可以看出,参数估计值具有最小方差性的前提之一就是随机误差的同方差性,如果存在异方差,将不能保证 OLS 估计值的方差最小。

(二)参数显著性检验失效

在变量的显著性检验中,构造了 t 统计量:$t = \dfrac{\hat{\beta}}{\sqrt{\mathrm{var}(\hat{\beta})}}$,$\mathrm{var}(\hat{\beta}) = \dfrac{\mathrm{var}(\mu_i)}{\sum x_i^2}$。如果 u_i 存在异方差,OLS 估计式不再具有最小方差,如果仍然用不存在异方差时的 OLS 方式估计其

方差,将会低估 $var(\hat{\beta})$,从而增大了 t 统计值,使拒绝原假设的可能性增强,因而 t 检验失去意义。F 检验也是如此。在这种情况下,建立在 t 分布和 F 分布之上的参数置信区间和显著性检验也是不可靠的。

(三) 模型的预测失效

由于随机误差项 μ_i 的异方差性,参数估计量的方差随着样本观测值的变化而变化,将导致预测区间变大或者变小,预测功能失效。

第 二 节　异方差性的检验

异方差性,即相对于不同的样本点,也就是相对于不同的解释变量观测值,随机误差项具有不同的方差,那么检验异方差性,也就是检验随机误差项的方差与解释变量观测值之间的相关性。各种检验方法就是在这个思路下发展起来的。

问题在于用什么来表示随机误差项的方差。一般的处理方法是首先采用普通最小二乘法估计模型,以求得随机误差项的估计量,用 e_i 表示,于是有

$$var(\mu_i) = E(\mu_i^2) \approx e_i^2$$
$$e_i = y_i - (\hat{y}_i)_{ols} \tag{4-4}$$

即用 e_i^2 来表示随机误差项的方差。

下面介绍几种异方差的检验方法。

一、图形检验法

由于异方差指随机扰动项的方差随着解释变量的变化而变化,因此异方差反映在线性示意图上,就是残差二次方 e_i^2 随解释变量 X_i 的变化而改变。图 4-5 列出四种不同的散点图。其中图 4-5(a)表示没有异方差性,图 4-5(b)~图 4-5(d)表示有异方差性,分别为递增型、递减型、复杂型。

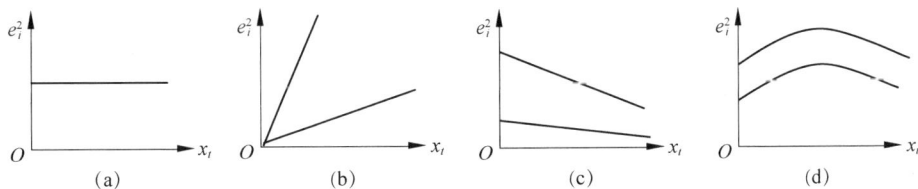

图 4-5　散点图

(a) 同方差;(b) 递增型异方差;(c) 递减型异方差;(d) 复杂型异方差

图示检验法只能进行大概的判断,其他检验方法则更为准确。

相关链接 4-4

异方差的图形检验法

表 4-2 列出了中国某年各地区农业总产值和播种面积的相关数据。建立播种面积 X 与农业总产值 Y 的回归模型 $Y_i = \alpha + \beta X_i + u_i$。

表 4-2　中国某年各地区农业总产值与播种面积

地　区	农业总产值 Y	播种面积 X	地　区	农业总产值 Y	播种面积 X
北　京	170.41	242.46	湖　北	2 678.08	8 106.19
天　津	217.16	473.51	湖　南	2 726.75	8 650.02
河　北	3 473.27	8 749.22	广　东	2 444.70	4 698.08
山　西	932.14	3 782.44	广　西	1 868.30	6 137.16
内蒙古	1 328.07	7 211.18	海　南	485.40	848.22
辽　宁	1 673.86	4 208.76	重　庆	909.18	3 515.89
吉　林	1 261.68	5 413.06	四　川	2 903.48	9 682.19
黑龙江	2 856.34	12 200.79	贵　州	997.12	5 390.11
上　海	172.28	377.31	云　南	1 639.40	7 148.16
江　苏	3 167.78	7 683.63	西　藏	57.92	248.57
浙　江	1 336.79	2 311.94	陕　西	1 714.79	4 269.02
安　徽	2 003.26	8 945.64	甘　肃	1 104.47	4 155.94
福　建	1 376.29	2 292.21	青　海	138.35	555.77
江　西	1 072.80	5 552.57	宁　夏	269.00	1 264.65
山　东	4 509.88	10 976.44	新　疆	1 806.11	5 212.26
河　南	4 202.30	14 323.54			

资料来源:《中国统计年鉴》。

EViews 8.0 软件操作步骤:

(1) 估计模型。建立文件,输入数据。选择 Quick/Estimate Equation 菜单命令,如图 4-6 所示。在弹出的 Equation specification 对话框中,输入"y　c　x",如图 4-7 所示。单击"确定"按钮得样本回归估计结果,如图 4-8 所示。

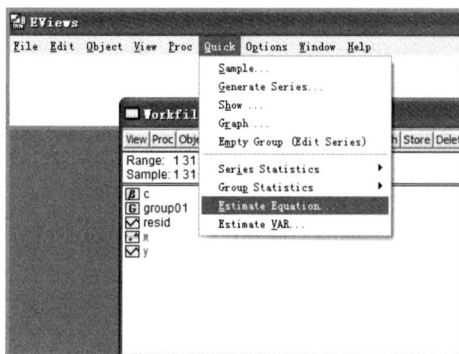

图 4-6　建立方程对象估计模型

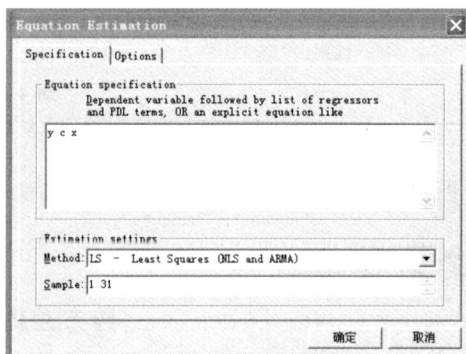

图 4-7　回归对话框

```
Dependent Variable: Y
Method: Least Squares
Date: 01/16/15   Time: 14:01
Sample: 1 31
Included observations: 31
```

Variable	Coefficient	Std. Error	t-Statistic	Prob.
C	130.2750	168.3221	0.773962	0.4452
X	0.288281	0.026021	11.07882	0.0000

R-squared	0.808884	Mean dependent var	1661.205
Adjusted R-squared	0.802294	S.D. dependent var	1203.481
S.E. of regression	535.1182	Akaike info criterion	15.46519
Sum squared resid	8304192.	Schwarz criterion	15.55771
Log likelihood	-237.7105	Hannan-Quinn criter.	15.49535
F-statistic	122.7402	Durbin-Watson stat	2.309081
Prob(F-statistic)	0.000000		

图 4-8　模型估计结果

（2）生成残差序列 e_i。选择 Quick/Generate Series 菜单命令，如图 4-9 所示。在弹出的对话框中输入 e＝resid，生成残差序列，如图 4-10 所示。将生成的残差序列保存下来。

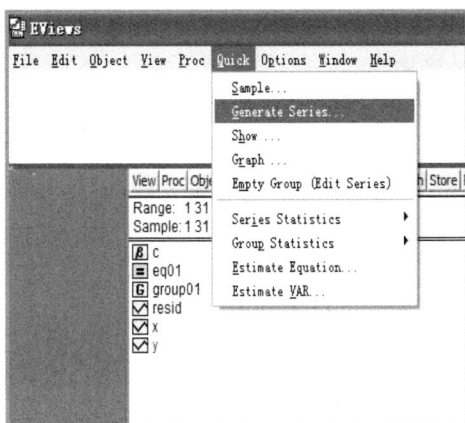

图 4-9　生成新序列窗口

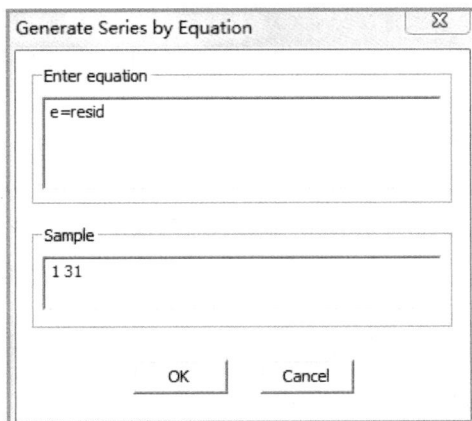

图 4-10　生成残差序列（1）

（3）绘制残差二次方序列 e_i^2 对 X_i 的散点图。选择 Quick/Graph 菜单命令，如图 4-11 所示。在弹出的对话框中输入变量名 x 与 e^2（x 表示横轴，e^2 表示纵轴），如图 4-12 所示。

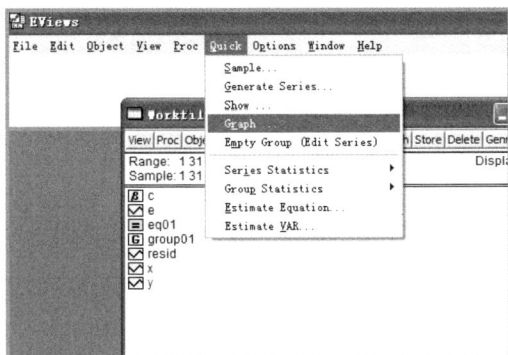

图 4-11　图形命令

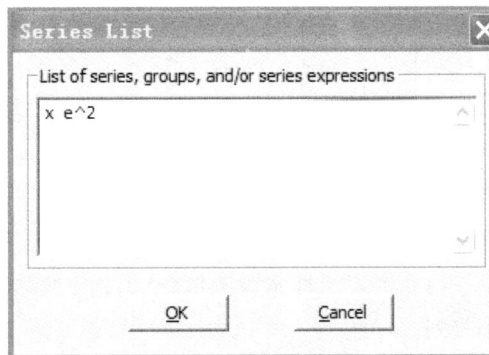

图 4-12　生成残差序列（2）

进入如图 4-13 所示的对话框,在 Specifi 列表框中,选择 Scatter,可得散点图,如图 4-14 所示。

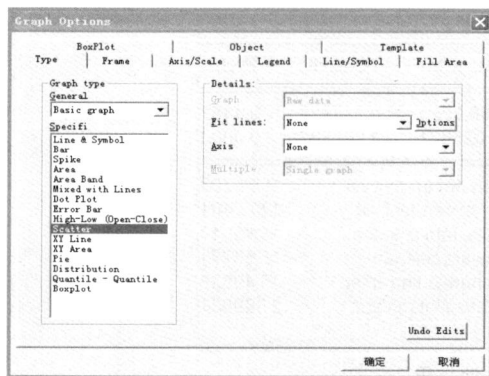

图 4-13 图形类型命令框

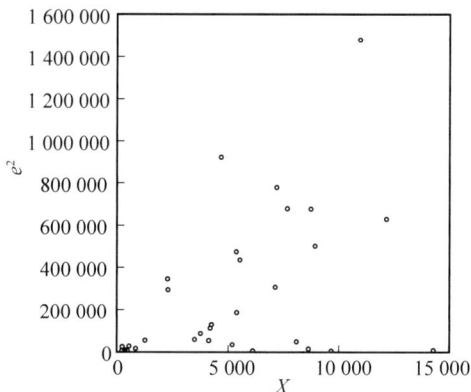

图 4-14 残差二次方序列 e_i^2 对 X_i 的散点图

(4) 判断。由图 4-14 可以看出,残差二次方 e_i^2 对解释变量 X 的散点图主要分布在图形中的下三角部分,大致看出残差二次方 e_i^2 随 X_i 的变动呈增大的趋势,因此模型很可能存在异方差,但是否确实存在异方差还应通过更进一步的检验。

二、G-Q 检验

该方法是由斯蒂芬·M. 戈德菲尔德(Stephen M. Goldfeld)和理查德·E. 匡特(Richard E. Quandt)于 1965 年提出的,称为戈德菲尔德-匡特检验(Goldfeld-Quandt Test,G-Q 检验)。该检验以 F 检验为基础,适用于样本容量较大、异方差递增或递减的情况。其基本思想可直观地如图 4-15 和图 4-16 所示。先按某一解释变量对样本排序,再将排序后的样本一分为二,对两个子样分别进行 OLS 回归,然后利用两个子样的残差二次方和之比构造 F 统计量进行异方差检验。

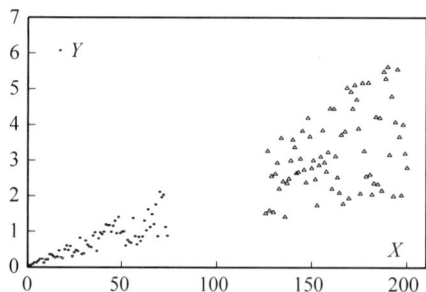

图 4-15 G-Q 检验法直观图(1)

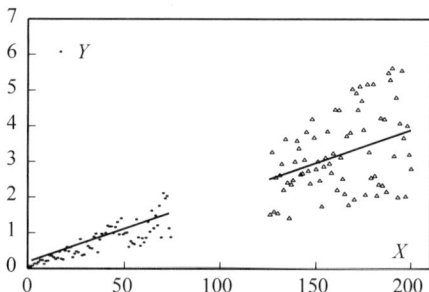

图 4-16 G-Q 检验法直观图(2)

G-Q 检验的具体步骤可描述如下。

(1) 将 n 组样本观测值(X_i, Y_i)按某一被认为有可能引起异方差的解释变量 X_i 的大小排列。

(2) 将序列中间的 $c = \dfrac{1}{4}n$ 个观测值除去,并将剩下的观测值划分为大小相同的两个子样本,每个子样本容量均为 $\dfrac{n-c}{2}$。

（3）对两个子样本分别进行 OLS 回归,并计算各自的残差二次方和。用 $\sum e_{2i}^2$ 表示较大值子样本的残差二次方和,$\sum e_{1i}^2$ 表示较小值子样本的残差二次方和。它们的自由度均为 $\dfrac{n-c}{2}-k$。

（4）提出假设。$H_0: u_i$ 同方差；$H_1: \mu_i$ 异方差。

（5）构造如下满足 F 分布的统计量

$$F = \frac{\sum e_{2i}^2 / \left(\dfrac{n-c}{2} - k \right)}{\sum e_{1i}^2 / \left(\dfrac{n-c}{2} - k \right)} \sim F\left(\frac{n-c}{2} - k, \frac{n-c}{2} - k \right)$$

（6）给定显著性水平 α,确定 F 分布表中相应的临界值 $F_\alpha\left(\dfrac{n-c}{2} - k, \dfrac{n-c}{2} - k \right)$。若 $F > F_\alpha\left(\dfrac{n-c}{2} - k, \dfrac{n-c}{2} - k \right)$,则拒绝同方差性假设,表明存在异方差；否则,接受同方差性假设,模型不存在异方差。

相关链接4-5

G-Q 检验方法

EViews 8.0 软件操作步骤（数据见表 4-2）:

（1）将变量按从小到大的顺序进行排序。选择 Proc/Sort Current Page 菜单命令,如图 4-17 所示。出现排序对话框,如果以递增型排序,选择 Ascending 单选按钮；如果以递减型排序,则应选择 Descending 单选按钮,输入 X,单击 OK 按钮。本例选递增型排序,这时变量 Y 与 X 将以 X 按递增型排序,如图 4-18 所示。

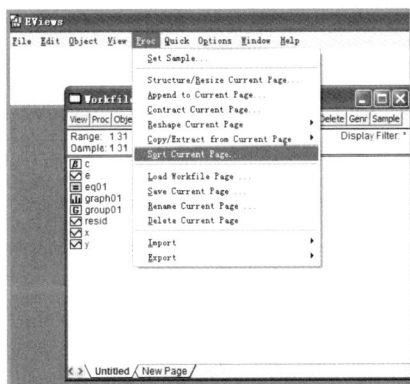

图 4-17 序列排序命令

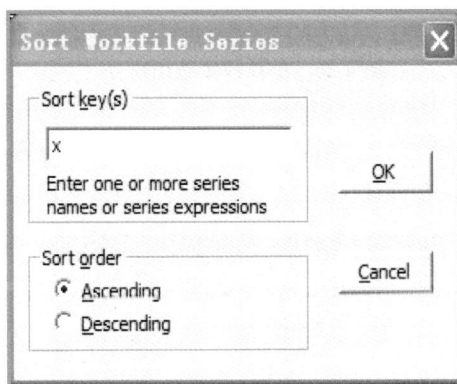

图 4-18 序列排序对话框

排列好的数据如图 4-19 所示。

（2）构造子样本区间,建立回归模型。本例中样本容量 $n=31$,删除中间 1/4 的观测值,即大约 7 个观测值,余下部分平分,得 1~12 和 20~31 两个样本区间,它们的样本个数均是 12 个,即 $n_1 = n_2 = 12$。

图 4-19　已排序数据

选择 Quick/Sample 菜单命令,如图 4-20 所示,在弹出的对话框中将区间定义为 1～12,如图 4-21 所示。

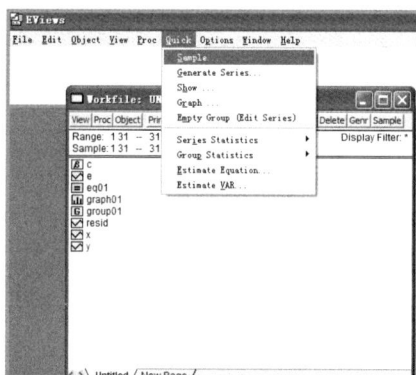

图 4-20　选择样本范围命令

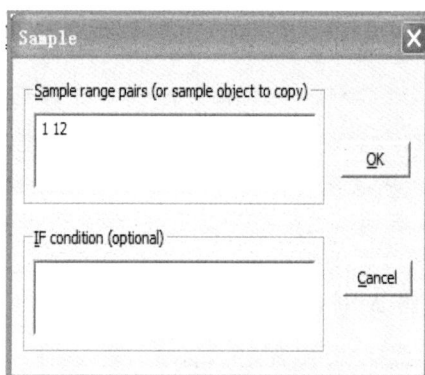

图 4-21　修改样本范围

然后对这 12 个样本应用 OLS 方法,如图 4-22 所示,求得的前 12 个样本回归结果如图 4-23 所示。

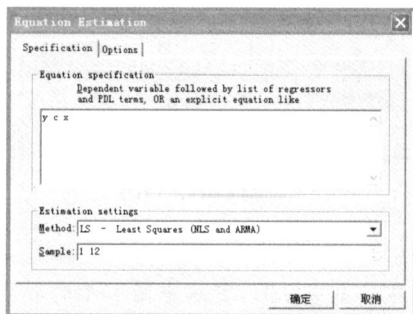

图 4-22　第一组样本回归

图 4-23　前 12 个样本回归结果

对后 12 个样本进行回归。在 Sample 对话框中，将区间定义为 20～31，再用 OLS 方法求得结果，如图 4-24 所示。

```
Dependent Variable: Y
Method: Least Squares
Date: 01/16/15   Time: 14:18
Sample: 20 31
Included observations: 12
```

Variable	Coefficient	Std. Error	t-Statistic	Prob.
C	28.52877	865.3223	0.032969	0.9743
X	0.300640	0.091846	3.273297	0.0084

R-squared	0.517246	Mean dependent var		2779.742
Adjusted R-squared	0.468970	S.D. dependent var		978.1386
S.E. of regression	712.7870	Akaike info criterion		16.12725
Sum squared resid	5080653	Schwarz criterion		16.20807
Log likelihood	-94.76353	Hannan-Quinn criter.		16.09733
F-statistic	10.71448	Durbin-Watson stat		2.568729
Prob(F-statistic)	0.008383			

图 4-24　后 12 个样本回归结果

（3）在图 4-23 和图 4-24 中找到残差二次方和的值，即 Sum squared resid 的数值。由图 4-23 计算得到的残差二次方和为 $\sum e_{1i}^2 = 930\,416.6$，由图 4-24 计算得到的残差二次方和为 $\sum e_{2i}^2 = 5\,080\,653$，根据 G-Q 检验，$F$ 统计量为

$$F = \frac{\sum e_{2i}^2}{\sum e_{1i}^2} = \frac{5\,080\,653}{930\,416.6} = 5.46 \tag{4-5}$$

（4）判断。在 $\alpha = 0.05$ 的情况下，式（4-5）中分子、分母的自由度均为 10，查 F 分布表得临界值为 $F_{0.05}(10,10) = 2.97$，因为 $F = 5.46 > F_{0.05}(10,10) = 2.97$，所以拒绝原假设，表明模型确实存在异方差。

三、White 检验

White 检验由哈尔伯特·怀特（Halbert White）于 1980 年提出。与 G-Q 检验相比，White 检验不需要排序，且对任何形式的异方差都适用。它是通过一个辅助回归式构造 χ^2 统计量进行异方差检验。以一元回归模型 $Y_i = \alpha + \beta X_i + \mu_i$ 为例，White 检验的具体步骤如下。

（1）可先对该模型做 OLS 回归，并得到 e_i。

（2）做如下辅助回归：

$$e_i^2 = \alpha_0 + \alpha_1 X_i + \alpha_2 X_i^2 + \varepsilon_i \tag{4-6}$$

即用 e_i^2 对原回归式中的各解释变量、解释变量的二次方项、交叉积项进行 OLS 回归。注意，式（4-6）中要保留常数项。求辅助回归式（4-6）的可决系数 R^2。

（3）计算统计量 nR^2，其中 n 为样本容量。

（4）在 $H_0: \alpha_1 = \alpha_2$，即 u_i 同方差 的原假设下，统计量 $nR^2 \sim \chi_{(2)}^2$。

自由度 2 表示辅助＝0 回归式（4-6）中解释变量个数（注意，不计算常数项，对于二元模型 $nR^2 \sim \chi_{(5)}^2$）。

（5）判断：若 $nR^2 \leqslant \chi^2_{\alpha(2)}$，接受 H_0（u_i 具有同方差）；

若 $nR^2 > \chi^2_{\alpha(2)}$，拒绝 H_0（u_i 具有异方差）。

相关链接 4-6

White 检验方法

EViews 8.0 软件操作步骤（数据见表 4-2）：

在回归式窗口中选择 View/Residual Tests/ Heteroskedasticity Tests 命令，如图 4-25 所示。进入异方差检验，选择 White 检验，如图 4-26 所示。因为模型只有一个解释变量，辅助回归方程中带不带交叉项所得结果都一样，这边用 Include White cross terms 操作结果。

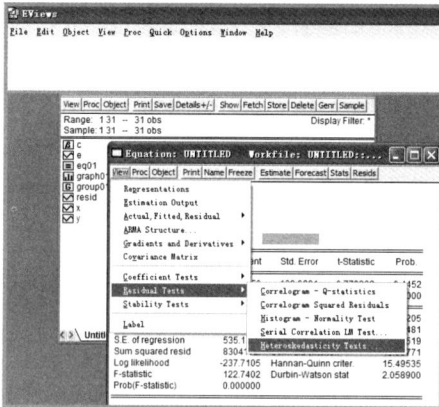

图 4-25　选择残差序列检验命令

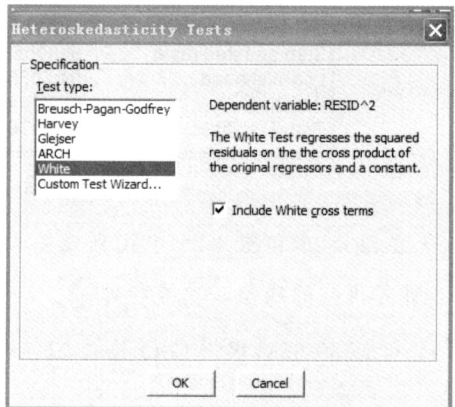

图 4-26　选择 White 检验

经估计出现 White 检验结果，如图 4-27 所示。

Heteroskedasticity Test: White			
F-statistic	4.015034	Prob. F(2,28)	0.0293
Obs*R-squared	6.909010	Prob. Chi-Square(2)	0.0316
Scaled explained SS	5.091630	Prob. Chi-Square(2)	0.0784

Test Equation:
Dependent Variable: RESID^2
Method: Least Squares
Date: 01/16/15　Time: 14:21
Sample: 1 31
Included observations: 31

Variable	Coefficient	Std. Error	t-Statistic	Prob.
C	-43032.18	131887.5	-0.326280	0.7466
X	90.67282	47.36621	1.914293	0.0659
X^2	-0.004077	0.003658	-1.114672	0.2745

R-squared	0.222871	Mean dependent var	267877.2
Adjusted R-squared	0.167362	S.D. dependent var	353390.7
S.E. of regression	322465.4	Akaike info criterion	28.29715
Sum squared resid	2.91E+12	Schwarz criterion	28.43592
Log likelihood	-435.6058	Hannan-Quinn criter.	28.34238
F-statistic	4.015034	Durbin-Watson stat	2.335825
Prob(F-statistic)	0.029302		

图 4-27　White 检验结果（1）

从图 4-27 所示的 White 检验结果可以看出 $nR^2 = 6.909\,010$。此外,在 $\alpha = 0.05$ 的情况下,查 χ^2 分布表,得临界值 $\chi^2_{0.05}(2) = 5.991\,5$;比较计算的 χ^2 统计量与临界值,因为 $nR^2 = 6.909\,010 > \chi^2_{0.05}(2) = 5.991\,5$,所以拒绝原假设,接受备择假设,表明模型存在异方差。

四、Glejser 检验

Glejser 检验由 H. Glejser 于 1969 年提出。其检验原回归式的残差的绝对值 $|e_i|$ 是否与解释变量 X_i 存在函数关系,若有,则说明存在异方差;若无,则说明不存在异方差。通常应检验的几种形式为

$$|e_i| = a_0 + a_1 X_i$$
$$|e_i| = a_0 + a_1 X_i^2$$
$$|e_i| = a_0 + a_1 \sqrt{X_i}, \cdots$$

如果哪一种形式通过了显著性检验,则说明存在该种形式的异方差。该检验要求变量的观测值为大样本。

第 三 节　异方差性的修正

经检验,如果发现模型中存在异方差,就要对模型进行适当的处理,因为异方差虽然不影响 OLS 估计的线性和无偏性,但是它不再具有最小方差性,从而 t 检验不可靠,预测精度下降。因此,必须采取相应的修正补救方法以克服异方差的不利影响。下面介绍最常用的加权最小二乘法和对数变换法。

一、加权最小二乘法

加权最小二乘法是对原模型加权,使之变成一个新的不存在异方差性的模型,然后采用普通最小二乘法估计其参数。加权的基本思想是,在采用 OLS 方法时,对较小的残差二次方 e_i^2 赋予较大的权数,对较大的 e_i^2 赋予较小的权数,以对残差提供的信息的重要程度做一番校正,提高参数估计的精度。

加权最小二乘法,就是对加了权重的残差二次方和实施 OLS 法:
$$\sum w_i e_i^2 = \sum w_i [Y_i - (\hat{a} + \hat{\beta}_1 X_1 + \cdots + \hat{\beta}_k X_k)]^2, \quad w_i \text{ 为权数}$$

例如,原模型为 $Y_i = \alpha + \beta_1 X_{1i} + \beta_2 X_{2i} + \cdots + \beta_k X_{ki} + u_i$。

如果在检验过程中已经知道 $\mathrm{var}(\mu_i) = E(\mu_i)^2 = \sigma_i^2 = f(X_{ji})\sigma^2$,即随机误差项的方差与解释变量 X_j 之间存在相关性,那么可以用 $\sqrt{f(X_j)}$ 去除原模型,使之变成如下形式的新模型:

$$\frac{1}{\sqrt{f(X_{ji})}} Y_i = \alpha \frac{1}{\sqrt{f(X_{ji})}} + \beta_1 \frac{1}{\sqrt{f(X_{ji})}} X_{1i} + \beta_2 \frac{1}{\sqrt{f(X_{ji})}} X_{2i} + \cdots + \beta_k \frac{1}{\sqrt{f(X_{ji})}} X_{ki} + \frac{1}{\sqrt{f(X_{ji})}} \mu_i$$

在该模型中,存在 $\mathrm{var}\left(\dfrac{1}{\sqrt{f(X_{ji})}} \mu_i\right) = E\left(\dfrac{1}{\sqrt{f(X_{ji})}} \mu_i\right)^2 = \dfrac{1}{f(X_{ji})} E(\mu_i)^2 = \sigma^2$,即满足同方差性。于是可以用普通最小二乘法估计其参数,得到关于参数 $a, b_1, \cdots, b_k$ 的无偏的、有

效的估计量。这就是加权最小二乘法,在这里权数就是 $\dfrac{1}{\sqrt{f(X_{ji})}}$。

下面以一元模型 $Y_i = \alpha + \beta X_i + u_i$ 为例,给出几种常见的 $f(x)$ 形式,看模型异方差的具体修正过程。

(1) $f(X_i) = X_i^2$:

$\dfrac{Y_i}{X_i} = \dfrac{\alpha}{X_i} + \dfrac{\beta X_i}{X_i} + \dfrac{u_i}{X_i}$,此时 $\mathrm{var}\left(\dfrac{u_i}{X_i}\right) = \dfrac{1}{X_i^2}\mathrm{var}(u_i) = \dfrac{\sigma^2 X_i^2}{X_i^2} = \sigma^2$,已满足同方差性。

(2) $f(X_i) = X_i$:

$\dfrac{Y_i}{\sqrt{X_i}} = \dfrac{\alpha}{\sqrt{X_i}} + \beta\sqrt{X_i} + \dfrac{u_i}{\sqrt{X_i}}$,此时 $\mathrm{var}\left(\dfrac{u_i}{\sqrt{X_i}}\right) = \dfrac{1}{X}\mathrm{var}(u_i) = \dfrac{\sigma^2 X_i}{X_i} = \sigma^2$,已满足同方差性。

(3) $f(X_i) = r_0 + r_1 X_i$:

$$\dfrac{Y_i}{\sqrt{r_0 + r_1 X_i}} = \dfrac{\alpha}{\sqrt{r_0 + r_1 X_i}} + \dfrac{\beta}{\sqrt{r_0 + r_1 X_i}} + \dfrac{u_i}{\sqrt{r_0 + r_1 X_i}}$$

此时 $\mathrm{var}\left(\dfrac{u_i}{\sqrt{r_0 + r_1 X_i}}\right) = \dfrac{1}{r_0 + r_1 X_i}\mathrm{var}(u_i) = \dfrac{\sigma^2(r_0 + r_1 X)}{r_0 + r_1 X} = \sigma^2$,已满足同方差性。

相关链接 4-7

异方差性的修正

由上面的各种异方差检验结果可知,表 4-2 中播种面积(X)对农业总产值(Y)的影响模型存在异方差。接下来结合 EViews 8.0 软件操作说明如何用加权最小二乘法修正异方差。

在实际的 EViews 软件操作中,选用三个常用的权数 $w_1 = \dfrac{1}{X_i}$,$w_2 = \dfrac{1}{X_i^2}$,$w_3 = \dfrac{1}{\sqrt{X_i}}$。

在 Equation Estimation 对话框中输入"y c x",如图 4-28 所示。然后在 Options 选项卡中选中 Weighted LS/TSLS 复选框,如图 4-29 所示。再依次输入 $1/X$,$1/X^2$,$1/\mathrm{sqr}(X)$,可得到三个回归结果。

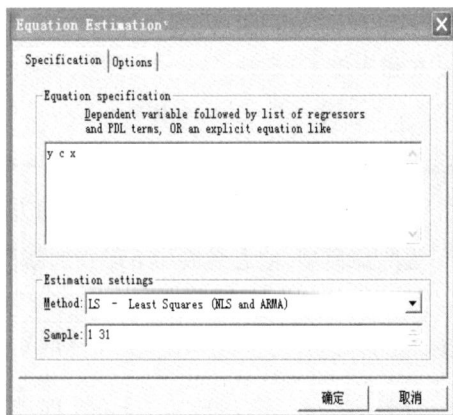

图 4-28　回归对话框　　　　　图 4-29　选中权重选项框

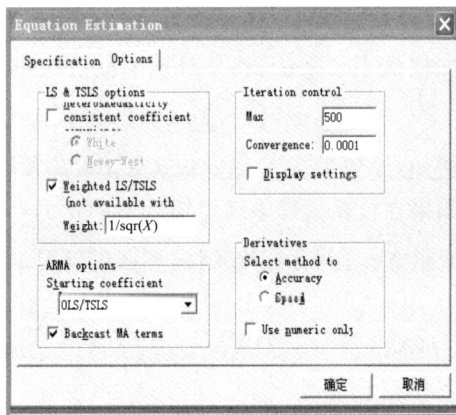

经估计检验发现,用权数 $w_3 = \dfrac{1}{\sqrt{X}}$ 模型的拟合优度最高,模型回归效果最好。图 4-30

为权数 $w_3 = \dfrac{1}{\sqrt{X}}$ 的回归结果。

```
Dependent Variable: Y
Method: Least Squares
Date: 01/16/15   Time: 14:28
Sample: 1 31
Included observations: 31
Weighting series: 1/SQR(X)
```

Variable	Coefficient	Std. Error	t-Statistic	Prob.
C	68.56821	57.89729	1.184308	0.2459
X	0.299901	0.020750	14.45271	0.0000

Weighted Statistics			
R-squared	0.878090	Mean dependent var	1036.141
Adjusted R-squared	0.873886	S.D. dependent var	488.0485
S.E. of regression	342.6583	Akaike info criterion	14.57369
Sum squared resid	3405027.	Schwarz criterion	14.66620
Log likelihood	-223.8921	Hannan-Quinn criter.	14.60384
F-statistic	208.8809	Durbin-Watson stat	1.873630
Prob(F-statistic)	0.000000		

Unweighted Statistics			
R-squared	0.807570	Mean dependent var	1661.205
Adjusted R-squared	0.800934	S.D. dependent var	1203.481
S.E. of regression	536.9548	Sum squared resid	8361293.
Durbin-Watson stat	2.042731		

图 4-30 权数 $w_3 = \dfrac{1}{\sqrt{X}}$ 的回归结果

对加权最小二乘法处理后的模型残差项进行异方差检验,即在图 4-31 所示的回归窗口中选择检验方式。

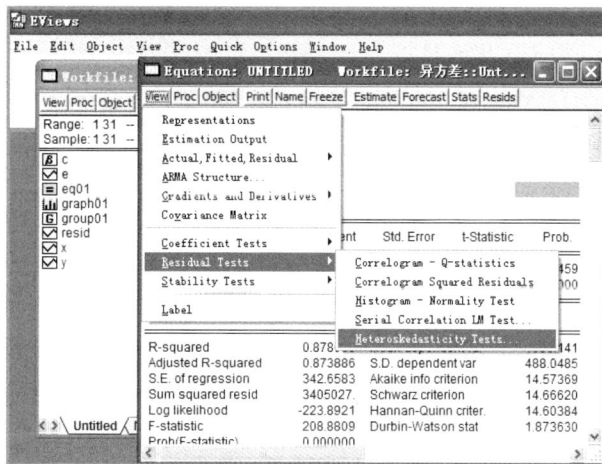

图 4-31 修正后模型残差的异方差检验

例如选择 White 检验,检验结果如图 4-32 所示。由图 4-32 可知,$nR^2 = 2.966\,146 <$ $\chi^2_{0.05}(2) = 5.991\,5$,所以接受原假设,模型不存在异方差,经过加权后,模型消除了异方差。

由图 4-32 估计结果可知,用加权最小二乘法修正后的回归模型结果为 $\hat{Y} = 68.568\,21 +$ $0.299\,901X$。也就是说,播种面积每增加 1 000 公顷(1 公顷 = 10 000 平方米),农业总产值就会增加 0.299 901 亿元。

Heteroskedasticity Test: White			
F-statistic	1.481282	Prob. F(2,28)	0.2446
Obs*R-squared	2.966146	Prob. Chi-Square(2)	0.2269
Scaled explained SS	1.560614	Prob. Chi-Square(2)	0.4583

图 4-32　White 检验结果(2)

二、对数变换法

在经济意义成立的情况下,将变量线性回归函数形式变为对数形式,即将模型 $Y_i = \alpha + \beta X_i + u_i$ 变为 $\ln Y_i = \alpha + \beta \ln X_i + u_i$,对数变换后的模型通常可以降低异方差性的影响。

正是因为对数变换压缩了测度变量的尺度,它可以把两个变量值间的 10 倍差异缩小为 2 倍差异,例如,100 是 10 的 10 倍,但在对数情况下,lg 100＝2 是 lg 10＝1 的两倍;又如 50 是 5 的 10 倍,但在自然对数情况下,lg 50＝1.698 9 是 lg 5＝0.699 0 的 2 倍多。这样,由解释变量规模所引起的异方差性当然被大大缩小了。

用对数变化法消除异方差,要特别注意变量取对数后的经济含义。

相关链接 4-8

对数变化法消除异方差

以本书第十一章表 11-1 为例。建立模型 $Y_i = \alpha + \beta X_i + u_i$,对该模型用 OLS 进行回归,结果如图 4-33 所示。

Dependent Variable: Y				
Method: Least Squares				
Date: 01/17/25　Time: 23:12				
Sample: 2006 2025				
Included observations: 20				
Variable	Coefficient	Std. Error	t-Statistic	Prob.
C	-133373.5	94122.05	-1.417027	0.1736
X	0.603337	0.036606	16.48168	0.0000
R-squared	0.937855	Mean dependent var		1042015.
Adjusted R-squared	0.934403	S.D. dependent var		1072566.
S.E. of regression	274705.5	Akaike info criterion		27.97943
Sum squared resid	1.36E+12	Schwarz criterion		28.07900
Log likelihood	-277.7943	Hannan-Quinn criter.		27.99886
F-statistic	271.6458	Durbin-Watson stat		0.983370
Prob(F-statistic)	0.000000			

图 4-33　OLS 回归结果

对回归结果用 White 方法检验是否存在异方差,检验结果如图 4-34 所示。

从 White 检验结果可以得出 $nR^2 = 8.199\ 674$,由 White 检验知,在 $\alpha = 0.05$ 下,查 χ^2 分布表,得临界值 $\chi^2_{0.05}(2) = 5.991\ 5$,因为 $nR^2 = 8.199\ 674 > \chi^2_{0.05}(2) = 5.991\ 5$,所以拒绝原假设,表明模型存在异方差。

对变量取对数,估计模型 $\ln Y_i = \alpha + \beta \ln X_i + u_i$,在回归命令对话框中输入 log(y) c log(x),如图 4-35 所示,得到对数模型回归结果,如图 4-36 所示。

Heteroskedasticity Test: White			
F-statistic	5.906382	Prob. F(2,17)	0.0113
Obs*R-squared	8.199674	Prob. Chi-Square(2)	0.0166
Scaled explained SS	7.960060	Prob. Chi-Square(2)	0.0187

图 4-34　White 检验结果（3）

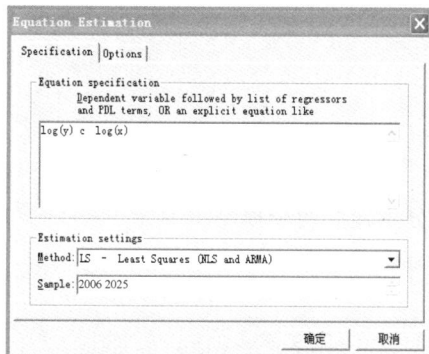

图 4-35 对数模型回归窗口

```
Equation Estimation                        [×]
Specification | Options |

┌ Equation specification ─────────────────────┐
│    Dependent variable followed by list of regressors │
│    and PDL terms, OR an explicit equation like       │
│  ┌──────────────────────────────────────────┐  │
│  │ log(y) c  log(x)                          │  │
│  │                                            │  │
│  │                                            │  │
│  └──────────────────────────────────────────┘  │
└──────────────────────────────────────────────┘
┌ Estimation settings ────────────────────────┐
│ Method: │LS - Least Squares (NLS and ARMA) ▼│ │
│ Sample: │2006 2025                          │ │
└──────────────────────────────────────────────┘
                              确定    取消
```

图 4-35　对数模型回归窗口

Dependent Variable: LOG(Y)
Method: Least Squares
Date: 01/17/25　Time: 23:24
Sample: 2006 2025
Included observations: 20

Variable	Coefficient	Std. Error	t-Statistic	Prob.
C	-2.784182	1.258492	-2.212317	0.0401
LOG(X)	1.143181	0.089156	12.82227	0.0000

R-squared	0.901322	Mean dependent var	13.31968
Adjusted R-squared	0.895839	S.D. dependent var	1.112362
S.E. of regression	0.359003	Akaike info criterion	0.883667
Sum squared resid	2.319896	Schwarz criterion	0.983240
Log likelihood	-6.836672	Hannan-Quinn criter.	0.903105
F-statistic	164.4106	Durbin-Watson stat	0.532802
Prob(F-statistic)	0.000000		

图 4-36　对数模型回归结果

对上述对数回归模型做 White 检验（图 4-37）可知，$nR^2 = 5.408\,240 < \chi_{0.05}^2(2) = 5.991\,5$，所以接受原假设，表明模型不存在异方差，经过对数变换，模型已消除异方差。

Heteroskedasticity Test: White			
F-statistic	3.150411	Prob. F(2,17)	0.0686
Obs*R-squared	5.408240	Prob. Chi-Square(2)	0.0669
Scaled explained SS	3.014474	Prob. Chi-Square(2)	0.2215

图 4-37　对数模型的 White 检验

根据图 4-35，模型估计结果为 $\ln \hat{Y}_i = -2.78 + 1.14 \ln X_i$。

要注意的是，变换后的模型中，参数的意义发生了变化，这里的 β_1 表示的是 X_i 对 Y_i 的弹性。可见对模型进行对数变换，可有效消除异方差性。这就是一些学术文章中对此类研究取对数的原因。

关键术语

异方差　G-Q 检验　White 检验　加权最小二乘法

闯关习题

一、即测即练

二、简述题

1. 简述 G-Q 检验的基本步骤。

2. 简述加权最小二乘法的基本思路和具体步骤。

三、计算分析题

1. 根据某国 2005—2025 年进口商品支出与个人可支配收入的数据资料建立了如下回归模型：

$$\hat{Y} = -2\ 187.521 + 1.684\ 3X$$

$$\text{s. e.} = (340.010\ 3)(0.062\ 2)$$

$$R^2 = 0.974\ 8, \text{DW} = 0.293\ 4, F = 733.606\ 6$$

试求解以下问题：

(1) 取时间段 2005—2012 年和 2018—2025 年，分别建立两个模型。

模型 1：$\hat{Y} = -145.441\ 5 + 0.397\ 1X$

$\qquad t = (-8.730\ 2) \quad (25.426\ 9)$

$\qquad R^2 = 0.990\ 8, \sum e_{1i}^2 = 1\ 372.202$

模型 2：$\hat{Y} = -4\ 602.365 + 1.952\ 5X$

$\qquad t = (-5.066\ 0) \quad (18.409\ 4)$

$\qquad R^2 = 0.982\ 6, \sum e_{2i}^2 = 7\ 811.189$

其中，$F_{0.05}(8,8) = 3.44$；$F_{0.05}(7,7) = 3.73$；$F_{0.05}(6,6) = 4.28$。请继续完成上述工作，并回答所做的是一项什么工作，其结论是什么。

(2) 利用 Y 对 X 的 OLS 回归所得的残差二次方构造一个辅助回归函数：$e^2 = -0.17 + 0.102X + 0.015X^2 + \varepsilon$，$R^2 = 0.565\ 9$。计算 $nR^2 = 21 \times 0.565\ 9 = 11.883\ 9$。

给定显著性水平 $\alpha = 0.05$，查 χ^2 分布表，得临界值 $\chi_{0.05}^2(2) = 5.99$。请继续完成上述工作，并回答所做的是一项什么工作，其结论是什么。

(3) 试比较 (1) 和 (2) 两种方法，给出简要评价。

2. 为了给指定医疗机构的规划提供依据，分析比较医疗机构与人口数量的关系，因此建立卫生医疗机构数(Y)和人口数(X)的回归模型。理论模型设定为 $Y = \alpha + \beta X + u_t$，利用某省 2025 年 21 个城市的数据进行分析，得出结果如图 4-38 和表 4-3～表 4-5 所示。

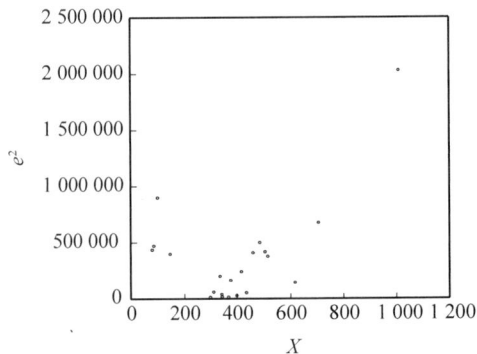

图 4-38　e^2(残差二次方)对 X 的散点图

表 4-3 选取权数 w_1 进行回归的结果

Dependent variable：Y

Weighting series：$w_1 = 1/X$

Variable	Coefficient	Std. Error	t-Statistic	Prob.
C	384. 612 3	87. 904 4	4. 375 3	0. 000 3
X	2. 723 6	0. 433 4	6. 284 4	0. 000 0
R-squared	0. 501 9	Mean dependent var		1 104. 228 0
Adjusted R-squared	0. 475 7	S. D. dependent var		464. 412 6
S. E. of regression	336. 285 3	Akaike info criterion		14. 663 7
Sum squared resid	2 148 668	Schwarz criterion		14. 564 2
Log likelihood	−150. 924 0	F-statistic		39. 493 1
Durbin-Watson stat	2. 283 1	Prob(F-statistic)		0. 000 0

表 4-4 选取权数 w_2 进行回归的结果

Dependent variable：Y

Weighting series：$w_2 = 1/X^2$

Variable	Coefficient	Std. Error	t-Statistic	Prob.
C	368. 620 3	84. 168 3	4. 379 6	0. 000 3
X	2. 952 8	0. 822 7	3. 589 3	0. 002 0
R-squared	0. 938 7	Mean dependent var		808. 686 9
Adjusted R-squared	0. 935 4	S. D. dependent var		1 086. 417 0
S. E. of regression	276. 047 7	Akaike info criterion		14. 169 4
Sum squared resid	1 447 845	Schwarz criterion		14. 268 9
Log likelihood	−146. 778 9	F-statistic		12. 882 9
Durbin-Watson stat	2. 169 3	Prob(F-statistic)		0. 002 0

表 4-5 选取权数 w_3 进行回归的结果

Dependent variable：Y

Weighting series：$w_3 = 1/SQR(X)$（SQR 代表取根号）

Variable	Coefficient	Std. Error	t-Statistic	Prob.
C	165. 052 4	174. 855 3	0. 943 9	0. 357 1
X	3. 554 6	0. 537 6	6. 611 7	0. 000 0
R-squared	0. 382 0	Mean dependent var		1 329. 555 0
Adjusted R-squared	0. 349 5	S. D. dependent var		618. 356 4
S. E. of regression	498. 725 5	Akaike info criterion		15. 352 4
Sum squared resid	4 725 815	Schwarz criterion		15. 451 9
Log likelihood	−159. 200 0	F-statistic		43. 714 1
Durbin-Watson stat	2. 034 5	Prob(F-statistic)		0. 000 0

请根据图 4-38 和表 4-3～表 4-5 回答以下问题：

(1) 根据图 4-38 说明模型是否存在异方差。

(2) 表 4-3～表 4-5 利用什么方法修正异方差？该种方法的思路是什么？

(3) 你觉得表 4-3、表 4-4、表 4-5 哪个权数效果更好？为什么？写出最终的回归方程。

(4) 根据(3)的结果说明模型 $Y = \alpha + \beta X + u_i$ 的异方差形式。

3. 近年来，房地产行业的发展已成为各地区经济的引擎。现利用线性模型 $Y_i = \alpha + \beta X_i + u_i$ 研究各地区生产总值 Y 与房地产行业增加值 X 的关系，数据见表 4-6。

表 4-6　中国某年各地区房地产业增加值与地区生产总值

地区	地区生产总值 Y	房地产业增加值 X	地区	地区生产总值 Y	房地产业增加值 X
北 京	19 500.56	1 339.52	湖 北	24 668.49	797.19
天 津	14 370.16	519.37	湖 南	24 501.67	636.26
河 北	28 301.41	1 041.28	广 东	62 163.97	4 207.46
山 西	12 602.24	329.80	广 西	14 378.00	520.51
内蒙古	16 832.38	414.59	海 南	3 146.46	288.54
辽 宁	27 077.65	1 134.49	重 庆	12 656.69	728.83
吉 林	12 981.46	266.60	四 川	26 260.77	762.77
黑龙江	14 382.93	553.11	贵 州	8 006.79	202.94
上 海	21 602.12	1 343.77	云 南	11 720.91	262.84
江 苏	59 161.75	3 436.65	西 藏	807.67	22.74
浙 江	37 568.49	2 190.03	陕 西	16 045.21	507.72
安 徽	19 038.87	763.56	甘 肃	6 268.01	158.40
福 建	21 759.64	1 216.76	青 海	2 101.05	34.21
江 西	14 338.50	500.57	宁 夏	2 565.06	101.84
山 东	54 684.33	2 237.46	新 疆	8 360.24	232.44
河 南	32 155.86	1 165.07			

(1) 采用 G-Q 检验方式检验模型是否存在异方差。

(2) 若存在，请用适当的方式修正异方差。

4. 表 4-7 中给出的是某年我国 28 个重要制造业行业销售收入与销售利润的数据资料。现利用线性模型 $Y_i = \alpha + \beta X_i + u_i$ 来研究不同行业销售收入对行业利润的影响。

表 4-7　某年我国 28 个重要制造业行业销售收入与销售利润的数据资料

行业名称	销售收入 X	销售利润 Y	行业名称	销售收入 X	销售利润 Y
食品加工业	187.25	3 180.44	医药制造业	238.71	1 264.10
食品制造业	111.42	1 119.88	化学纤维制造	81.57	779.46
饮料制造业	205.42	1 489.89	橡胶制品业	77.84	692.08
烟草加工业	183.87	1 328.59	塑料制品业	144.34	1 345.00
纺织业	316.79	3 862.64	非金属矿制品	339.26	2 866.14
服装制造业	157.70	1 779.10	黑色金属冶炼	367.47	3 868.28
皮革羽绒制品	81.73	1 081.77	有色金属冶炼	144.29	1 535.16
木材加工业	35.67	443.74	金属制品业	201.42	1 948.12
家具制造业	31.06	226.78	普通机械制造	354.69	2 351.68

续表

行业名称	销售收入 X	销售利润 Y	行业名称	销售收入 X	销售利润 Y
造纸及纸制品	134.40	1 124.94	专用设备制造	238.16	1 714.73
印刷业	90.12	499.83	交通运输设备	511.94	4011.53
文教体育用品	54.40	504.44	电子机械制造	409.83	3 286.15
石油加工业	194.45	2 363.80	电子通信设备	508.15	4 499.19
化学原料制品	502.61	4 195.22	仪器仪表设备	72.46	663.68

(1) 该模型容易产生异方差,原因是什么?

(2) 利用各种方法检验模型是否存在异方差。

(3) 用加权最小二乘法修正异方差。

课外修炼

阅读课外期刊文献

异方差是分析实证模型时经常遇到的问题,它可能会影响模型的精确度,从而降低模型的可信度。下列文献主要通过理论介绍、案例分析阐述异方差产生的原因、纠正方法,为本章的学习提供借鉴扩展。

[1] 刘明. 异方差 White 检验应用的几个问题[J]. 统计与信息论坛,2012(6):45-49.

[2] 刘尊雷,袁兴伟,严利平,等. 东海北部小黄鱼异方差生长模型[J]. 中国水产科学,2012(5):453-461.

[3] 郑红艳,夏乐天. 一种多变量线性回归模型的异方差检验方法[J]. 统计与决策,2010(5):152-154.

[4] 张振强,韦兰英. 线性回归模型异方差的诊断与修正——基于 EVIews 软件的实例分析[J]. 中国集体经济,2008(8):82-84.

[5] 叶宗裕. 异方差模型参数估计的有效性研究[J]. 统计研究,2008(6):102-104.

[6] 董丽华. 对异方差的分析及补救措施[J]. 重庆职业技术学院学报,2008(3):157-158.

[7] 宋廷山,李杰. 回归模型的异方差性消除方法探讨[J]. 统计教育,2007(4):6-7.

[8] 阎颖,曲建民. 计量经济学在经济应用中的异方差问题[J]. 工业技术经济,2005(4):111.

[9] 龚秀芳,冯珍珍. 几种异方差检验方法的比较[J]. 菏泽师范专科学校学报,2003(11):19-22.

[10] 尹光霞. 多元线性回归模型中的异方差性问题[J]. 湖北大学学报(自然科学版),2003(6):121-125.

[11] 韦博成,林金官,吕庆哲. 回归模型中异方差或变离差检验问题综述[J]. 应用概率统计,2003(5):210-220.

教育无他,唯爱与榜样。

5 第五章
Chapter 5 序列相关问题

>>> **知识结构图**

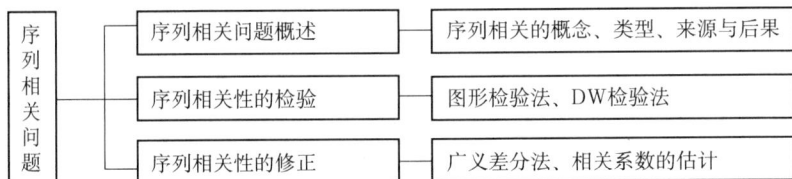

	序列相关问题概述	序列相关的概念、类型、来源与后果
序列相关问题	序列相关性的检验	图形检验法、DW检验法
	序列相关性的修正	广义差分法、相关系数的估计

>>> **学习目标**

1. 知识目标：序列相关的概念、类型、来源与后果；序列相关的各种检验方式；修正序列相关的方法与应用。

2. 能力目标：理解 DW 检验法的局限性；理解序列相关解决方法以及对结果的经济学意义上的解释；掌握 EViews 软件的操作方法，能应用 EViews 软件进行序列相关性分析。

>>> **情景写实**

回归模型的假定条件之一是 $\mathrm{cov}(u_i, u_j) = E(u_i, u_j) = 0 \ (i, j \in T; i \neq j)$，即误差项 u_t 的取值在时间上是相互无关的，称误差项 u_t 无序列相关。

根据这个假设认为，分析家庭消费支出与家庭收入的截面数据时，假定一个家庭收入增加对其消费支出的影响并不会影响另一个家庭的消费支出；一个工厂的产量对劳动和资本投入回归的季度时间序列数据，若某一季度一个突发事件影响了产出，下一季度的产出不会受影响。

但实际情况呢？在生活中，某一家庭消费支出的增加可能引起常与他们攀比的另一家庭消费支出的增加。一个工厂某一季度一个突发事件影响了产出，并不意味着下一季度的产出不会受影响。实际上，下一季度的产出可能会增加，以弥补上一季度产出的不足。

这两种情况下，前后观测值之间都存在某种依赖关系，回归模型的非序列相关假设并未得到满足，普通最小二乘法失效，必须发展新的方法对模型进行估计。

第 一 节 序列相关问题概述

一、序列相关的概念

对于模型 $Y_t = \alpha + \beta_1 X_{1t} + \beta_2 X_{2t} + \cdots + \beta_k X_{kt} + u_t, \quad t = 1, 2, \cdots, n$ (5-1)

如果其他假设仍然满足,随机干扰项序列不相互独立,即 $\mathrm{cov}(u_i, u_j) \neq 0 \quad (i \neq j)$,则称误差项 u_t 存在序列相关或自相关。

二、序列相关的类型

序列相关按形式可分为两类。

(一)一阶自回归形式

当误差项 u_t 只与其滞后一期值有关时,即

$$u_t = f(u_{t-1}) + v_t$$

称 u_t 具有一阶自回归形式。

(二)高阶自回归形式

当误差项 u_t 的本期值不仅与其前一期值有关,而且与其前若干期的值都有关系时,即

$$u_t = f(u_{t-1}, u_{t-2}, \cdots) + v_t$$

则称 u_t 具有高阶自回归形式。

对于一般经济现象而言,两个随机项相隔时间越远,联系越小。如果存在序列相关,最强的序列相关应表现在前后两个随机项之间,即计量经济模型中序列相关的最常见形式是一阶自回归形式,所以下面重点讨论误差项的线性一阶自回归形式,即

$$u_t = \rho u_{t-1} + v_t \tag{5-2}$$

式中,ρ 是自回归系数或自相关系数,ρ 的取值范围是 $[-1, 1]$。当 $\rho > 0$ 时,称 u_t 存在正序列相关;当 $\rho < 0$ 时,称 u_t 存在负序列相关;当 $\rho = 0$ 时,称 u_t 不存在序列相关(非自相关)。v_t 是随机误差项,满足经典假设:

$$E(v_t) = 0, t = 1, 2, \cdots, T$$
$$\mathrm{var}(v_t) = \sigma_v^2, t = 1, 2, \cdots, T$$
$$\mathrm{cov}(v_i, v_j) = 0, i \neq j, i, j = 1, 2, \cdots, T$$
$$\mathrm{cov}(u_{t-1}, v_t) = 0, t = 1, 2, \cdots, T$$

相关链接 5-1

ρ 名称的理解

一阶自回归中 ρ 既是自回归系数,也是自相关系数。回归系数是指对模型(5-2)用 OLS 进行回归估计所得到的回归系数数值,而相关系数则是利用式(5-1)计算 u_t 和 u_{t-1} 两变量的相关联程度。在一元模型中,这两者是不同的,那么在一阶自回归模型中,它们为什么会一致呢?

再根据基本假设,可以将式(5-2)看作无常数项的一元回归模型,因此可以直接用 OLS

得到自相关系数 ρ 的估计量

$$\hat{\rho} = \frac{\sum_{t=2}^{n} \mu_t \mu_{t-1}}{\sum_{t=2}^{n} \mu_{t-1}^2} \tag{5-3}$$

当样本容量很大时,有

$$\sum_{t=2}^{n} \mu_{t-1}^2 = \sum_{t=2}^{n} \mu_t^2$$

因此,当样本容量很大时,式(5-3)可以写成

$$\hat{\rho} = \frac{\sum_{t=2}^{n} \mu_t \mu_{t-1}}{\sqrt{\sum_{t=2}^{n} \mu_t^2 \sum_{t=2}^{n} \mu_{t-1}^2}} = r_{\mu_t \mu_{t-1}} \tag{5-4}$$

可见,自回归系数的估计量 $\hat{\rho}$ 等于随机项 μ_t 和 μ_{t-1} 的简单相关系数 $r_{\mu_t \mu_{t-1}}$。因此,ρ 既可称为自回归系数,也可以称为自相关系数。

三、序列相关的来源

(一)经济变量固有的惯性

由于经济发展的连续性所形成的惯性,许多经济变量的前后期之间是相互关联的。诸如国内生产总值、就业、货币供给等时间序列都呈现周期性波动。当经济复苏时,经济序列由谷底向上移动,在上移的过程中,序列在某一时点的值会大于其前期值。因此,连续的观测值之间很可能是相互依赖的。

经典实例 5-1

农产品供给模型

在农产品供给模型 $Q_t = \alpha + \beta P_{t-1} + \mu_t$ 中,农产品供给(Q)对价格(P)的反映本身存在一个滞后期,意味着农户在年度 t 的过量生产(使该期价格下降)很可能导致在年度 $t+1$ 削减产量;相反,t 年的减产又导致 $t+1$ 年的增产。这时,随机干扰项往往表现出负相关的特征。

(二)模型中遗漏了重要的解释变量

若丢掉了应该列入模型的带有序列相关的重要解释变量,那么它的影响必然归并到误差项 u_t 中,从而使误差项呈现序列相关。

经典实例 5-2

行业生产函数模型

我们在建立行业生产函数模型时,以产出(Q)为被解释变量,资本(K)、劳动(L)、技术(T)等投入要素为解释变量,选择时间序列数据作为样本观测值,模型表述为:$Q_t = f(K_t,$

$L_t, T_t) + \varepsilon_t, t = 1, 2, \cdots, T$。在该模型中，政策因素等对产出是有影响的，但没有包括在解释变量中，那么该影响被包含在随机误差项中，如果该项影响构成随机误差项的主要部分，则可能出现序列相关性。其原因是，对于不同的年份，政策因素的影响具有连续性，如果前一年是正的影响，后一年往往也是正的影响，于是在不同的样本点之间随机误差项出现了相关性，这就产生了序列相关性。

（三）模型设定偏误

若所用的数学模型与变量间的真实关系不一致，误差项常表现出序列相关。

经典实例 5-3

边际成本函数模型

根据微观经济学，当实际产量未达到一定限度时，边际成本随产量的扩大而递减；当产量超过一定限度时，边际成本随产量的扩大而递增。这是因为，当产量超过一定限度时，总固定成本就会递增。由此可见，真实的边际成本回归模型应为 $Y_t = \alpha + \beta_1 X_t + \beta_2 X_t^2 + \mu_t$（$Y$＝边际成本，$X_1$＝产出），但建模时设立了模型 $Y_t = \alpha + \beta_1 X_t + v_t$，因此，由于 $v_t = \beta_2 X_t^2 + \mu_t$，包含了产出的二次方对随机项的系统性影响，随机项也呈现序列相关性。

（四）随机因素的影响

如自然灾害、金融危机、世界经济环境的变化等随机因素的影响，往往要持续多个时期，使得随机误差项呈现出序列相关性。

四、序列相关的后果

（一）参数估计量虽是无偏的，但不再具有最小方差性

OLS 估计量无偏性的证明过程中，仅用到零均值假设，没有用到无序列相关假设。因此，序列相关不影响 OLS 估计量的无偏性。

而对于估计量 $\hat{\beta}$ 的方差，有

$$\mathrm{var}(\hat{\beta}) = \mathrm{var}\left(\frac{\sum X_t u_t}{\sum x_t^2}\right) = \frac{1}{\left(\sum x_t^2\right)^2} \sum_t \sum_s X_t X_s \mathrm{cov}(u_t, u_s)$$

$$= \frac{1}{\sum x_t^2} \mathrm{var}(u_t) + \frac{1}{\left(\sum x_t^2\right)^2} \sum_{t \neq s} X_t X_s \mathrm{cov}(u_t, u_s)$$

如果存在序列相关，$\mathrm{cov}(u_t, u_s) \neq 0$，这时 $\hat{\beta}$ 的方差已不同于经典假设之下 $\hat{\beta}$ 的方差 $\frac{1}{\sum x_t^2} \mathrm{var}(u_t)$。因此，这时若仍用普通最小二乘法估计 $\hat{\beta}$ 的方差，会导致不小的偏误。

（二）变量的显著性检验失去意义

变量的显著性检验是建立在参数方差正确估计基础之上的，这只有当随机误差项具有同方差性和互相独立性时才能成立。当存在序列相关时，估计的参数方差出现偏误（偏大或偏小），以此为基础计算的 t 检验统计量和 F 检验统计量都是不正确的，因此不能作为检验

的基础。例如在时间序列数据中,数据的序列常常是正相关关系,采用 OLS 方法估计模型,往往会低估斜率参数估计的方差,以此计算的 t 检验统计量值大于实际的 t 值,从而夸大所估计参数的显著性,会把本来不重要的解释变量认为是重要的而接受下来,因此显著性检验失去意义。

(三)模型的区间预测失效

模型的区间预测是在参数估计量的方差正确估计的基础上得出的。在方差估计有偏差的情况下,模型的区间预测是不准确的,也是没有意义的。

第 二 节　序列相关性的检验

由于随机扰动项 m_1 序列相关性的存在,将对参数的最小二乘估计量产生严重后果,因此在进行回归分析之前,必须检验 m_1 是否存在序列相关。关于序列相关性的检验方法有多种,如图形检验法、DW(Durbin-Watson,杜宾-沃森)检验等。这些检验方法的共同思路是,首先采用普通最小二乘法估计模型,以求得随机误差项的"近似估计量",用 e_t 表示,$e_t = Y_t - (\hat{Y}_t)_{ols}$;然后通过分析 e_t 之间的相关性,达到判断随机误差项是否具有序列相关性的目的。

一、基于 (e_t, e_{t-1}) 散点图的检验

以 e_t 为纵坐标,e_{t-1} 为横坐标,绘制 $(e_1, e_2), (e_2, e_3), \cdots, (e_{t-1}, e_t)$ 的散点图。如果大部分落在第 I、III 象限,表明 e_t 存在正序列相关,如图 5-1 所示;如果大部分落在第 II、IV 象限,表明 e_t 存在负序列相关,如图 5-2 所示。

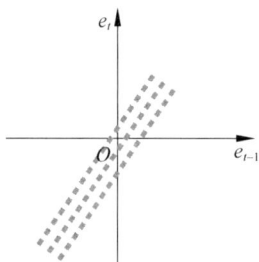

图 5-1　正序列相关　　　　　　　图 5-2　负序列相关

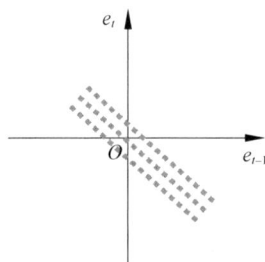

相关链接 5-2

序列相关的图形检验方法

例子:经济理论指出,商品进口主要由进口国(地区)的经济发展水平决定。下面研究某国商品进口 Y 与国内生产总值 X 的关系,数据见表 5-1。

表 5-1 　 2002—2025 年某国商品进口与国内生产总值 　 　 　 　 　 亿元

年　份	国内生产总值	商品进口	年　份	国内生产总值	商品进口
2002	18 667.82	2 574.30	2014	120 332.69	24 430.30
2003	21 781.50	3 398.70	2015	135 822.76	34 195.60
2004	26 923.48	4 443.30	2016	159 878.34	46 435.80
2005	35 333.92	5 986.20	2017	184 937.37	54 273.70
2006	48 197.86	9 960.10	2018	216 314.43	63 376.86
2007	60 793.73	11 048.10	2019	265 810.31	73 300.10
2008	71 176.59	11 557.40	2020	314 045.43	79 526.53
2009	78 973.03	11 806.50	2021	340 902.81	68 618.37
2010	84 402.28	11 626.10	2022	401 512.80	94 699.30
2011	89 677.05	13 736.40	2023	473 104.05	113 161.40
2012	99 214.55	18 638.80	2024	519 470.10	114 800.96
2013	109 655.17	20 159.20	2025	568 845.21	121 037.46

▶ **1. 参数估计**

设定模型为

$$Y_t = \alpha + \beta X_t + \mu_t$$

单击主界面菜单 Quick\Estimate Equation,在弹出的对话框中输入 Y C X,单击"确定"按钮即可得到回归结果,如图 5-3 所示。

```
Dependent Variable: Y
Method: Least Squares
Date: 01/16/ 25  Time: 23:22
Sample: 2002 2025
Included observations: 24

  Variable      Coefficient   Std. Error   t-Statistic    Prob.

     C          -1031.189     2187.507     -0.471399     0.6420
     X           0.233377     0.008867     26.31894      0.0000

R-squared            0.969217    Mean dependent var     42199.65
Adjusted R-squared   0.967818    S.D. dependent var     39452.54
S.E. of regression   7077.519    Akaike info criterion  20.64609
Sum squared resid    1.10E+09    Schwarz criterion      20.74506
Log likelihood       -245.7627   Hannan-Quinn criter.   20.67293
F-statistic          692.6867    Durbin-Watson stat     0.630095
Prob(F-statistic)    0.000000
```

图 5-3 　 模型回归结果

▶ **2. 产生残差序列**

选择 Quick/Generate Series 菜单命令,在弹出的对话框中输入"e=resid",单击 OK 按钮,得到残差序列 e_t。

选择 Quick\Graph 菜单命令,在弹出的对话框中输入"e(-1)e",再选择 scatter,得到残差项 e_t 与 e_{t-1} 的时间散点图,如图 5-4 所示。

从图 5-4 可以看出,e_t 序列与 e_{t-1} 序列呈现正相关关系,可简单判断模型存在正序列相关。

图形法的优点是简单易行,但过分粗略,当序列相关不是很明显时不容易判断。在处理实际问题时,主要采用 DW 检验法。

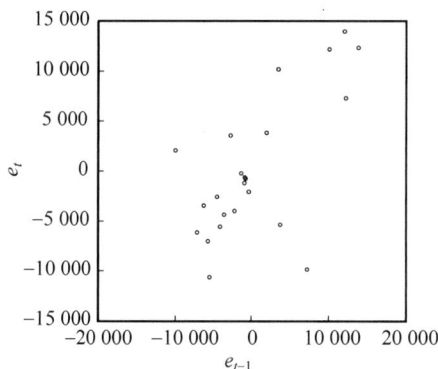

图 5-4　(e_t, e_{t-1}) 散点图

二、DW 检验法

DW 检验是詹姆斯·杜宾(James Durbin)和戴维·沃森(Geoffrey Watson)于 1951 年提出的。它是利用残差 e_t 构成的统计量推断误差项 u_t 是否存在序列相关。使用 DW 检验，应首先满足如下条件：

(1) 解释变量 X 非随机。

(2) 随机误差项 μ_t 为一阶自回归形式：$\mu_t = \rho\mu_{t-1} + \varepsilon_t$。

(3) 回归模型中不应含有滞后因变量作为解释变量，即不应出现下列形式：

$$Y_t = \alpha + \beta_1 X_{1t} + \cdots + \beta_k X_{kt} + \gamma Y_{t-1} + \mu_t$$

(4) 回归含有截距项。

(5) 数据序列无缺失项。

DW 检验的步骤如下：

(1) 给出假设：

$H_0: \rho = 0$　（u_t 不存在序列相关）；

$H_1: \rho \neq 0$　（u_t 存在一阶序列相关）。

(2) 用残差值 e_t 计算 DW 检验的统计量 d。

$$d = \frac{\sum\limits_{t=2}^{T}(e_t - e_{t-1})^2}{\sum\limits_{t=1}^{T}e_t^{\,2}} = 2(1-\rho) \tag{5-5}$$

相关链接5-3

d 统计量与 $\hat{\rho}$ 的关系

$\hat{\rho}$ 的数值大小可直接用于判断两变量的相关联程度，越靠近 1 或者 -1，相关越紧密，接近于 0 则变量间无线性联系，但 $\hat{\rho}$ 数值多大才算是相关紧密、多大是无相关，并没有给出明确的答案，因此实践中较少使用。DW 检验实质是在相关系数的基础上发展起来的，只不过 DW 检验有明确的临界值，会更准确。

将 DW 统计量计算公式,即式(5-5),展开,得

$$d = \frac{\sum\limits_{t=2}^{T} e_t^2 + \sum\limits_{t=2}^{T} e_{t-1}^2 - 2\sum\limits_{t=2}^{T} e_t e_{t-1}}{\sum\limits_{t=1}^{T} e_t^2} \tag{5-6}$$

因为有

$$\sum\limits_{t=2}^{T} e_t^2 \approx \sum\limits_{t=2}^{T} e_{t-1}^2 \approx \sum\limits_{t=1}^{T} e_t^2 \tag{5-7}$$

代入式(5-6),

$$d \approx \frac{2\sum\limits_{t=2}^{T} e_{t-1}^2 - 2\sum\limits_{t=2}^{T} e_t e_{t-1}}{\sum\limits_{t=2}^{T} e_{t-1}^2} = 2\left(1 - \frac{\sum\limits_{t=2}^{T} e_t e_{t-1}}{\sum\limits_{t=2}^{T} e_{t-1}^2}\right) = 2(1 - \hat{\rho}) \tag{5-8}$$

因为 $\hat{\rho}$ 的取值范围是 $[-1,1]$,所以 d 统计量的取值范围是 $[0,4]$。在 EViews 软件中可以直接输出 DW 统计量的数值,且大多数计量经济学教科书都提供了相应的临界值表可供查询,因此 DW 检验得到了广泛的应用。

(3)判断。从图 5-5 可以直观地看出 $d \in [0,4]$。

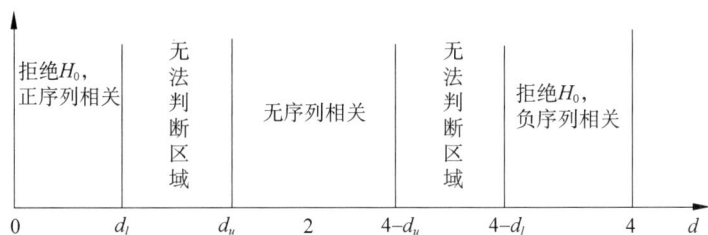

图 5-5 DW 检验区域

当 $0 < \hat{\rho} \leqslant 1$ 时,$0 \leqslant d < 2$,表示 u_t 正序列相关,若 $\hat{\rho} \to 1$,则 $d \to 0$,表明正序列相关程度增强。

当 $\hat{\rho} = 0$ 时,$d = 2$,表明 u_t 不相关。

当 $-1 < \hat{\rho} < 0$ 时,$2 < d < 4$,表明 u_t 负序列相关,若 $\hat{\rho} \to -1$,则 $d \to 4$,表明负序列相关程度增强。

杜宾和沃森根据样本容量 n,解释变量的个数 R,显著性水平 α,确定统计量 d 的上限临界值 d_u 和下限临界值 d_l。这样,对于原假定 H_0,确定判断一阶自回归的区域:

当 $0 < d < d_l$ 时,存在一阶正序列相关,且相关程度随着 d 接近 0 而逐渐增强。

当 $d_l < d < d_u$ 或 $4 - d_u < d < 4 - d_l$ 时,不能确定存在序列相关,此时 DW 检验失效。

当 $d_u < d < 4 - d_u$ 时,不存在一阶序列相关。

当 $4 - d_l < d < 4$ 时,存在一阶负序列相关,且相关程度随着 d 接近 4 而逐渐增强,如图 5-5 所示。

相关链接 **5-4**

DW 检验法

以表 5-1 所列数据为例,对模型用 OLS 进行估计,估计结果如图 5-3 所示。

由图 5-3 的回归结果可以看出 $d = 0.630\,095$(DW 检验),查 DW 检验临界值表,在 5% 的显著性水平下,$n = 24$,$k = 1$(k 为解释变量个数),查表得 $d_l = 1.27$,$d_u = 1.45$,由于 DW $= 0.630\,095 < d_l$,故存在正序列相关。

DW 检验的局限性:

(1) DW 检验有两个无法确定的区域,即当 $d_l < d < d_u$ 或 $4 - d_u < d < 4 - d_l$ 时,不能确定其是否存在序列相关。

(2) 只能检验一阶序列相关,不适用于高阶序列相关的检验。

(3) 样本容量要足够大,至少大于 15。这是因为 DW 统计量的上下界表一般要求 $n \geqslant 15$。$n < 15$ 时,DW 检验上下界表的数据不完善,利用残差很难对序列相关的存在得出比较正确的结论。

(4) DW 检验有运用的前提条件,只有符合这些条件,DW 检验才是有效的。

第三节 序列相关性的修正

当模型存在序列相关时,就不能直接采用普通最小二乘法进行回归,必须发展新的估计方法。本节介绍消除序列相关最常见的方法——广义差分法。广义差分法的思想是将原模型转化为对应的差分形式,消除序列相关,然后用普通最小二乘法进行估计。

一、广义差分法

为简单起见,以一元为例。若原回归模型为

$$Y_t = \alpha + \beta X_t + u_t, t = 1, 2, \cdots, n \tag{5-9}$$

式中,u_t 具有一阶自回归形式 $\mu_t = \rho \mu_{t-1} + v_t$;$v_t$ 满足经典假定,把 u_t 代入式(5-9),

$$Y_t = \alpha + \beta X_t + \rho \mu_{t-1} + v_t \tag{5-10}$$

将模型(5-9)滞后一期,并在两侧同乘 ρ,

$$\rho Y_{t-1} = \alpha \rho + \beta \rho X_{t-1} + \rho \mu_{t-1} \tag{5-11}$$

式(5-10)减式(5-11)得

$$Y_t - \rho Y_{t-1} = \alpha(1 - \rho) + \beta(X_t - \rho X_{t-1}) + v_t \tag{5-12}$$

令:$Y_t^* = Y_t - \rho Y_{t-1}$,$X_t^* = X_t - \rho X_{t-1}$,$\alpha^* = \alpha(1 - \rho)$

则模型(5-12)表示为

$$Y_t^* = \alpha^* + \beta X_t^* + v_t \tag{5-13}$$

由于式(5-13)中的误差项 v_t 满足古典假定,可以直接采用普通最小二乘法估计回归参数,所得估计量具有最佳线性无偏特性。式(5-13)中的 β 就是原式(5-9)中的 β,而 α^* 与式(5-9)中的 α 有如下关系：

$$\alpha^* = \alpha(1-\rho) \quad 或 \quad \alpha = \alpha^*/(1-\rho) \tag{5-14}$$

上述变换称作广义差分变换。

相关链接 5-5

广义差分模型的扩展

不管是一元还是多元，模型广义差分变换的基本思路是一致的。若原回归模型为

$$Y_t = \alpha + \beta_1 X_{1t} + \beta_2 X_{2t} + \cdots + \beta_k X_{kt} + u_t, \quad t = 1, 2, \cdots, n \tag{5-15}$$

式中，u_t 具有一阶自回归形式 $\mu_t = \rho\mu_{t-1} + v_t$；$v_t$ 满足经典假定，把 u_t 代入式(5-15)，

$$Y_t = \alpha + \beta_1 X_{1t} + \beta_2 X_{2t} + \cdots + \beta_k X_{kt} + \rho\mu_{t-1} + v_t \tag{5-16}$$

将式(5-15)滞后一期，并在两侧同乘 ρ，

$$\rho Y_t = \rho\alpha + \rho\beta_1 X_{1t-1} + \rho\beta_2 X_{2t-1} + \cdots + \rho\beta_k X_{kt-1} + \rho u_{t-1}, \quad i = 1, 2, \cdots, n \tag{5-17}$$

式(5-16)减式(5-17)得

$$Y_t - \rho Y_{t-1} = \alpha(1-\rho) + \beta_1(X_{1t} - \rho X_{1t-1}) + \beta_2(X_{2t} - \rho X_{2t-1}) + \cdots + \beta_k(X_{kt} - \rho X_{kt-1}) + v_t \tag{5-18}$$

令：$Y_t^* = Y_t - \rho Y_{t-1}$，$X_{jt}^* = X_{jt} - \rho X_{jt-1}(j=1,2,\cdots,k)$，$\alpha^* = \alpha(1-\rho)$

则式(5-18)表示为

$$Y_t^* = \alpha^* + \beta_1 X_{1t}^* + \beta_2 X_{2t}^* + \cdots + \beta_k X_{kt}^* + v_t \tag{5-19}$$

由于式(5-19)中的误差项 v_t 满足古典假定，可以直接采用普通最小二乘法估计回归参数，所得估计量具有最佳线性无偏特性。式(5-17)中的 $\beta_1 \cdots \beta_k$ 就是原模型(5-15)中的 $\beta_1 \cdots \beta_k$，而 α^* 与式(5-19)中的 α 有如下关系：

$$\alpha^* = \alpha(1-\rho) \quad 或 \quad \alpha = \alpha^*/(1-\rho) \tag{5-20}$$

上述为多元模型的广义差分变换过程。与一元相比，只是增加了解释变量而已。

在广义差分过程中，损失了一个观测值，样本容量变成 $(n-1)$。为避免损失自由度，K. R. Kadiyala 于1968年提出对 Y_t 与 X_t 的第一个观测值分别做如下变换而加以补充。

$$Y_1^* = Y_1 \sqrt{1-\rho^2}, \; X_1^* = X_1 \sqrt{1-\rho^2}$$

于是对式(5-13)和式(5-19)样本容量仍然为 n。若为大样本，实践操作时，并没有考虑损失的这个样本。

二、ρ 的估计

以上分析表明，广义差分法得以实施的关键是计算出序列相关系数 ρ 的值，因此必须采用一些适当的方式对序列相关系数 ρ 进行估计。常用的估计方法有用 DW 统计量估计 ρ。

由式(5-5)，得

$$\hat{\rho} = 1 - \frac{DW}{2} \tag{5-21}$$

由于专用计量经济学软件可以直接给出 DW 值，所以可根据式(5-21)得到 ρ 的近似估计值，再将其应用于广义差分变化式(5-12)。注意，用此法时样本容量不宜过小。

相关链接 5-6

广义差分法修正模型(DW 法计算 ρ)

EViews 8.0 软件操作步骤：

(1) 计算 $\hat{\rho}$ 的估计值。由前面的分析可知，研究某国商品进口 Y 与国内生产总值 X 关系的模型存在序列相关，且由图 5-3 的回归结果可知，DW=0.630 095，所以

$$\hat{\rho}=1-\frac{\text{DW}}{2}=1-\frac{0.630\ 095}{2}=0.684\ 952\ 5$$

(2) 广义差分法修正模型。将 $\hat{\rho}$=0.684 752 5 代入模型(5-12)得差分模型：

$$Y_t-0.684\ 952\ 5Y_{t-1}=\alpha(1-0.684\ 952\ 5)+\beta(X_t-0.684\ 952\ 5X_{t-1})+u_t-0.684\ 952\ 5u_{t-1}$$

对该模型进行 OLS 估计。在 EViews 软件的广义差分模型输入框(图 5-6)中输入

y—0.6849525 * y(-1)　c　x-0.6849525 * x(-1)

其中，y(-1)，x(-1)在软件中表示变量 Y、X 相应的滞后一期项。单击“确定”按钮，得到广义差分回归模型，回归结果如图 5-7 所示。

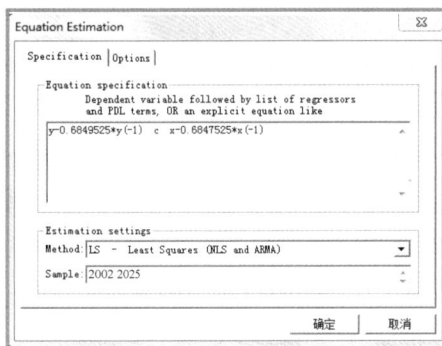

图 5-6　广义差分模型输入框

Dependent Variable: Y-0.6849525*Y(-1)
Method: Least Squares
Date: 01/16/25 Time: 23:47
Sample (adjusted): 2002 2025
Included observations: 23 after adjustments

Variable	Coefficient	Std. Error	t-Statistic	Prob.
C	206.6227	1743.899	0.118483	0.9068
X-0.6847525*X(-1)	0.222671	0.017433	12.77297	0.0000

R-squared	0.885962	Mean dependent var	17365.57
Adjusted R-squared	0.880531	S.D. dependent var	15428.97
S.E. of regression	5332.906	Akaike info criterion	20.08412
Sum squared resid	5.97E+08	Schwarz criterion	20.18286
Log likelihood	-228.9674	Hannan-Quinn criter.	20.10895
F-statistic	163.1488	Durbin-Watson stat	1.690486
Prob(F-statistic)	0.000000		

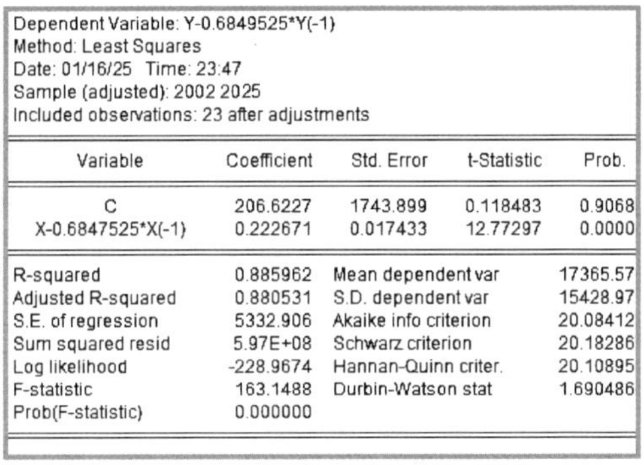

图 5-7　广义差分的回归结果

表达如下：

$$Y_t^*=206.622\ 7+0.222\ 671X_t^*$$

式中，$Y_t^*=Y_t-0.684\ 752\ 5Y_{t-1}$；$X_t^*=X_t-0.684\ 952\ 5X_{t-1}$。

此时，样本容量为 23(广义差分用掉了一个样本)，1 个解释变量，在 5% 的显著性水平下，查表得 $d_l=1.26$. $d_u=1.44$，由于 DW=1.690 486，$d_u<\text{DW}<4-d_u$，已消除序列相关。

最终模型表示为

$$\hat{Y}_t=\frac{206.622\ 7}{1-0.684\ 952\ 5}+0.222\ 671X_t=655.846\ 2+0.222\ 671X_t$$

三、杜宾两步法

杜宾两步法的第一步是通过打开广义差分模型回归式中的括号，求 ρ 的估计值 $\hat{\rho}$；第二步是利用 $\hat{\rho}$ 进行广义差分变换，然后对原模型求广义最小二乘估计值。其具体步骤如下：

（1）把由原式

$$Y_t = \alpha + \beta X_t + u_t, \quad t = 1, 2, \cdots, n, \mu_t = \rho \mu_{t-1} + v_t$$

做广义差分变换后，所得模型

$$Y_t - \rho Y_{t-1} = \alpha(1-\rho) + \beta(X_t - \rho X_{t-1}) + v_t$$

改写为

$$Y_t = \alpha(1-\rho) + \rho Y_{t-1} + \beta X_t - \rho\beta X_{t-1} + v_t \tag{5-22}$$

用普通最小二乘法估计式（5-22），Y_{t-1} 参数就是 ρ 的估计值 $\hat{\rho}$。

（2）将估计出的 $\hat{\rho}$ 应用于广义差分变化式（5-12），估计出 $\hat{\alpha}$，$\hat{\beta}$。

杜宾两步法的长处是能将该方法推广到高阶序列相关模型；不足之处是 $\hat{\rho}$ 的估计精度稍低。

相关链接 5-7

杜宾两步法修正序列相关

EViews 8.0 软件操作步骤：

（1）用 OLS 估计模型 $Y_t = \alpha(1-\rho) + \rho Y_{t-1} + \beta X_t - \rho\beta X_{t-1} + v_t$，在回归对话框（图 5-8）中输入：y c y(-1) x x(-1)。单击"确定"按钮，输出结果如图 5-9 所示。

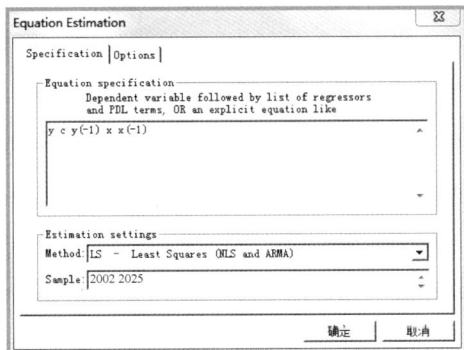

图 5-8　杜宾两步法第一步回归输入对话框

图 5-9　序列相关系数估计

由图 5-9 可以得到 $\hat{\rho} = 0.521058$，即 $Y(-1)$ 变量的参数估计值。

（2）估计广义差分模型。将由第一步得到的 $\hat{\rho} = 0.521058$ 代入式（5-13），得到差分模型

$$Y_t - 0.521058 Y_{t-1} = \alpha(1 - 0.521058) + \beta(X_t - 0.521058 X_{t-1}) + u_t - 0.521058 u_{t-1}$$

对该模型进行 OLS 估计。在 EViews 软件估计式里输入

y-0.521058 * y(-1)　　c　x-0.521058 * x(-1)

单击"确定"按钮，得到广义差分回归模型。回归结果如图 5-10 所示，表达如下：

$$Y_t^* = -16.60783 + 0.2226815 X_t^*$$

由于 DW = 1.372877，$d_t < \text{DW} < d_u$（$d_t = 1.26$，$d_u = 1.44$），用 DW 检验法无法判断是否已消除序列相关。所以，要进一步采用 LM（拉格朗日乘数）检验法检验是否存在序列相关，检验结果如图 5-11 所示。

```
Dependent Variable: Y-0.521058*Y(-1)
Method: Least Squares
Date: 01/16/25   Time: 23:53
Sample (adjusted): 2002 2025
Included observations: 23 after adjustments
```

Variable	Coefficient	Std. Error	t-Statistic	Prob.
C	-16.60783	1788.770	-0.009284	0.9927
X-0.521058*X(-1)	0.226815	0.013125	17.28179	0.0000

R-squared	0.934305	Mean dependent var	23720.07
Adjusted R-squared	0.931177	S.D. dependent var	20948.74
S.E. of regression	5495.724	Akaike info criterion	20.14427
Sum squared resid	6.34E+08	Schwarz criterion	20.24301
Log likelihood	-229.6591	Hannan-Quinn criter.	20.16910
F-statistic	298.6601	Durbin-Watson stat	1.372877
Prob(F-statistic)	0.000000		

图 5-10　广义差分输出结果

Breusch-Godfrey Serial Correlation LM Test:			
F-statistic	0.963337	Prob. F(2,19)	0.3995
Obs*R-squared	2.117561	Prob. Chi-Square(2)	0.3469

图 5-11　LM 检验结果

由 LM 检验结果可知,模型已不存在序列相关。

LM 检验已超出本书范围,有兴趣的同学可参考相关计量经济学教科书。

最终模型表示为

$$\hat{Y}_t = \frac{-16.607\,83}{1-0.521\,058} + 0.226\,815X_t = -34.676\,1 + 0.226\,815X_t$$

四、科克兰内-奥克特法

科克兰内-奥克特(Cochrane-Orcutt)法要进行一系列的反复迭代计算,寻找一个更好的估计值 $\hat{\rho}$,直到消除序列相关,所以科克兰内-奥克特法又称为迭代法。其具体步骤如下。

设回归方程为 $Y_t = \alpha + \beta X_t + \mu_t$,其中 $\mu_t = \rho\mu_{t-1} + \varepsilon_t$。

(1) 利用样本数据,进行 OLS 估计,得到样本回归函数 $\hat{Y}_t = \hat{\alpha} + \hat{\beta}X_t$。

(2) 计算残差 $e_t = Y_t - (\hat{Y}_t)_{OLS}$,得残差的一阶自回归方程

$$e_t = \rho e_{t-1} + v_t \tag{5-23}$$

(3) 对式(5-23)利用 OLS 进行估计,求出 ρ 的第一次估计值 $\hat{\rho}$,即

$$\hat{\rho} = \frac{\sum_{t=2}^{T} e_t e_{t-1}}{\sum_{t=2}^{T} e_{t-1}^2}$$

(4) 利用 $\hat{\rho}$ 建立广义差分模型 $Y_t - \rho Y_{t-1} = \alpha(1-\rho) + \beta(X_t - \rho X_{t-1}) + v_t$,并用 OLS 法进行估计。检验残差序列 $\hat{v}_t$ 是否存在序列相关,如果不存在,迭代结束,求得参数估计值 $\hat{\alpha}, \hat{\beta}$;若存在序列相关,则进行第二次迭代。

（5）利用新残差序列 $\hat{v}_t$，求得

$$\hat{\rho} = \frac{\sum_{t=2}^{T} \hat{v}_t \hat{v}_{t-1}}{\sum_{t=2}^{T} \hat{v}_{t-1}^2}$$

对原模型做如下广义差分变换：

$$Y_t - \hat{\rho} Y_{t-1} = \alpha(1-\hat{\rho}) + \beta(X_t - \hat{\rho} X_{t-1}) + v_t'$$

重复这一迭代过程，直到 ρ 的估计值 $\hat{\rho}$ 收敛。实践中，一般迭代两次就可得到满意的结果。

迭代法的长处是可以得到较精确的 $\hat{\rho}$ 值，能有效地消除序列相关。

相关链接 5-8

科克兰内-奥克特法修正序列相关

EViews 8.0 软件操作步骤：

在 EViews 软件中，带 AR(1) 项的 LS 命令提供了对相关序列进行校正的回归计算过程，其实就是科克兰内-奥克特提出的二阶段迭代法，如序列相关形式为一阶自回归，在估计方程时输入 y c x AR(1) 即可，如图 5-12 所示。

单击"确定"按钮，输出回归结果如图 5-13 所示，估计结果为

$$\hat{Y}_t = 816.704\ 7 + 0.221\ 909 X_t + 0.713\ 196 AR(1)$$

$$\qquad\qquad (10.282\ 68)\quad (3.903\ 946)$$

$$R^2 = 0.982\ 547 \quad \bar{R}^2 = 0.980\ 801 \quad F = 562.952\ 5 \quad DW = 1.740\ 219$$

此时，$DW = 1.740\ 219$，$d_u < DW < 4 - d_u (d_1 = 1.26, d_u = 1.44)$，已消除序列相关。

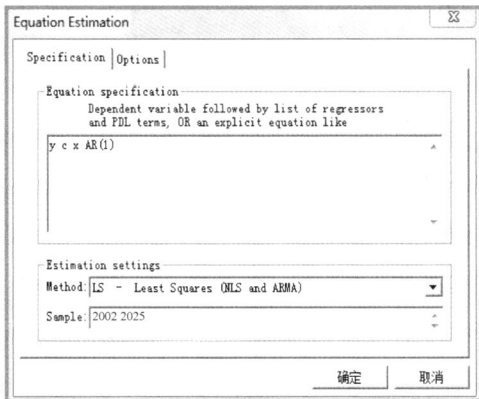

图 5-12 科克兰内-奥克特法输入界面

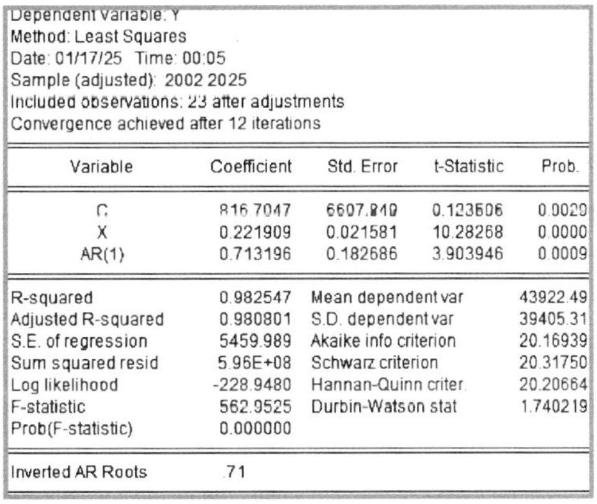

图 5-13 科克兰内-奥克特迭代法输出结果

关键术语

序列相关 一阶自回归 DW 检验法 广义差分法 科克兰内-奥克特法

闯关习题

一、即测即练

二、简述题

1. DW 检验的局限性主要有哪些？

2. 简述序列相关的原因及后果。

三、计算分析题

1. 为了研究我国经济增长和国债之间的关系，建立回归模型，得到的结果如图 5-14 所示。

Dependent Variable：DEBT				
Method：Least Squares				
Sample：2007 2025				
Included observations：19				
Variable	Coefficient	Std. Error	t-Statistic	Prob.
C	6.03	0.14	43.2	0
GDP	0.65	0.02	32.8	0
R-squared	0.981	Mean dependent var		10.53
Adjusted R-squared	0.983	S. D. dependent var		0.86
S. E. of regression	0.11	Akaike info criterion		−1.46
Sum squared resid	0.21	Schwarz criterion		−1.36
Log likelihood	15.8	F-statistic		1 075.5
Durbin-Watson stat	0.81	Prob(F-statistic)		0

图 5-14 我国经济增长与国债之间的关系模型分析结果

其中，GDP 表示国内生产总值；DEBT 表示国债发行量。

（1）写出回归方程。

（2）检验模型是否存在序列相关。

（3）如何就模型中所存在的问题对模型进行改进？（请写出具体步骤）

2. 税收收入 (Y)、工业增加值 (X_1)、建筑业增加值 (X_2)，设定模型为 $Y_t = a + \beta_1 X_{1t} + \beta_2 X_{2t} + \mu_t$，回归分析结果如图 5-15 所示。

回答下列问题：

（1）若要检验该模型是否存在序列相关，用什么方法检验？该方法需要哪些前提条件？

（2）请检验模型中是否存在序列相关？如果存在，请用广义差分法进行修正。

```
Sample：2007 2025
Included observations：20
```

Variable	Coefficient	Std. Error	t-Statistic	Prob.
C	−877.340 8	721.321 4	−1.216 297	0.240 5
X1	1.266 950	0.576 215	2.198 748	0.042 0
X2	5.827 630	3.690 389	1.579 137	0.132 7

R-squared	0.938 747	Mean dependent var		7 307.486
Adjusted R-squared	0.931 540	S. D. dependent var		6 119.737
S. E. of regression	1 601.217	Akaike info criterion		17.732 40
Sum squared resid	43 586 238	Schwarz criterion		17.881 76
Log likelihood	−174.324 0	F-statistic		130.267 8
Durbin-Watson stat	0.458 723	Prob(F-statistic)		0.000 000

图 5-15　回归分析结果

3. 表 5-2 给出了 1990—2025 年某省人均实际可支配收入 X 和人均实际消费支出 Y 的数据(以 1990 年为基期)。

表 5-2　1990—2025 年某省实际人均可支配收入及消费支出　　　　　　　元

年份	人均实际可支配收入 X	人均实际消费支出 Y	年份	人均实际可支配收入 X	人均实际消费支出 Y
1990	323.88	289.56	2008	902.67	732.21
1991	441.43	393.03	2009	903.74	748.91
1992	405.56	362.61	2010	938.01	754.47
1993	419.50	386.91	2011	1 007.82	831.85
1994	424.28	367.38	2012	1 063.88	892.82
1995	448.94	392.20	2013	1 172.91	959.39
1996	496.53	416.35	2014	1 208.54	968.19
1997	523.40	471.47	2015	1 314.42	1 041.82
1998	590.33	506.06	2016	1 417.85	1 132.74
1999	596.88	511.12	2017	1 534.77	1 209.41
2000	585.49	533.11	2018	1 662.87	1 293.19
2001	593.66	490.80	2019	1 858.69	1 359.33
2002	629.19	511.60	2020	2 005.42	1 442.08
2003	670.81	543.95	2021	2 152.08	1 544.86
2004	719.87	574.04	2022	2 471.13	1 764.00
2005	796.68	619.39	2023	2 664.46	1 895.10
2006	880.63	709.85	2024	2 949.47	2 021.17
2007	901.20	744.33	2025	3 155.93	2 142.44

资料来源:《中国统计年鉴》。

（1）用普通最小二乘法估计收入-消费模型 $Y_t = \alpha + \beta_1 X_t + v_t$ 。

（2）检验收入-消费模型的序列相关状况（5%显著性水平）。

（3）用适当的方法消除模型中存在的问题。

课外修炼

阅读课外期刊文献

序列相关是分析实证模型时经常遇到的另一个问题。它可能会影响模型的精确度，从而降低模型的可信度。下列文献主要通过理论介绍、案例分析阐述序列相关产生的原因、纠正方法，为本项目的学习提供借鉴扩展。

［1］张荷观.存在自相关时估计方法的改进［J］.数量经济技术经济研究,2010(11)：155-161.

［2］刘瑜,吴丽欣.关于自相关问题的计量分析实例［J］.中国商界,2009(11)：10-11.

［3］贾诺诺,李慧芳,钟秋海.自相关问题检验和参数估计方法研究［J］.深圳信息职业技术学院学报,2006(3)：38-42.

［4］魏冉.计量经济模型中的异方差和序列相关问题［J］.中原工学院学报,2005(6)：57-59.

［5］赵松山,白雪梅.关于自相关的分析与检验［J］.江苏统计,2001(3)：24-25.

［6］赵进文.序列相关的检验与诊断［J］.统计研究,1997(2)：63-65.

［7］王业英.序列相关检验简介［J］.中国卫生统计,1993(6)：42-43.

> 我未曾见过一个早起、勤奋、谨慎、诚实的人抱怨命运不好；良好的品格，优良的习惯，坚强的意志，是不会被假设所谓的命运击败的。
>
> ——富兰克林

6 第六章
Chapter 6
多重共线性问题

>>> **知识结构图**

>>> **学习目标**

1. 知识目标：多重共线性的含义、原因及其后果；多重共线性的检验方法,包括相关矩阵法、辅助回归模型检验、方差膨胀因子法等；多重共线性的修正,包括改变模型形式、删除自变量、减少参数估计量的方差等方法。

2. 能力目标：理解多重共线性的含义；理解多重共线产生的原因与后果；掌握多重共线性的检验方法与应用；掌握多重共线性的修正方法与应用。

>>> **情景写实**

经济学家在研究人们的消费水平时,发现除了收入因素外,人们的财富也是决定消费的一项重要因素。但从收入与财富的实际数据分析,可得出两者具有很强的相关性：富有的人一般收入也较高。从理论上看,收入与财富可以成为解释消费水平的两个变量,但实际却很难将收入与财富对消费水平的影响分离开来。

因此,在建立线性回归模型时,自变量之间的相关性是确定模型自变量的一个重要因素。

第 一 节   多重共线性问题概述

多元线性回归模型中假定任意自变量之间没有明确的线性关系。如果回归模型中自变量之间存在线性相关性,则称模型存在多重共线性问题。多重共线性违背了多元回归模型的基本假定,将影响模型回归系数的普通最小二乘估计。

一、多重共线性的含义

对于一个回归模型,$X_1, X_2, \cdots, X_k$ 为模型的 k 个自变量,如果其中的某两个或多个自变量之间存在完全或准确的线性相关性,则称该模型存在多重共线性。多重共线性分为完全多重共线性与不完全多重共线性两种类型。

当自变量之间存在完全的线性相关性时,称为完全多重共线性,用数学方法解释为,存在不全为零的数 $\lambda_1, \lambda_2, \cdots, \lambda_k$,使得式(6-1)成立:

$$\lambda_1 X_{1i} + \lambda_2 X_{2i} + \cdots + \lambda_k X_{ki} = 0, i = 1, 2, \cdots, n \tag{6-1}$$

表明模型中至少有一个自变量可以用其他自变量的线性组合表示。

当自变量之间存在近似的线性相关性时,称为不完全多重共线性。用数学方法解释为,存在不全为零的数 $\lambda_1, \lambda_2, \cdots, \lambda_k$,使得式(6-2)成立:

$$\lambda_1 X_{1i} + \lambda_2 X_{2i} + \cdots + \lambda_k X_{ki} + \mu_i = 0, i = 1, 2, \cdots, n \tag{6-2}$$

式中,μ_i 为随机误差项。

该式表明,模型中至少存在一个自变量可由其他自变量的线性组合与随机误差项 μ_i 共同表示。

相关链接 6-1

某国居民家庭电力需求模型

建立一个某国居民家庭电力需求模型,以人均居住面积和年人均可支配收入指数为解释变量。表 6-1 是一组相关数据。

表 6-1   2013—2025 年某国居民家庭电力需求相关统计数据

年度	年人均电力需求量 Y /(kW·h)	人均居住面积 X_1 /m²	年人均可支配收入指数 X_2
2013	21.2	12.45	243.17
2014	23.2	13.02	254.28
2015	26.4	13.49	265.39
2016	31.2	13.94	277.61
2017	35.3	14.42	273.49
2018	42.4	14.87	281.33
2019	46.9	15.44	289.71
2020	54.6	15.64	307.66
2021	61.2	16.99	321.07

续表

年度	年人均电力需求量 Y /(kW·h)	人均居住面积 X_1 /m^2	年人均可支配收入指数 X_2
2022	72.7	16.65	339.33
2023	83.5	17.25	356.58
2024	93.1	17.82	383.95
2025	101.8	18.33	399.85

观察表 6-1 中的数据发现,年人均可支配收入指数 X_2 越高,相应的人均居住面积 X_1 越大,说明两者可能存在较强的相关性。根据数据对 X_1 和 X_2 进行相关性分析,得出它们的相关系数为 $r_{12}=0.963\ 1>0.8$。将 X_1 对 X_2 进行回归,得到:$X_{1t}=4.112\ 7+0.036\ 8X_{2t}$,$R^2=0.927\ 6$。分析结果表明,居民收入与居住面积之间有高度的线性相关性,说明以居民收入和居住面积为解释变量的居民家庭电力需求模型存在不完全多重共线性。

二、多重共线性问题产生的原因

在现实情况中,除了人为构造的数据以外,完全多重共线性几乎是不存在的,较常见的是不完全多重共线性问题,也就是模型自变量之间存在近似或高度的相关性。这种多重共线性问题产生的原因可能有以下几点。

(1) 模型中所包含的一些自变量同时随时间呈现增减变化,具有相同的时间趋势。例如,在经济繁荣时期,社会的收入、消费、投资、通货膨胀率、就业率等经济因素都呈上升趋势;经济萧条时,这些因素又都呈下降趋势。这说明这些基本经济因素之间存在较强的共线性,若将它们引入同一个回归模型中作为自变量,会导致非常严重的多重共线性问题。

(2) 数据采集的范围有限,或采集的样本量小于模型的自变量个数。例如,在罕见疾病的研究过程中,由于病情罕见、病因又相当复杂,而只能在少数的患者身上采集大量的变量信息。

(3) 模型中的一些变量是另外一些变量的滞后变量。例如,杜森贝利相对收入假设消费函数,其简化形式为

$$C_t=\beta_0+\beta_1Y_t+\beta_2C_{t-1}+\mu_t,t=1,2,\cdots,n \tag{6-3}$$

式中,C_t、C_{t-1} 分别为第 t 期、第 $t-1$ 期的消费支出;Y_t 为第 t 期的收入;μ_t 为随机误差项。杜森贝利相对收入理论假设消费者当前的消费支出不仅受当前收入的影响,同时受过去的收入与消费习惯的影响。显然,第 t 期的收入 Y_t 与第 $t-1$ 期的消费支出 C_{t-1} 具有较强的相关性。

(4) 实际中,模型的一些自变量之间存在密切的关系。例如,建立一个服装需求模型,模型以消费者收入与服装价格为解释变量。在现实生活中,收入较高的消费者购买的服装价格也相对较高;反之亦然,说明消费者收入与服装价格之间存在较强的线性相关性,模型存在多重共线性问题。

三、多重共线性的后果

在多元回归模型中,不管是存在完全多重共线性,还是存在不完全多重共线性,都会对模型回归系数的普通最小二乘估计产生严重的影响。下面以二元线性回归模型为例进行说明。

（一）完全多重共线性的情况

在此种情况下,模型回归系数的普通最小二乘参数估计值无法确定,并且估计量的方差为无穷大。

二元线性回归模型的基本形式如下:

$$Y_i = \beta_0 + \beta_1 X_{1i} + \beta_2 X_{2i} + \mu_i, i = 1, 2, \cdots, n \tag{6-4}$$

由第三章的结论可知,回归系数 β_1 的普通最小二乘估计量及其方差分别为

$$\hat{\beta}_1 = \frac{\left(\sum y_i x_{1i}\right)\left(\sum x_{2i}^2\right) - \left(\sum y_i x_{2i}\right)\left(\sum x_{1i} x_{2i}\right)}{\left(\sum x_{1i}^2\right)\left(\sum x_{2i}^2\right) - \left(\sum x_{1i} x_{2i}\right)^2} \tag{6-5}$$

$$\mathrm{var}(\hat{\beta}_1) = \frac{\sigma^2}{\sum x_{1i}^2 (1 - r_{12}^2)} \tag{6-6}$$

若模型存在完全多重共线性,则模型自变量 X_1 与 X_2 的相关系数 $r_{12} = 1$,并且存在不为零的常数 λ,使得 $X_{2i} = \lambda X_{1i}$,代入上述估计量及其方差中得

$$\hat{\beta}_1 = \frac{\left(\sum y_i x_{1i}\right)\left(\sum \lambda^2 x_{1i}^2\right) - \left(\sum \lambda y_i x_{1i}\right)\left(\sum \lambda x_{1i}^2\right)}{\left(\sum x_{1i}^2\right)\left(\sum \lambda^2 x_{1i}^2\right) - \left(\sum \lambda x_{1i}^2\right)^2} = \frac{0}{0} \tag{6-7}$$

$$\mathrm{var}(\hat{\beta}_1) = \frac{\sigma^2}{\sum x_{1i}^2 (1 - 1)} = \infty \tag{6-8}$$

可见, $\hat{\beta}_1$ 无法确定,且 $\mathrm{var}(\hat{\beta}_1) = \infty$。同理, $\hat{\beta}_2$ 也无法确定,且 $\mathrm{var}(\hat{\beta}_2) = \infty$。

（二）不完全多重共线性情况

在此种情况下,对模型可能产生的后果主要有以下几点。

（1）不完全多重共线性问题存在的情况下,模型回归系数的普通最小二乘估计量存在,并且仍然是最优线性无偏估计量。也就是说,在回归系数的所有线性无偏估计量中,普通最小二乘估计量的方差是最小的,但是方差在不完全多重共线性的影响下变大,使得估计量的可靠度降低。

以上述的二元线性回归模型为例,回归系数 β_1 的普通最小二乘估计量的方差为

$$\mathrm{var}(\hat{\beta}_1) = \frac{\sigma^2}{\sum x_{1i}^2 (1 - r_{12}^2)} \tag{6-9}$$

引入方差膨胀因子(Variance Inflation Factor, VIF),定义为

$$\mathrm{VIF} = \frac{1}{1 - r_{12}^2} \tag{6-10}$$

推广到 k 元回归模型中,模型回归系数估计量 $\hat{\beta}_j$ 的方差为

$$\mathrm{var}(\hat{\beta}_j) = \frac{\sigma^2}{\sum x_j^2 (1 - R_j^2)} = \frac{\sigma^2}{\sum x_j^2} \mathrm{VIF}_j \tag{6-11}$$

式中,方差膨胀因子为

$$\mathrm{VIF}_j = \frac{1}{1 - R_j^2} \tag{6-12}$$

式中, R_j^2 代表自变量 X_j 对其余自变量做回归模型的拟合优度。

因此，$\hat{\beta}_1$ 的方差可表示为

$$\mathrm{var}(\hat{\beta}_1) = \frac{\sigma^2}{\sum x_{1i}^2} \, \mathrm{VIF} \tag{6-13}$$

根据方差膨胀因子 VIF 的表达式，可以看出 VIF 与 $\hat{\beta}_1$ 的方差成正比，能够反映估计量 $\hat{\beta}_1$ 的方差的增长速度。若二元回归模型存在不完全多重共线性，则自变量 X_1 与 X_2 的相关系数 $0.8 < r_{12} < 1$。线性相关的程度越大，即相关系数 r_{12} 越接近 1，方差膨胀因子 VIF 越大并趋于无穷。此时普通最小二乘估计量 $\hat{\beta}_1$ 的方差也迅速增大，同时趋于无穷。

（2）回归系数的普通最小二乘估计量的经济含义不合理。如普通最小二乘估计量 $\hat{\beta}_1$ 的意义是：在自变量 X_2 维持不变的情况下，自变量 X_1 每变化一个单位时因变量 Y 的均值的变化率。然而，模型在存在不完全多重共线性的问题时，自变量 X_1 和 X_2 是高度线性相关的。因此无法做到保持变量 X_2 不变的情况下，只变化变量 X_1 的值。也就是说，此时 $\hat{\beta}_1$ 反映的是自变量 X_1 和 X_2 对因变量 Y 的共同影响，而不是 X_1 对 Y 的独立影响，并且没有方法度量 $\hat{\beta}_1$ 中自变量 X_1、X_2 对因变量 Y 的各自影响的大小。因此，$\hat{\beta}_1$ 失去了原本的经济含义。

（3）回归模型的拟合优度 R^2 较大，但是变量的显著性检验 t 值变小，不显著的可能性变大。如对变量 X_1 进行显著性检验，原假设为 $\beta_1 = 0$，检验统计量 t 值为 $\hat{\beta}_1 / s(\hat{\beta}_1)$。如前所述，当自变量 X_1、X_2 存在高度线性相关，并且相关程度越来越高时，β_1 的方差和标准差迅速增大，从而使得 t 值变小，接受原假设的可能性增大，即变量无法通过显著性检验的概率增大。

相关链接 6-2

多重共线性的后果

引用表 6-1 中某国居民家庭电力需求模型的数据，以人均居住面积 X_1 和年人均可支配收入指数 X_2 为解释变量，年人均电力需求量 Y 为因变量建立二元回归模型，模型在 EViews 8.0 软件中的运行结果如图 6-1 所示。

Dependent Variable: Y
Method: Least Squares
Date: 02/05/25　Time: 22:35
Sample: 1 13
Included observations: 13

	Coefficient	Std. Error	t-Statistic	Prob.
X1	2.808595	1.605994	1.748820	0.1109
X2	0.440850	0.061316	7.189749	0.0000
C	-125.3530	8.362488	-14.98992	0.0000

R-squared	0.990916	Mean dependent var	53.34615
Adjusted R-squared	0.989100	S.D. dependent var	27.26563
S.E. of regression	2.846668	Akaike info criterion	5.129350
Sum squared resid	81.03519	Schwarz criterion	5.259723
Log likelihood	-30.34077	Hannan-Quinn criter.	5.102552
F-statistic	545.4382	Durbin-Watson stat	1.338435
Prob(F-statistic)	0.000000		

图 6-1　某国电力需求模型回归结果

由回归结果得到二元回归方程

$$\hat{Y}_t = -125.353\,0 + 2.808\,6X_{1t} + 0.440\,9X_{2t} \tag{6-14}$$

模型的拟合优度 $R^2 = 0.991\,0$，总体的 F 检验显著。自变量的 t 检验结果只有自变量 X_2 是显著的，而自变量 X_1 的显著性检验 t 值为 $1.748\,82$（不显著），这意味着只有年人均可支配收入指数 X_2 对年人均电力需求量 Y 有显著影响，而人均居住面积 X_1 对年人均电力需求量 Y 没有显著的影响。

现在单独做年人均电力需求量 Y 对人均居住面积 X_1 的线性回归，得到回归结果为

$$\hat{Y}_t = -113.802\,2 + 0.544\,1X_{1t} \tag{6-15}$$

$$t = (-20.364\,4) \quad (30.271\,2) \quad R^2 = 0.988\,1$$

结果表明，人均居住面积 X_1 对年人均电力需求量 Y 有显著影响。

另外，单独做年人均电力需求量 Y 对年人均可支配收入指数 X_2 的线性回归，得到回归结果为

$$\hat{Y}_t = -161.285\,9 + 13.929\,5X_{2t} \tag{6-16}$$

$$t = (-10.157\,7) \quad (13.612\,14) \quad R^2 = 0.944\,0$$

结果表明，年人均可支配收入指数 X_2 对年人均电力需求量 Y 也有显著影响。

前面已阐述变量 X_1 与 X_2 之间高度线性相关，模型存在多重共线性。从上面三个回归模型的回归结果可以发现，在多重共线性存在的情况下，将两个高度相关并且对因变量都有显著影响的自变量同时放入回归模型中，回归的拟合优度 R^2 值很大，但是回归结果可能使其中的一个自变量不显著。

第二节　多重共线性的检验

在意识到多重共线性可能产生的后果之后，该如何解决多重共线性问题呢？在此之前，首先需要明确模型中是否存在多重共线性问题，也就是找到检验多重共线性是否确切存在的方法。本章第一节以简单的二元回归模型为例，已对多重共线性问题作出说明，可以发现检验二元线性回归模型的多重共线性方法比较简单，只需计算两个解释变量的相关系数，判断是否达到高度相关的程度。那么，如何检验多元线性回归模型中是否存在多重共线性，即检验是否存在两个或多个自变量完全或高度线性相关，这将涉及更复杂的多个自变量之间的相关性问题。

一、多重共线性的检验方法

多重共线性本质上是一种样本特征，而不是总体特征。它是基于对解释变量的非实验数据的研究所得出的结果，更确切地说，样本决定了模型中多重共线性的程度。因此，目前检验多重共线性的多种方法，其实是基于样本数据研究的一些经验规则，并没有一种被普遍接受。下面介绍几种常见的检验方法。

（一）R^2 值大而显著的 t 值比率小

考查多元线性回归模型的回归结果,如果模型的拟合优度 R^2 值很大(超过 0.8),但是模型的多个或全部解释变量的 t 检验结果不显著,说明模型可能存在多重共线性问题。这是线性回归模型存在多重共线性问题的一个"经典"标志。如相关链接 6-2 中,我国居民家庭电力需求模型存在多重共线性,模型的拟合优度 $R^2 = 0.991\,0 > 0.8$,而两个解释变量中人均居住面积 X_1 的 t 检验结果却不显著。

（二）相关矩阵法

检验多重共线性的另一种较普遍的方法是利用模型自变量的相关矩阵。对于多元线性回归模型

$$Y_i = \beta_0 + \beta_1 X_{1i} + \beta_2 X_{2i} + \cdots + \beta_k X_{ki} + \mu_i , i = 1, 2, \cdots, n \tag{6-17}$$

模型自变量 $X_1, X_2, \cdots, X_k$ 的相关系数矩阵为

$$\boldsymbol{R} = \begin{bmatrix} r_{11} & \cdots & r_{1k} \\ \vdots & & \vdots \\ r_{k1} & \cdots & r_{kk} \end{bmatrix} = \begin{bmatrix} 1 & \cdots & r_{1k} \\ r_{21} & \cdots & r_{2k} \\ \vdots & \vdots & \vdots \\ r_{k1} & \cdots & 1 \end{bmatrix} \tag{6-18}$$

式中,$r_{ij}(i, j = 1, 2, \cdots, k)$ 是自变量 X_i 与 X_j 的相关系数。显然,每个自变量都与自身完全相关,因此相关系数矩阵 $\boldsymbol{R}$ 对角线上的元素值均为 1,而矩阵非对角线上的元素则包含所有自变量两两之间的相关系数。如果这些相关系数中存在部分相关系数绝对值大于 0.8,说明该相关系数涉及的两个自变量之间存在高度线性关系,那么模型就存在不完全多重共线性。

但仔细思考又会发现一个问题,相关系数矩阵反映的是两两自变量之间的相关程度,那么,如果相关矩阵 $\boldsymbol{R}$ 上的所有元素的绝对值均小于 0.8,能够说明该模型不存在多重共线性吗?答案是不能。这是由于矩阵 $\boldsymbol{R}$ 中的所有相关系数绝对值小于或等于 0.8,只能说明模型中所有自变量两两之间不相关,并不代表模型的三个或者三个以上的自变量之间不存在高度相关关系,因此不能说明此时模型不存在多重共线性问题。这就是相关矩阵法的局限所在。

（三）辅助回归模型检验

根据多重共线性的性质,即模型中至少存在一个自变量可以由其他自变量的准确或近似线性组合表示。那么,如果找出一个或者多个自变量与其他自变量的这种准确或近似的线性关系,就能够说明模型存在多重共线性。因此,考虑做每一个自变量 X_j 对其他自变量的线性回归模型,并计算出相应的拟合优度 R_j^2,这样的回归模型称为辅助回归模型。模型的形式为

$$X_{ji} = \alpha_0 + \alpha_1 X_{1i} + \cdots + \alpha_{j-1} X_{(j-1)i} + \alpha_{j+1} X_{(j+1)i} + \cdots + \alpha_k X_{ki} + \mu_i \tag{6-19}$$

式中,$i = 1, 2, \cdots, n$;$j = 1, 2, \cdots, k$。

辅助回归模型的拟合优度记为 R_j^2。做模型中的每个自变量对其他自变量的线性回归模型,得到 k 个回归模型及相应的拟合优度 $R_1^2, R_2^2, \cdots, R_k^2$。如果这 k 个回归模型中存在较大的拟合优度(大于 0.8),并且模型的总体 F 检验显著,则说明该模型中作为因变量的 X_j 可由其他自变量的近似线性组合表示,即模型存在多重共线性问题。

（四）方差膨胀因子法

前面已经介绍了方差膨胀因子 VIF,当自变量间的共线性程度增大时,VIF 值也随之增

大。所以,部分学者也利用方差膨胀因子来检验多重共线性问题。一般来说,当 VIF＞10
时,VIF 涉及的两个变量存在高度线性相关,模型存在不完全多重共线性。

方差膨胀因子法是度量模型共线性程度的经验法则之一。但是这种方法也存在一定的
弊端。由多元回归模型最小二乘估计量 $\hat{\beta}_j$ 的方差表达式可知,$\text{var}(\hat{\beta}_j)$ 的值同时决定于 σ^2、
$\sum x_j^2$、VIF 值的大小。那么一个高的 VIF 值并不代表估计量 $\hat{\beta}_j$ 的方差值也会高,它可以
被一个较小的 σ^2 值和一个较大的 $\sum x_j^2$ 值所抵消。也就是说,一个较高的方差膨胀因子,能
够说明模型较高程度的多重共线性问题,但是并不一定会使得模型回归系数估计量的方差
也变大。

相关链接6-3

容　许　度

方差膨胀因子的倒数称为容许度(tolerance,TOL),即

$$\text{TOL}_j = \frac{1}{\text{VIF}_j} = 1 - R_j^2 \tag{6-20}$$

显然,容许度值介于 0 和 1 之间。TOL_j 值越大,相关系数 R_j^2 越小,说明模型中变量的
共线性程度越小;相反,TOL_j 越小,则相关系数 R_j^2 越大,说明模型中变量的共线性程度越
大。因此,也可以利用容许度值来判断模型共线性程度的高低。

二、多重共线性检验的应用

前面介绍了几种常见的多重共线性检验方法。下面以某国旅游市场收入模型为例,运
用上述几种方法检验模型中的多重共线性问题。根据研究分析,某国全国旅游收入 Y 的影
响因素主要有国内旅游人数 X_1、城镇居民人均旅游支出 X_2、农村居民人均旅游支出 X_3、公
路里程 X_4、铁路里程 X_5。已知某国 2016—2025 年旅游收入及相关因素的统计数据
(表 6-2),建立某国旅游市场收入模型,检验模型是否存在多重共线性。

表 6-2　某国 2016—2025 年旅游收入及相关因素的统计数据

年份	全国旅游收入 Y/亿元	国内旅游人数 X_1/(万人/次)	城镇居民人均旅游支出 X_2/元	农村居民人均旅游支出 X_3/元	公路里程 X_4/万 km	铁路里程 X_5/万 km
2016	1 023.5	52 400	414.7	54.9	111.78	5.90
2017	1 375.7	62 900	464.0	61.5	115.70	5.97
2018	1 638.4	63 900	534.1	70.5	118.58	6.49
2019	2 112.7	64 400	599.8	145.7	122.64	6.60
2020	2 391.2	69 450	607.0	197.0	127.85	6.64
2021	2 831.9	71 900	614.8	249.5	135.17	6.74
2022	3 175.5	74 400	678.6	226.6	140.27	6.87
2023	3 522.4	78 400	708.3	212.7	169.80	7.01
2024	3 878.4	87 800	739.7	209.1	176.52	7.19
2025	3 442.3	87 000	684.9	200.0	180.98	7.30

利用 EViews 8.0 软件,以某国全国旅游收入 Y 为因变量,国内旅游人数 X_1、城镇居民人均旅游支出 X_2、农村居民人均旅游支出 X_3、公路里程 X_4、铁路里程 X_5 为自变量,建立多元线性回归模型,模型的回归结果如图 6-2 所示。

```
Dependent Variable: Y
Method: Least Squares
Date: 02/05/25  Time: 22:31
Sample: 1 10
Included observations: 10
```

	Coefficient	Std. Error	t-Statistic	Prob.
X1	0.013088	0.012692	1.031172	0.3607
X2	5.438193	1.380395	3.939591	0.0170
X3	3.271773	0.944215	3.465073	0.0257
X4	12.98624	4.177929	3.108296	0.0359
X5	-563.1077	321.2830	-1.752685	0.1545
C	-274.3773	1316.690	-0.208384	0.8451

R-squared	0.995406	Mean dependent var	2539.200
Adjusted R-squared	0.989664	S.D. dependent var	985.0327
S.E. of regression	100.1433	Akaike info criterion	12.33479
Sum squared resid	40114.74	Schwarz criterion	12.51634
Log likelihood	-55.67396	Hannan-Quinn criter.	12.13563
F-statistic	173.3525	Durbin-Watson stat	2.311565
Prob(F-statistic)	0.000092		

图 6-2　某国旅游市场收入模型回归结果

由图 6-2 所示的回归结果得到模型的回归方程为

$$\hat{Y}_t = -274.377\,3 + 0.013\,1X_{1t} + 5.438\,2X_{2t} + 3.271\,8X_{3t} + 12.986\,2X_{4t} - 563.107\,7X_{5t}$$

$$(6\text{-}21)$$

$$t = (-0.208\,4)(1.031\,2)(3.939\,6)(3.465\,1)(3.108\,3)(-1.752\,7)$$

$$R^2 = 0.995\,4, \ DW = 2.311\,6, \ F = 173.352\,5$$

下面运用前面介绍的四种方法检验模型的多重共线性。

方法一: R^2 值大而显著的 t 值比率小。

根据图 6-2 所示的回归结果可知,模型回归的拟合优度为 $R^2 = 0.995\,4 > 0.8$,总体的 F 检验显著。但是模型的五个自变量的 t 检验中,自变量 X_1、X_5 的回归系数不显著,并且按照现实经验,全国旅游收入 Y 与铁路里程 X_5 呈正相关关系。而回归结果自变量 X_5 的回归系数为负数,与现实相反。这些现象表明模型可能存在较严重的多重共线性问题。

方法二: 相关矩阵法。

运用 EViews 8.0 软件计算出模型自变量的相关系数矩阵,如图 6-3 所示。

```
Group: UNTITLED  Workfile: 2::2\
View Proc Object | Print Name Freeze | Sample Sheet Stats Spec
```

Correlation					
	X1	X2	X3	X4	X5
X1	1.000000	0.918851	0.751960	0.947977	0.941681
X2	0.918851	1.000000	0.865145	0.859191	0.963313
X3	0.751960	0.865145	1.000000	0.664946	0.818137
X4	0.947977	0.859191	0.664946	1.000000	0.897708
X5	0.941681	0.963313	0.818137	0.897708	1.000000

图 6-3　模型自变量的相关系数矩阵

从相关系数矩阵可以看出,模型中的各自变量之间普遍存在较强的线性相关性,说明该模型存在较严重的多重共线性问题。

方法三:辅助回归模型检验。

建立每个自变量对其他自变量的辅助回归模型,分别得到以下回归结果。

(1) X_1 对 X_2、X_3、X_4、X_5 的回归方程为

$$X_{1t} = -15\,041.21 + 19.910\,2X_{2t} + 1.955\,0X_{3t} + 227.901\,5X_{4t} - 6\,303.473X_{5t}$$
$$(6\text{-}22)$$

$$t = (-0.327\,67) \quad (0.416\,4) \quad (0.058\,8) \quad (2.145\,5) \quad (0.574\,9)$$
$$R_1^2 = 0.944\,0, \text{DW} = 2.585\,2, F = 21.090\,3$$

(2) X_2 对 X_1、X_3、X_4、X_5 的回归方程为

$$X_{2t} = -523.924\,6 + 0.001\,7X_{1t} + 0.336\,9X_{3t} - 0.152\,5X_{4t} + 146.167\,4X_{5t}$$
$$(6\text{-}23)$$

$$t = (-1.469\,8) \quad (0.416\,4) \quad (1.265\,6) \quad (-0.112\,8) \quad (1.804\,5)$$
$$R_2^2 = 0.948\,3, \text{DW} = 1.772\,8, F = 22.943\,0$$

(3) X_3 对 X_1、X_2、X_4、X_5 的回归方程为

$$X_{3t} = -255.930\,1 + 0.000\,4X_{1t} + 0.720\,1X_{2t} - 1.005\,2X_{4t} + 14.809\,8X_{5t} \quad (6\text{-}24)$$
$$t = (-0.417\,5) \quad (0.058\,8) \quad (1.265\,6) \quad (-0.521\,6) \quad (0.097\,4)$$
$$R_3^2 = 0.772\,7, \text{DW} = 1.363\,4, F = 4.249\,6$$

(4) X_4 对 X_1、X_2、X_3、X_5 的回归方程为

$$X_{4t} = -83.226\,0 + 0.002\,1X_{1t} - 0.016\,6X_{2t} - 0.051\,3X_{3t} + 13.747\,5X_{5t} \quad (6\text{-}25)$$
$$t = (-0.612\,2) \quad (2.145\,5) \quad (-0.112\,8) \quad (-0.521\,6) \quad (0.406\,3)$$
$$R_4^2 = 0.907\,6, \text{DW} = 1.767\,9, F = 12.280\,6$$

(5) X_5 对 X_1、X_2、X_3、X_4 的回归方程为

$$X_{5t} = 3.992\,6 + 9.84 \times 10^{-6}X_{1t} + 0.002\,7X_{2t} - 0.000\,1X_{3t} + 0.002\,3X_{4t} \quad (6\text{-}26)$$
$$t = (9.658\,1) \quad (0.574\,9) \quad (1.804\,5) \quad (0.097\,4) \quad (0.406\,3)$$
$$R_5^2 = 0.950\,1, \text{DW} = 2.208\,4, F = 23.824\,3$$

从上述的辅助回归结果可知,除了自变量 X_3 对 X_1、X_2、X_4、X_5 的回归模型拟合优度 R_3^2 较小,并且模型总体没有通过 F 检验,其他四个回归模型的拟合优度均较高,并且模型总体均通过 F 检验。由此说明,模型自变量 X_1、X_2、X_3、X_4、X_5 之间存在较高的线性相关性,模型存在较严重的多重共线性。

方法四:方差膨胀因子法。

将方法三中得到的辅助回归模型的各拟合优度代入式 $\text{VIF}_j = \dfrac{1}{1-R_j^2}$,计算得到的方差膨胀因子值分别为:$\text{VIF}_1 = 17.857\,1$,$\text{VIF}_2 = 19.342\,4$,$\text{VIF}_3 = 4.399\,5$,$\text{VIF}_4 = 10.822\,5$,$\text{VIF}_5 = 20.040\,1$。可以看出,除了 $\text{VIF}_3 < 10$,其余的方差膨胀因子值均大于 10,表明模型中存在较严重的多重共线性问题。

第 三 节　多重共线性的修正

多重共线性的检验主要研究了模型是否存在多重共线性以及共线性程度高低的问题。那么,接下来该如何修正多重共线性呢? 在研究这个问题之前,首先要明确多重共线性的存在对模型而言并不都是不利的。如果建立回归模型的目的在于预测,那么只要模型的拟合效果好,即模型的拟合优度高,这样建立良好的预测模型的目的就达到了。而多重共线性的存在并不影响预测的效果,甚至可能有所帮助。

例如,在某国居民家庭电力需求模型的研究中,年人均电力需求量 Y 对人均居住面积 X_1 和年人均可支配收入指数 X_2 的回归模型拟合优度 $R^2 = 0.991\ 0$,模型的拟合效果非常好,而单独建立 Y 对 X_1 和 Y 对 X_2 的回归模型拟合优度分别为 $0.988\ 1$ 和 $0.944\ 0$。由此可见,在消除多重共线性的情况下,模型的拟合效果反而下降了。因此,如果我们的目的不仅是预测,而是进一步建立更加准确的回归模型,就必须修正多重共线性问题。

一、多重共线性的修正方法

由于多重共线性是一种样本现象,是某一特定样本的特征,因此,与多重共线性的检验方法一样,多重共线性的修正也没有一个确保无误的方法,而是一些经验规则。下面介绍几种主要方法。

(一) 改变模型的形式

有时模型设定不当也会产生多重共线性问题,因此可以通过变换模型的函数形式或改变模型自变量的形式来降低多重共线性的程度。

▶ 1. 变换模型的函数形式

例如,将线性回归模型转化为对数模型或者多项式模型。

多元线性回归模型的基本形式为

$$Y_i = \beta_0 + \beta_1 X_{1i} + \beta_2 X_{2i} + \cdots + \beta_k X_{ki} + \mu_i, i = 1, 2, \cdots, n \tag{6-27}$$

转化为对数模型为

$$\ln(Y_i) = \beta_0 + \beta_1 \ln(X_{1i}) + \beta_2 \ln(X_{2i}) + \cdots + \beta_k \ln(X_{ki}) + \mu_i, i = 1, 2, \cdots, n \tag{6-28}$$

▶ 2. 改变模型自变量的形式

一般而言,对于横截面数据可以采用相对数变量,时间序列数据则采用差分变量。

(1) 相对数变量。例如,某一商品需求模型,以商品需求量 Y 为因变量,消费者可支配收入 X_1、商品价格 X_2、替代商品价格 X_3 为自变量,建立多元线性回归模型:

$$Y_i = \beta_0 + \beta_1 X_{1i} + \beta_2 X_{2i} + \beta_3 X_{3i} + \mu_i, i = 1, 2, \cdots, n \tag{6-29}$$

在实际中,商品价格 X_2 与替代商品价格 X_3 往往存在高度线性关系。此时可以采用商品价格与替代商品价格的相对价格 $P_i = X_{2i} / X_{3i}$ 代替价格变量。用相对数变量替换后的商品需求模型转化为

$$Y_i = \beta_0 + \beta_1 X_{1i} + \beta_2 P_i + \mu_i, i = 1, 2, \cdots, n \tag{6-30}$$

自变量替换后,相对价格 P_i 包含了所有价格信息对商品需求量的影响,有效地消除由

于商品价格与替代商品价格引起的高度多重共线性问题。

(2) 差分变量。对于以时间序列数据为样本的线性回归模型,将模型中所有变量进行差分后形成新变量,然后建立新的线性回归模型

$$\Delta Y_t = \beta_0 + \beta_1 \Delta X_{1t} + \beta_2 \Delta X_{2t} + \cdots + \beta_k \Delta X_{kt} + \mu_t, t = 1, 2, \cdots, n \quad (6\text{-}31)$$

式中,$\Delta Y_t = Y_t - Y_{t-1}$;$\Delta X_{it} = X_{it} - X_{i(t-1)}$,$i = 1, 2, \cdots, k$。

一般地,时间序列数据经过差分后的变量之间线性关系程度会大大降低。所以,用差分变量代替原始变量能够降低原模型的多重共线性程度。

相关链接6-4

改变模型的形式

运用改变模型形式的方法处理相关链接6-1中某国居民家庭电力需求模型的多重共线性问题。

(1) 考虑将模型变换为对数模型。电力需求对数模型拟合结果如图6-4所示。

	Coefficient	Std. Error	t-Statistic	Prob.
Dependent Variable: LNY				
Method: Least Squares				
Date: 02/08/25 Time: 10:20				
Sample: 1 13				
Included observations: 13				
LNX1	3.008058	0.574524	5.235737	0.0004
LNX2	1.003509	0.454152	2.209634	0.0516
C	-10.09098	1.151738	-8.761518	0.0000
R-squared	0.988284	Mean dependent var		3.850234
Adjusted R-squared	0.985941	S.D. dependent var		0.532496
S.E. of regression	0.063139	Akaike info criterion		-2.487767
Sum squared resid	0.039866	Schwarz criterion		-2.357394
Log likelihood	19.17049	Hannan-Quinn criter.		-2.514565
F-statistic	421.7588	Durbin-Watson stat		2.193484
Prob(F-statistic)	0.000000			

图 6-4   电力需求对数模型拟合结果

对数模型拟合方程为

$$\ln(Y_t) = -10.091\ 0 + 3.008\ 1\ln(X_{1t}) + 1.003\ 5\ln(X_{2t}) + \mu_t \quad (6\text{-}32)$$
$$t = (-8.761\ 5)\quad(5.235\ 7)\quad(2.209\ 6)$$
$$R^2 = 0.988\ 3, DW = 2.193\ 5, F = 421.758\ 8$$

从拟合结果可以发现,对数模型也拥有很高的拟合优度 R^2,并且自变量 $\ln(X_1)$ 与 $\ln(X_2)$ 的回归系数均显著。这说明改变原模型为对数模型之后,消除了模型中由于多重共线性而引起的 t 值不显著的后果。

(2) 由于模型涉及 2013—2025 年某国居民家庭电力需求相关统计数据,是一组时间序列数据,因此可以考虑用差分变量代替原始变量建立模型。模型拟合结果如图6-5所示。

新模型回归方程为

$$\Delta Y_t = 4.459\ 3 - 1.989\ 9\Delta X_{1t} + 0.247\ 6\Delta X_{2t} + \mu_t \quad (6\text{-}33)$$
$$t = (2.418\ 3)\quad(-1.001\ 3)\quad(2.521\ 3)$$
$$R^2 = 0.473\ 7, DW = 0.838\ 7, F = 4.050\ 8$$

从上述回归结果可以发现,运用差分变量替换原始变量之后,模型的拟合优度 R^2 很低,

```
Dependent Variable: DY
Method: Least Squares
Date: 02/08/25   Time: 10:47
Sample: 1 12
Included observations: 12
```

	Coefficient	Std. Error	t-Statistic	Prob.
DX1	-1.989930	1.987306	-1.001320	0.3428
DX2	0.247567	0.098192	2.521254	0.0327
C	4.459332	1.844009	2.418281	0.0387

R-squared	0.473736	Mean dependent var	6.716667
Adjusted R-squared	0.356788	S.D. dependent var	3.059659
S.E. of regression	2.453861	Akaike info criterion	4.845521
Sum squared resid	54.19291	Schwarz criterion	4.966747
Log likelihood	-26.07312	Hannan-Quinn criter.	4.800638
F-statistic	4.050841	Durbin-Watson stat	0.838650
Prob(F-statistic)	0.055644		

图 6-5　差分变量替换后的电力需求模型拟合结果

并且模型总体以及其中一个变量没有通过显著性检验。继续考查差分变量替换后,模型自变量相关关系的变化情况。差分变量 ΔX_1 和 ΔX_2 的相关系数为 $r_{12} = -0.122\,8$,而原自变量 X_1 和 X_2 的相关系数为 $r_{12} = 0.963\,1$。由此可见,原变量经过差分后,它们之间已不存在高度线性相关性。综合以上的实例分析,结果表明运用差分变量替换原变量的方法,能够大幅度地降低变量的线性相关程度,从而消除模型的多重共线性。但需要注意的是,用差分变量替换后的新模型回归结果不一定比原模型好。因此,我们要考虑建模的目的以及模型效果等因素,决定能否应用差分变量替换方法处理多重共线性问题。

(二)删除自变量

▶ **1. 删除不重要的自变量**

如果模型中存在对因变量没有显著影响的自变量,或者该自变量对因变量的影响能够被其他自变量所替代,那么这样的自变量可以直接删除。从而减少自变量信息的重叠,减弱模型多重共线性的程度。需要注意的是,在删除自变量时,必须从实际经济理论分析出发,确定该自变量相对不重要或可被替代。如果自变量删除不当,将会导致模型设定误差问题,即模型未被正确设定,从而严重影响模型参数估计结果。

▶ **2. 逐步回归法——删除引起共线性的自变量**

多重共线性问题的本质是模型中存在完全或高度线性相关的自变量,因此处理多重共线性问题的一个直接的思路就是删除一个或多个引起共线性的自变量。逐步回归法是常用并较有效的删除共线性自变量的方法。逐步回归法的基本思想是先将因变量对每个自变量做线性回归方程,称为基本回归方程。根据基本回归方程的回归结果判断自变量对因变量的贡献大小,将贡献最大的自变量作为基础变量,然后逐一加入其他变量进行回归,每引入一个新的变量时,都要检验新建立的模型的拟合效果是否有显著提高,并且新模型中先前引入的自变量是否显著。如果不显著就将其剔除,从而保证回归方程中均为显著变量,直到没有显著的变量可以引入模型。然而,逐步回归法剔除自变量时,同样需要考虑实际的经济理论,以免产生模型设定误差问题。

(三)减小参数估计量的方差

▶ **1. 增加样本量**

由于多重共线性是一种样本特征,对于不同样本建立的模型,多重共线性的严重程度也可能不同。增大样本量能够减轻多重共线性引起的参数估计量方差变大的后果。例如,对于二元线性回归模型,回归系数估计量的方差为

$$\mathrm{var}(\hat{\beta}_1) = \frac{\sigma^2}{\sum x_{1i}^2(1-r_{12}^2)} \tag{6-34}$$

一般而言,当样本量增大时,$\sum x_{1i}^2$ 也会增大,从而起到减小 $\hat{\beta}_1$ 方差的作用,增大 β_1 估计的准确度。

但在实际研究工作中,采集更多观测信息需要花费较大的成本,并且新增观测数据的产生过程较难与原来数据的产生保持一致。

▶ 2. 岭回归法

岭回归法是由 Hoerl 在 1962 年首先提出,并在 1970 年与 Kennard 共同合作发展起来的一种改良的最小二乘法。它是在普通最小二乘法的基础上,牺牲其无偏性,引入偏误,从而降低参数估计量的方差,以此来处理多重共线性产生的后果。

多元回归模型的普通最小二乘估计量的形式为

$$\hat{\beta} = (\boldsymbol{X}^\top \boldsymbol{X})^{-1} \boldsymbol{X}^\top \boldsymbol{Y} \tag{6-35}$$

岭回归法在矩阵 $\boldsymbol{X}^\top \boldsymbol{Y}$ 的主对角线元素上加上一组正常数,得到回归系数的岭回归估计量为

$$\hat{\beta}(l) = (\boldsymbol{X}^\top \boldsymbol{X} + l\boldsymbol{I})^{-1} \boldsymbol{X}^\top \boldsymbol{Y} \tag{6-36}$$

式中,矩阵 $\boldsymbol{I}$ 为单位矩阵;l 为大于 0 的常数,称为岭参数。

岭回归在矩阵 $\boldsymbol{X}^\top \boldsymbol{X}$ 上加上了对角线为正常数的矩阵 $l\boldsymbol{I}$,降低了矩阵 $\boldsymbol{X}^\top \boldsymbol{X}$ 的病态程度,使得参数估计量 $\hat{\beta}(l)$ 更稳定,降低了 $\hat{\beta}(l)$ 的方差。岭回归法主要面临的问题是怎样确定正常数 l。目前 l 值的估计方法有多种,下面介绍由 Hoerl 和 Kennard 在 1975 年介绍的一种估计方法。

对于多元回归模型

$$Y_i = \beta_0 + \beta_1 X_{1i} + \beta_2 X_{2i} + \cdots + \beta_k X_{ki} + \mu_i, i=1,2,\cdots,n \tag{6-37}$$

首先对模型的因变量与自变量做标准化和中心化处理,得到处理后的变量为

$$X_{ji}^* = \frac{X_{ji} - \overline{X}_j}{\sqrt{\sum_{j=1}^{k}(X_{ji} - \overline{X}_j)^2}} \tag{6-38}$$

$$Y_i^* = \frac{Y_i - \overline{Y}}{\sqrt{\sum_{j=1}^{k}(Y_i - \overline{Y})^2}} \tag{6-39}$$

式中,$\overline{X}_j = \frac{1}{n}\sum_{i=1}^{n} X_{ij}$;$Y = \frac{1}{n}\sum_{i=1}^{n} Y_i$。

运用处理后的变量建立回归模型:

$$Y_i^* = \beta_0 + \beta_1 X_{1i}^* + \beta_2 X_{2i}^* + \cdots + \beta_k X_{ki}^* + \mu_i^*, i=1,2,\cdots,n \tag{6-40}$$

得到新建模型的普通最小二乘估计量为 $\hat{\beta}_0^*,\hat{\beta}_1^*,\hat{\beta}_2^*,\cdots,\hat{\beta}_k^*$,随机误差项的方差的估计量为

$\hat{\sigma}^2$,则正常数 l 的估计量取

$$l = \frac{(k-l)\hat{\sigma}^2}{\sum\limits_{j=1}^{k}(\hat{\beta}_j^*)^2} \tag{6-41}$$

（四）其他方法

除了上述几类方法外,处理多重共线性的方法还包括先验信息法、主成分分析法等。其中先验信息法是人们利用经济理论分析或历史的经验认识,获取模型有关的参数信息,减少模型的未知信息量,从而帮助处理多重共线性问题。例如,对于居民家庭电力需求模型,如果过去的多次研究结果表明人均居住面积 X_1 的回归系数均保持在 $\beta_1 = 2.81$ 的稳定水平,并且是统计显著的。这样一来,在以现有数据为基础建立模型时,可以直接利用先验信息 $\beta_1 = 2.81$,代入模型中,从而直接避免了多重共线性的产生。另外,主成分分析法的基本思想是将原有自变量通过线性组合的方式,形成若干能够反映总体信息的指标,再由因变量对这些主成分进行回归,建立新模型。这些主成分由原自变量通过不同的线性组合而成,组间差异大,大大削弱了共线性的程度。主成分分析法涉及多元统计分析中的方法,因此这里不再详述。

二、修正多重共线性的应用

继续利用第二节某国 2016—2025 年的旅游收入相关统计数据,采用逐步回归分析法处理旅游收入模型中存在的多重共线性问题,具体做法如下:

（一）找出基础变量

建立因变量对每个自变量的一元回归模型:

(1) $Y_t = -3\,461.808 + 0.084\,2X_{1t}$ \hfill (6-42)

　　$t = (-4.945\,2)\quad(8.665\,9)$

　　$R^2 = 0.903\,7,\text{DW} = 1.096\,5, F = 75.097\,0$

(2) $Y_t = -2\,933.704 + 9.052\,3X_{2t}$ \hfill (6-43)

　　$t = (-6.957\,9)\quad(13.159\,8)$

　　$R^2 = 0.955\,8,\text{DW} = 1.072\,8, F = 173.180\,2$

(3) $Y_t = 640.350\,4 + 11.667\,3X_{3t}$ \hfill (6-44)

　　$t = (1.608\,6)\quad(5.196\,7)$

　　$R^2 = 0.771\,5,\text{DW} = 0.648\,6, F = 27.005\,3$

(4) $Y_t = -2\,264.896\,0 + 34.332\,4X_{4t}$ \hfill (6-45)

　　$t = (-3.001\,8)\quad(6.467\,5)$

　　$R^2 = 0.839\,4,\text{DW} = 0.761\,9, F = 41.828\,0$

(5) $Y_t = -10\,897.18 + 2\,014.148X_{5t}$ \hfill (6-46)

　　$t = (-7.079\,9)\quad(8.748\,7)$

　　$R^2 = 0.905\,4,\text{DW} = 1.529\,7, F = 76.539\,2$

从上述的一元回归模型拟合结果可知,自变量对 Y 的贡献由大到小依次为 X_2、X_5、X_1、X_4、X_3,因此选 X_2 作为基础变量。

（二）逐一加入其他变量

依次加入变量 X_5、X_1、X_4、X_3,当加入的变量使得模型的拟合优度 R^2 有显著提高,并

且新模型各变量显著,则保留新变量。若新模型存在不显著的变量,则剔除该不显著变量。若 R^2 没有显著提高,但是模型各变量均显著,则继续加入其他变量,从而找到最佳回归方程。其具体过程见表 6-3。

表 6-3　逐步回归过程

Y	C	X_1	X_2	X_3	X_4	X_5	R^2	F
$= f(X_2)$	$-2\,933.704$		$9.052\,3$				$0.955\,8$	$173.180\,2$
t 值	$-6.957\,9$		$13.159\,8$					
$= f(X_2, X_5)$	$-4\,109.639$		$7.850\,6$			$285.178\,4$	$0.957\,2$	$78.184\,8$
t 值	$-1.591\,0$		$2.908\,6$			$0.462\,1$		
$= f(X_1, X_2)$	$-3\,326.393$	$0.029\,8$	$6.194\,2$				$0.973\,4$	$128.166\,9$
t 值	$-8.431\,7$	$2.151\,2$	$4.283\,9$					
$= f(X_2, X_3)$	$-2\,587.265$		$8.017\,2$	$1.716\,4$			$0.960\,0$	$84.097\,8$
t 值	$-4.392\,3$		$5.747\,9$	$6.857\,8$				
$= f(X_2, X_3, X_4)$	$-2\,441.161$		$4.215\,9$	$3.222\,0$	$13.629\,1$		$0.991\,4$	$231.793\,5$
t 值	$-8.246\,1$		$3.945\,0$	$3.067\,7$	$4.693\,0$			

在变量 X_2 的基础上,引入变量 X_5。引入后的模型拟合优度有小幅度提高,但是 X_5 并不显著,说明加入 X_5 后模型存在多重共线性,因此剔除 X_5。继续加入变量 X_1,X_1 同样不显著,同理,剔除 X_1。接下来加入变量 X_3,模型的拟合优度提高到 $0.960\,0$,并且模型变量均显著,因此保留变量 X_3。最后加入变量 X_4,加入后的模型拟合优度明显增大到 $0.991\,4$,各变量均显著,保留变量 X_4。最终得到最优的回归模型为

$$Y_t = -2\,441.161 + 4.215\,9X_{2t} + 3.222\,0X_{3t} + 13.629\,1X_{4t} \tag{6-47}$$
$$t = (-8.246\,1)\ \ (3.945\,0)\ \ (4.693\,0)$$
$$R^2 = 0.991\,4,\ \mathrm{DW} = 1.952\,6,\ F = 231.793\,5$$

关键术语

多重共线性　　方差膨胀因子　　辅助回归模型　　逐步回归法

闯关习题

一、即测即练

二、简述题

1. 什么是多重共线性?

2. 简述多重共线性的后果。

3. 简述利用辅助回归模型检验多重共线性的基本思路。

4. 多重共线性的修正方法有哪些？

5. 简述逐步回归法的基本思想。

三、计算分析题

表 6-4 是某地区在 2016—2025 年的食品需求量 Y、可支配收入 X_1、食品类价格指数 X_2、物价总指数 X_3 和流动资产拥有量 X_4 的数据资料。

表 6-4　食品需求函数有关统计资料

年份	食品需求量 Y/亿元	可支配收入 X_1/亿元	食品类价格指数 X_2（2016 年为 100）	物价总指数 X_3（2016 年为 100）	流动资产拥有量 X_4/亿元
2016	84	829	92	94	171
2017	96	880	93	96	213
2018	104	999	96	96	251
2019	114	1 053	94	97	290
2020	122	1 177	100	100	340
2021	142	1 310	101	101	400
2022	158	1 482	105	104	440
2023	179	1 618	112	109	490
2024	193	1 742	112	111	510
2025	208	1 847	112	111	530

问题：（1）检验模型的多重共线性。

（2）利用逐步回归法，建立适当的回归方程。

课外修炼

阅读《计量经济学》

一、作者简介

林文夫（Fumio Hayashi，1952—　）是日本经济学家，专长为计量经济学和宏观经济学。他是计量经济学会（Econometric Society）会员，美国艺术与科学院（American Academy of Arts and Sciences）外国荣誉会员。林文夫本科毕业于东京大学，并于 1980 年从哈佛大学获得博士学位。他曾先后在美国的西北大学、日本的筑波大学、大阪大学、美国的宾夕法尼亚大学和哥伦比亚大学，以及日本的东京大学任教，目前是日本一桥大学的教授。林文夫 2000 年在普林斯顿大学出版社出版的《计量经济学》（Econometrics）已成为计量经济学的经典之作，并被翻译为中文在中国出版。

二、主要特点

该书从最小二乘法开始介绍高年级本科生与研究生需要掌握的计量经济学内容，提供包括平稳时间序列分析与非平稳时间序列分析在内的标准计量经济学课程的内容；鉴于广义矩估计法已逐步成为计量经济学的基本估计方法。该书通过 GMM 估计原理统一处理最小二乘法、极大似然法等其他估计方法,将常用的计量经济学的估计方法都处理成 GMM 的特例。

　　该书不仅简洁地涵盖了计量经济学的重要课题,而且通过极值估计量的方法介绍 Probit 模型、Tobit 模型等各种模型的极大似然估计方法,充分反映了计量经济学的现代处理方法。本书不仅利用命题的形式描述计量经济学的主要成果,而且提供大多数命题的间接证明或证明思路,以帮助读者掌握各章节讨论的内容。

　　该书理论和实践相结合,试图在计量经济学理论及其应用之间寻找最佳平衡。为帮助读者理解计量经济学的应用,广泛融合劳动经济学、产业组织、宏观经济理论、金融理论等学科的实证分析应用案例,通过内容丰富的习题和部分习题的提示解答帮助读者复习、理解,尤其是,实证分析的习题内容取自计量经济学的经典案例,而相应的实证分析的习题提示融入了 Gauss、TSP 等计量经济分析软件的使用方法,以帮助读者直接利用相应的统计软件和所介绍的估计方法进行实证研究。

7 第七章
Chapter 7 随机解释变量问题

>>> **知识结构图**

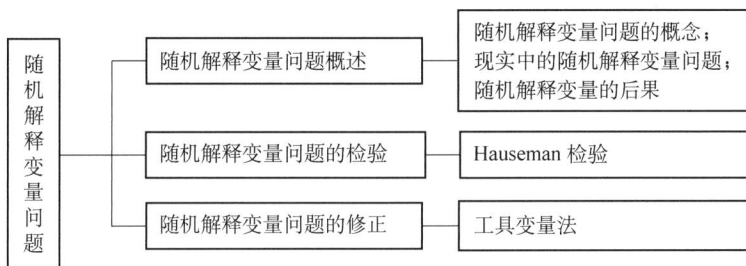

>>> **学习目标**

1. 知识目标：随机解释变量的概念；随机解释变量问题；随机解释变量问题的检验；随机解释变量问题的修正等。

2. 能力目标：理解随机解释变量问题；掌握随机解释变量的后果；能借助软件应用豪斯曼检验、工具变量法等。

>>> **情景写实**

小张和舍友小明讨论大学里每个月的生活开支问题。小张父母每个月固定给他2 000元生活费，同时小张也在校外做家教勤工俭学，如果每个月收一个学生，他每个月能赚200元。小明没有勤工俭学，父母每个月固定给他2 200元。小明对小张说："每个月的消费是和收入呈正相关的，每个月的收入越多，消费就越多，我自己每个月固定拿2 200元，所以每个月也固定花费2 000元左右，剩下200元攒起来以备买大额商品之需。"小张说："不对吧，我正常每个月都要收三个学生，一个月2 600元的收入，花费2 300元，上个月我多收了一个学生，收入上升到2 800元了，可是花费还是2 300元左右，并没有增加。"

消费和收入的正比例关系是西方经济学的一个经典假定，可是消费除了和每个月的当期收入相关之外，可能还受上个月消费的影响，因为这里面存在消费的惯性。因此，在我们

109

的模型假设中,除了要考虑当期收入作为解释变量之外,还要将上期的消费也作为一个解释变量,这就产生了随机解释变量问题。

第 一 节　随机解释变量问题概述

一、随机解释变量问题的概念

单方程线性计量经济学模型假设方程的解释变量为确定性变量,同时解释变量还要与随机误差项不相关。如果违背了这一基本假设,我们将这样的问题则称为随机解释变量问题(stochastic explanatory variables problem)。

对于模型

$$Y_i = \beta_0 + \beta_1 X_{1i} + \beta_2 X_{2i} + \cdots + \beta_k X_{ki} + \mu_i \tag{7-1}$$

假定解释变量 $X_1 X_2, \cdots, X_k$ 都是确定性变量,即解释变量与随机扰动项不相关。但现实中,这个假设并不一定成立,因为一方面模型中经济变量的观测值一般会存在观测误差;另一方面,经济变量有可能会相互影响,解释变量会影响被解释变量,可解释变量在一定程度上也会依赖被解释变量。

为了方便讨论,假设式(7-1)中的 X_2 为随机解释变量,根据 X_2 和随机误差项的关系,可以分以下三种不同的情况。

(一) 解释变量与随机误差项独立

$$\text{cov}(X_2, \mu) = E(X_2\mu) = E(X_2)E(\mu) = 0$$

说明解释变量与随机误差项既不同期相关,也不异期相关,即该随机解释变量是严格外生的。

(二) 解释变量与随机误差项同期无关但异期相关

$$\text{cov}(X_{2i}, \mu_i) = E(X_{2i}\mu_i) = 0$$
$$\text{cov}(X_{2i}, \mu_{i-s}) = E(X_{2i}\mu_{i-s}) \neq 0, s \neq 0$$

说明该随机解释变量为同期外生的。

(三) 解释变量与随机误差项同期相关

$$\text{cov}(X_{2i}, \mu_i) = E(X_{2i}\mu_i) \neq 0$$

说明该随机解释变量是内生的。

二、现实中的随机解释变量问题

在现实中,许多解释变量不是确定性的,不是严格外生的,它们往往都具有随机性,主要有滞后被解释变量 Y_{i-t} 作为模型的解释变量的情况。由于经济活动的连续性,这类模型在以时间序列数据做样本的模型中占据较大份额。

例如,投资不仅受上期收入的影响,还会受前期投资水平 I_{i-t} 的影响;消费不仅受当期收入的影响,也受前期消费水平 C_{i-t} 的影响,前期的消费习惯会影响到下期消费水平,但并不是所有包含滞后被解释变量的模型都会带来随机解释变量问题。

两个典型例子：

(一)耐用品存量调整模型

$$Q_t = \beta_0 + \beta_1 Y_t + \beta_2 Q_{t-1} + \mu_t, \quad t = 1, 2, \cdots, T \tag{7-2}$$

耐用品的存量由前一个时期的存量和当期收入共同决定，这是一个滞后被解释变量作为解释变量的自回归模型。但是，如果该滞后被解释变量 Q_{t-1} 与随机误差项 μ_t 不存在自相关，而只与 μ_{t-1} 相关，则说明该随机解释变量为同期外生的。

(二)合理预期的消费函数模型

$$C_t = \beta_0 + \beta_1 Y_t^e + \mu_t$$
$$C_{t-1} = \beta_0 + \beta_1 Y_{t-1}^e + \mu_{t-1} \tag{7-3}$$

C_t 为 t 期消费，Y_t^e 为对 t 期收入的预期。消费由收入的预期而决定，同时预期收入与实际收入之间是不可能完全一致的，假设它们的差距为

$$Y_t^e = (1-\lambda)Y_t + \lambda Y_{t-1}^e \tag{7-4}$$

式中，Y_t 为实际收入。

由此可以进一步推导出

$$\begin{aligned}
C_t &= \beta_0 + \beta_1(1-\lambda)Y_t + \beta_1 \lambda Y_{t-1}^e + \mu_t \\
&= \beta_0 + \beta_1(1-\lambda)Y_t + \lambda(C_{t-1} - \beta_0 - \mu_{t-1}) + \mu_t \\
&= \beta_0(1-\lambda) + \beta_1(1-\lambda)Y_t + \lambda C_{t-1} + \mu_t - \lambda \mu_{t-1}
\end{aligned}$$

C_{t-1} 作为滞后被解释变量充当模型的解释变量，它如果与 μ_{t-1} 高度相关，则它与 $\mu_t - \lambda \mu_{t-1}$ 也高度相关，即解释变量与随机误差项同期相关，说明该随机解释变量为同期内生的。

三、随机解释变量的后果

如果解释变量不具有确定性，即出现随机解释变量，并且还与模型中的随机干扰项相关，则普通最小二乘法估计参数的方法就不一定适用。如果在这种情况下仍坚持使用普通最小二乘法去估计模型参数，不同性质的随机解释变量则会产生不同的后果。根据随机解释变量 X 与随机干扰项 μ 的不同，可得以下三种情况。

(1)如果随机解释变量与随机干扰项相互独立，得到的参数估计量仍然是无偏一致估计量。

(2)如果随机解释变量与随机干扰项同期不相关，但是异期相关，得到的参数估计量有偏但一致的。

(3)如果随机解释变量与随机干扰项同期相关，得到的参数估计量则是有偏并且非一致的。

对于前面提到的滞后被解释变量作为解释变量的情况，若滞后被解释变量与随机干扰项同期相关，OLS 估计量就是有偏并且非一致的。即使随机解释变量与随机干扰项同期无关，普通最小二乘法估计量也肯定是有偏的，因为至少会出现异期相关的情况。

第二节 随机解释变量问题的检验

使用普通最小二乘法求解回归模型参数时,对回归模型作出的基本假设要求随机干扰项与解释变量之间不存在相关性,要求随机解释变量与模型的随机干扰性至少不存在同期相关性,即至少要求随机解释变量是同期外生变量。那么,如何对随机解释变量问题进行判断呢?

一方面,由一些基本经济知识做一些判断。例如,由于惯性的存在,当期消费在一定程度上会受到前期的消费支出的影响,但当期消费却不会对前期消费进行影响;另一方面,豪斯曼(Hauseman)检验从计量技术上给出了一种检验随机解释变量是否具有内生性的有效方法。

豪斯曼检验的基本思想:已知某二元线性回归模型

$$Y_i = \beta_0 + \beta_1 X_i + \beta_2 Z_{il} + \mu_i \tag{7-5}$$

式中,Z_1 为外生变量;X_i 为随机解释变量。

如果 X_i 是内生变量,则需要寻找一外生变量 Z_2 作为工具变量(Instrumental Variable)并对该模型进行工具变量法估计,将工具变量法的估计结果与对式(7-5)直接进行普通最小二乘法估计的结果对比,如果两者有显著的差异,则表明 X_i 是同期内生性变量。

豪斯曼检验的步骤如下。

(1) 将随机解释变量 X_i 对外生变量 Z_1 与 Z_2 做普通最小二乘法估计:

$$X_i = \alpha_0 + \alpha_1 Z_{i1} + \alpha_2 Z_{i2} + \nu_i \tag{7-6}$$

该步骤的目的是得到残差项 $\hat{\nu}$,假定随机干扰项 ν_i 满足所有线性回归基本假设。

(2) 将残差项 $\hat{\nu}$ 加入式(7-5)中,再进行普通最小二乘法估计:

$$Y_i = \beta_0 + \beta_1 X_i + \beta_2 Z_{il} + \delta \hat{\nu} + \varepsilon_i \tag{7-7}$$

假定随机干扰项 ε_i 与残差项 $\hat{\nu}$ 并不同期相关,并满足所有线性回归基本假设。如果参数 δ 显著为零,则可以判断在式(7-6)中的随机干扰项 ν_i 与 Y_i 同期无关,进而可判断 ν_i 与式(7-5)中的随机干扰项 μ_i 同期无关,而 Z_1 与 Z_2 作为外生变量肯定与 μ_i 同期无关。因此,由式(7-6)能够判断 X_i 与 μ_i 同期无关;相反,如果式(7-7)中回归结果拒绝 $\delta = 0$ 的假设,则可以判定原模型中的解释变量 X_i 为同期内生变量。

需要说明的是,如果原回归模型里有多个随机解释变量被怀疑与随机干扰项同期相关,则需寻找多个外生变量,并将每个需要检验的解释变量与模型中所有的外生变量一起进行普通最小二乘法回归,取得各自的残差项,然后将所有的残差项引入到原模型中再进行普通最小二乘法估计,通过 t 检验或多种情形的受约束的 F 检验,去判断哪些解释变量是同期内生性变量。

相关链接 7-1

豪斯曼检验

EViews 8.0 软件操作步骤：

（1）假定 $Y_i = \beta_0 + \beta_1 X_i + \beta_2 Z_{it} + \mu_i$，输入变量名和样本数据。

（2）在如图 7-1 所示的工作文件的命令窗口输入下列命令：

Equation hausman. ls X C Z1 Z2

Genr v＝resid

Equation eq00. ls Y C X Z1 V

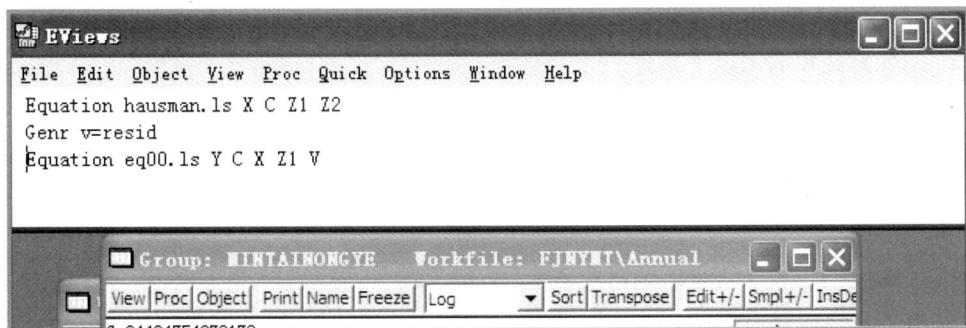

图 7-1　命令窗口

说明：第一句命令建立随机解释变量 X 与工具变量 Z_2 的回归方程；第二句命令给定一个变量 V 等于 Hausman 方程的残差；第三句命令建立被解释变量 Y 与变量 V 的回归方程。

（3）命令输入完毕，直接按 Enter 键。在工作文件中会出现 hausman、V、eq00 三个标记，豪斯曼检验运行结果储存在 eq00 标记中，如图 7-2 所示。

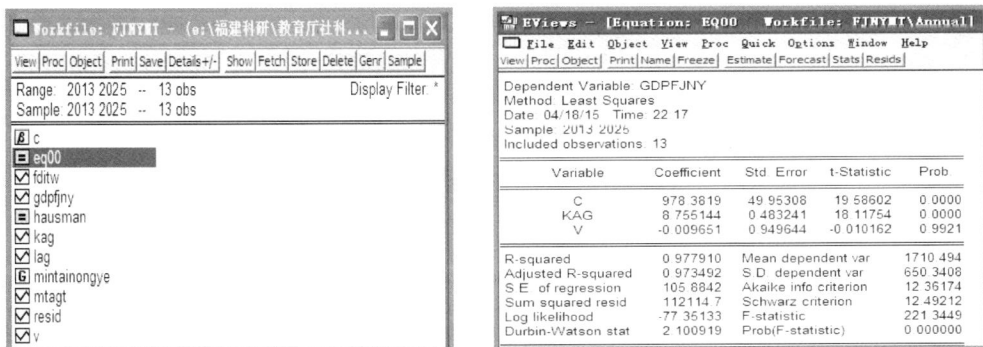

图 7-2　豪斯曼检验运行结果

（4）判断随机变量的同期内生性。打开 eq00 标记，显示运行结果。图例中残差 V 的参数估计 $\hat{\delta}$ 值的 t 值为 $-0.010\,162$，在 99.21% 的显著性水平下接受原假设 $\delta = 0$。因此，解释变量 X 与随机误差项不存在同期相关性，即具有外生性。

第 三 节　随机解释变量问题的修正

模型中出现随机解释变量与随机误差项相关时,普通最小二乘法参数估计值是有偏的。如果随机解释变量与随机误差项异期相关,则可以通过增大样本容量的办法来得到一致的估计量;但如果是同期相关,即使增大样本容量也无法起作用,这时通常使用工具变量法进行估计。

一、工具变量的选取

工具变量是指在模型估计过程中被作为工具使用以代替模型中与随机误差项 μ_i 相关的随机解释变量 X_i。使用工具变量法,第一个问题就是如何选择工具变量,被选择为工具变量 Z_i 的变量必须满足以下条件。

(1) 与所替代的随机解释变量 X_i 高度相关,即 $\text{cov}(Z_i, X_i) \neq 0$。

(2) 与随机误差项 μ_i 不相关,即 $\text{cov}(Z_i, \mu_i) = 0$。

(3) 与模型中其他解释变量 X_j 不相关,以避免产生多重共线性,即 $\text{cov}(Z_i, X_j) = 0$, $i \neq j$。

在实际应用中,要找到与随机误差项 μ_i 不相关而又与随机解释变量 X_i 相关的工具变量 Z_i 并不是一件很容易的事。在一般情况下,如果考虑到随机解释变量与随机误差项相关的主要来源是由于同期测量误差引起的,就可以用滞后一期的随机解释变量 X_{t-1} 作为原解释变量 X 的工具变量。

二、工具变量法的应用

以一元线性回归模型为例,已知

$$Y_i = \beta_0 + \beta_1 X_i + \mu_i \tag{7-8}$$

根据各变量的样本数据,用普通最小二乘法估计该模型参数,可以得到

$$\hat{\beta}_1 = \frac{\sum x_i y_i}{\sum x_i^2}, \quad \hat{\beta}_0 = \bar{Y} - \hat{\beta}_1 \bar{X}$$

然而,如果 X_i 与 μ_i 相关,由于 $E(\mu_i X_i) \neq 0$,则 $\hat{\beta}_1$ 是有偏且非一致的。

于是需要按照工具变量的选择条件,选择 Z_i 为 X_i 的工具变量,则

$$\text{cov}(Z_i, \mu_i) = E(\mu_i Z_i) = 0$$

根据普通最小二乘法,可以得到

$$\hat{\beta}_1 = \frac{\sum Z_i Y_i}{\sum Z_i X_i}, \quad \hat{\beta}_0 = \bar{Y} - \hat{\beta}_1 \bar{X}$$

这种选择 Z_i 作为 X_i 的工具变量求模型参数估计量的方法称为工具变量法,$\hat{\beta}_0$、$\hat{\beta}_1$ 称为工具变量法估计量。用工具变量法所求的参数估计量 $\hat{\beta}_1$ 与总体参数真值 β_1 之间的关系为

$$\hat{\beta}_1 = \beta_1 + \frac{\sum Z_i \mu_i}{\sum Z_i X_i}$$

如果工具变量 Z 选取得当,即有

$$P\lim(\hat{\beta}_1) = \beta_1$$

由此可以说明,工具变量法的参数估计值是无偏一致估计量。

三、工具变量法的注意事项

(1) 在小样本下,工具变量法参数估计量 $\hat{\beta}$ 仍是有偏的。因此,在对计量经济模型进行回归操作时,要保证有足够大的样本容量,从而避免参数估计量的偏误。

(2) 在分析实际经济问题时,经常会产生一种误解,以为采用工具变量法是将原模型中的随机解释变量 X 换成了工具变量 Z,即改变了原来的计量经济学模型。从上述工具变量法应用的例子可以看出,工具变量法并没有改变原计量经济学模型,只是在原模型的参数估计过程中,使用了工具变量 Z 来代替随机解释变量 X。

(3) 如果一个随机解释变量 X 可以找到多个相互独立的工具变量 Z_i,人们希望充分利用这些工具变量的信息,就形成了 GMM,这是近年来计量经济学理论方法发展的重要方向之一。工具变量法是广义矩方法的一个特例。同样,普通最小二乘法也可以称为工具变量法的特例。

相关链接 7-2

工具变量法

EViews 8.0 软件操作步骤:

(1) 假定 $Y_i = \beta_0 + \beta_1 X_i + \beta_2 Z_{i1} + \mu_i$,输入变量名和样本数据。

(2) 假定 Z_2 满足作为随机解释变量 X_1 的工具变量的三个条件。在 EViews 8.0 软件的工作界面选择 Quick/Estimate Eqution 菜单命令,出现对话框。

(3) 在 Equation specification 选项组的列表框中输入回归模型的被解释变量 Y、常数项 C、解释变量 X 等,Instrument list 文本框中输入工具变量 Z_2,在 Estimation settings 选项组的 Method 下拉列表中选择 TSLS(两阶段最小二乘法)或 GMM,如图 7-3 所示。

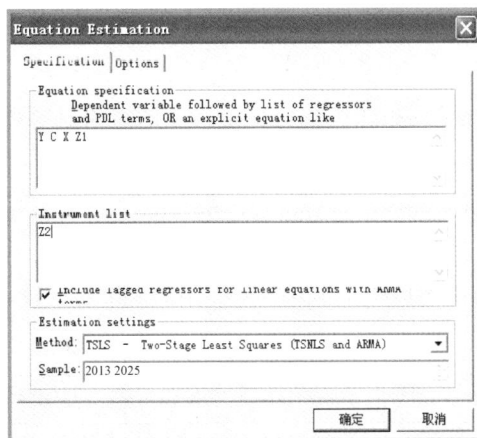

图 7-3　输入 Y C X 等

（4）单击"确定"按钮后输出运行结果，如图 7-4 所示。

Dependent Variable：Y				
Method：Two-Stage Least Squares				
Date：04/19/15　Time：16：23				
Sample：2013 2025				
Included observations：23				
Instrument list：Z_2				
Variable	Coefficient	Std. Error	t-Statistic	Prob.
C	18. 897 41	11. 529 46	5. 639 055	0. 032 2
X	0. 161 805	0. 108 777	13. 487 494	0. 027 7
Z_1	−1. 856 626	1. 700 542	−6. 091 785	0. 000 5
R-squared	0. 974 129	Mean dependent var		7. 382 462
Adjusted R-squared	0. 848 955	S. D. dependent var		0. 360 837
S. E. of regression	0. 140 237	Sum squared resid		0. 196 665
F-statistic	64. 723 35	Durbin-Watson stat		0. 518 064
Prob(F-statistic)	0. 000 032			

图 7-4　运行结果

关键术语

随机解释变量问题　豪斯曼检验　工具变量法

闯关习题

一、即测即练

二、简述题

1. 什么是随机解释变量问题，随机解释变量问题的后果有哪些？

2. 简述豪斯曼检验的基本思想。

3. 被选择为工具变量的变量必须满足哪些条件？

三、软件操作题

已知某国 2008—2025 年国内生产总值 GDP、出口 Chukou、储蓄 Chuxu 数据见表 7-1。

表 7-1　某国 2008—2025 年经济数据　　　　　　　　　　　　　　　亿元

年　份	GDP	Chukou	Chuxu	年　份	GDP	Chukou	Chuxu
2008	103. 52	461. 67	394. 79	2011	123. 40	527. 22	435. 00
2009	107. 96	476. 00	413. 00	2012	147. 47	561. 02	447. 50
2010	114. 10	499. 13	420. 50	2013	175. 71	632. 11	455. 90

续表

年　份	GDP	Chukou	Chuxu	年　份	GDP	Chukou	Chuxu
2014	194.67	710.51	466.94	2020	411.24	1 344.14	485.70
2015	222.00	780.00	470.00	2021	536.10	1 688.02	503.10
2016	259.00	895.66	465.15	2022	725.14	2 221.42	513.00
2017	283.34	988.65	469.79	2023	920.11	2 843.00	515.30
2018	310.00	1 075.37	470.07	2024	1102.10	3 364.34	512.00
2019	342.75	1 184.58	479.67	2025	1143.50	3 387.45	520.11

已知一元线性回归模型 $Chukou = \beta_1 + \beta_2 GDP + u$，假定 Chuxu 与 GDP 高度相关且与随机误差项 μ 不相关，请利用 EViews 8.0 软件，根据豪斯曼检验思想验证解释变量 GDP 是否是内生性变量；如果 GDP 是内生性随机解释变量，请用工具变量法（两阶段最小二乘法或 GMM）对随机解释变量问题进行修正。

课外修炼

阅读《计量经济学》

丁俊年编著的《计量经济学》（第三版）是"十二五"普通高等教育本科国家级规划教材，高等院校国际经贸专业规划教材，于 2024 年由对外经贸大学出版社出版。

一、作者简介

于俊年，对外经济贸易大学教授，研究领域包括计量经济学、项目经济分析数量方法、投资项目可行性研究与项目评估，出版并发表了多本著作和多篇学术论文。

二、主要特点

全书分四篇共十七章。第一篇导论；第二篇系统地讲述单方程回归模型的基本理论和方法；第三篇系统地讲述违背经典回归假定的有关经济计量模型；第四篇讲述经济模型构造理论与应用。该书内容由浅入深，循序渐进，理论与应用并重，将理论计量经济学与应用计量经济学融为一体，每章之首配有本章要点，每章末尾配有小结和复习思考题，便于读者使用，为读者学习计量经济学提供了一本较好的入门教材。

生活中的你，可以不帅，可以不漂亮，但需要拥有教养。教养能感染身边的同伴，能吸引身边人的目光。

第八章
虚拟变量模型

>>> **知识结构图**

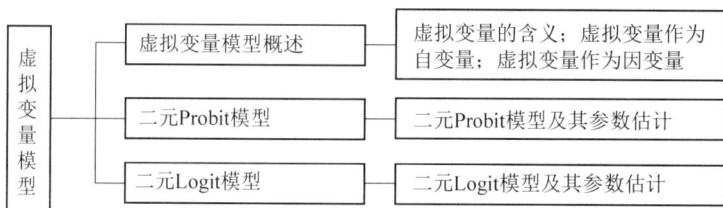

>>> **学习目标**

1. 知识目标:虚拟变量的含义;虚拟变量作为自变量的方差分析模型、协方差分析模型;虚拟变量作为因变量的离散选择模型,包括线性概率模型;二元概率模型及其参数估计;二元逻辑模型及其参数估计。

2. 能力目标:理解虚拟变量的含义;了解虚拟变量分别作为自变量、因变量的模型建立,包括方差分析模型、协方差分析模型、线性概率模型;掌握二元概率模型及其参数估计;掌握二元逻辑模型及其参数估计。

>>> **情景写实**

某旅行社为了提高旅游业务收入,希望通过建立个人旅游支出模型,找出影响个人旅游支出的关键因素,从而作出针对性的旅游宣传。根据实际经济理论,个人的旅游支出往往与个人的收入、职业、受教育程度、性别等有密切关系,其中职业、受教育程度、性别因素不是我们前面章节常用的定量变量,而是定性变量。职业有教师、工程师、银行职员等,受教育程度可以分为大学教育和非大学教育,性别因素可以考虑是男是女。将这样的定性变量作为自变量考虑进旅游支出模型,模型如何建立?有怎样的结果和意义?

在运输经济学中,想要预测某人在上下班时是否选择坐公交,这个结果与个人的收入、职业、上班地点与居住处之间的距离、公交费用等诸多因素有关。那么,此时建立的模型因变量是只有两个可能值的定性变量,即选择坐公交和其他交通工具。对于这样的模型又该如何建立?

第 一 节　虚拟变量模型概述

前面研究的计量模型无论是因变量还是自变量均为定量变量,是可以被度量的变量,如收益率、面积、收入、成本、价格等。但是,实际运用中所研究的问题往往涉及很多不可被度量的定性变量,如性别、职业、国籍、受教育程度、健康情况等。这些定性变量可能是某些问题的影响因素,如工薪族的收入常与职业、教育等有关。另外,一些定性变量也可能是需要预测研究的问题,如高中生是否继续接受高等教育,贷款人的贷款申请能否被允许,大学毕业生是否回家乡工作,一项科学研究能否成功,等等。这些定性变量同定量变量一样可以作为模型的因变量与自变量。本章将考虑这种类型模型的建立与参数估计问题。

一、虚拟变量的含义

一个定性变量,它的值一般有两个,也就是说,出现或不出现某种属性,如性别是男性或女性,受过高等教育或没有接受高等教育,职业是教师或非教师,已婚或未婚,健康或不健康,等等。如果要将这样的变量加入计量模型中,首先需要人为地量化定性变量。一般地,用 1 表示出现某种属性,用 0 表示没有出现该属性。例如,对于性别变量,用 1 表示男性,用 0 表示女性;用 1 表示受过高等教育,用 0 表示没有接受高等教育。那么,像这样取值只为 0 和 1 的变量称为虚拟变量或哑变量,并用符号 D 表示,从而与常用符号 X 区别开。把赋值为 0 的一类称为基准类。需要注意的是,虚拟变量的赋值是人为的、任意的,根据人们的习惯而定。例如,前面所提到的性别变量,也可以用 1 表示女性,用 0 表示男性。

那么,对于某些具有大于两个可能值的定性变量,又该如何量化呢?如职业变量的可能取值为教师、工程师或其他职业。这样的多分类定性变量在加入计量模型前,同样需要量化成虚拟变量。但不同的是,一个多分类定性变量需要引入多个虚拟变量,引入的虚拟变量个数要比多分类定性变量的分类个数少一,即一个具有 m 个属性的定性变量,需要引入 $m-1$ 个虚拟变量。如果引入 m 个虚拟变量,这些虚拟变量之间将会产生完全多重共线性。例如,票选结果有赞同、不赞同、弃权三种分类,此时需量化成两个虚拟变量,分别为

$$D_1 = \begin{cases} 1, 赞同 \\ 0, 其他 \end{cases}, \quad D_2 = \begin{cases} 1, 不赞同 \\ 0, 其他 \end{cases}$$

变量以弃权为基准类。

相关链接 8-1

构造虚拟变量

EViews 8.0 软件操作步骤:

(1) 输入变量名和样本数据,如图 8-1 所示,其中包括性别变量"SEX"和月收入变量"INCOME"。

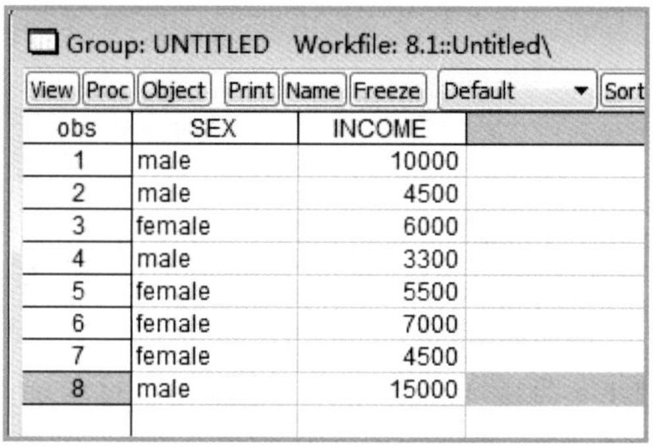

图 8-1　输入变量名和样本数据

（2）根据 SEX 变量构造虚拟变量 D1，用 1 表示男性"male"，0 表示女性"female"。在命令窗口中输入 series d1＝（sex＝"male"），按 Enter 键，得到虚拟变量 D1，如图 8-2 所示。

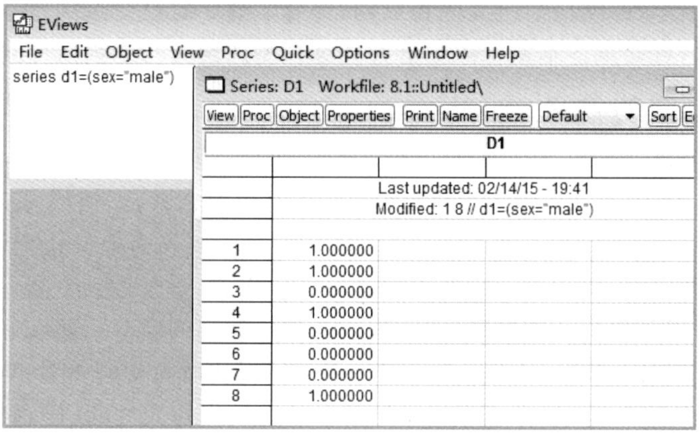

图 8-2　得到虚拟变量 D1

（3）根据 INCOME 变量构造虚拟变量 D2，用 1 表示月收入大于或等于 10 000 元的高收入者，0 表示月收入小于 10 000 元的中低收入者。在命令窗口中输入 series d2＝（income＞＝10000），按 Enter 键，得到虚拟变量 D2，如图 8-3 所示。

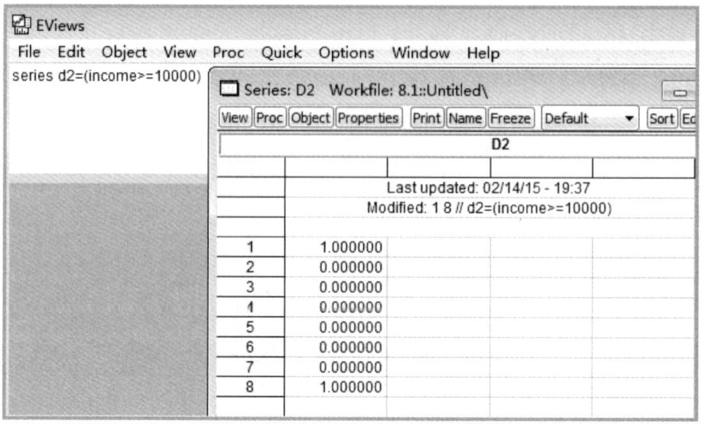

图 8-3　得到虚拟变量 D2

二、虚拟变量作为自变量

在实际经济模型中,因变量不仅会受到定量变量的影响,同时也会受到定性变量的影响。例如,个人的月支出水平往往受到月收入、性别、职业、婚姻状况等因素的影响,其中,月收入为定量变量,性别、职业、婚姻状况为定性变量。由此可见,这些定性变量也是影响因变量的重要因素,所以有必要将其量化成虚拟变量后加入模型中。在回归分析模型中,假设模型自变量为非随机变量。而虚拟变量的取值为 0、1,说明虚拟变量是非随机变量。因此,对于自变量中含有一个或多个虚拟变量的回归模型,回归系数的普通最小二乘估计法以及模型检验方法同样适用。下面建立含有虚拟变量为自变量的回归模型。

(一)方差分析模型

在回归分析中,虚拟变量与定量变量一样可以作为模型的回归元。一个回归模型的自变量只有虚拟变量,这样的模型称为方差分析(Analysis of Variance, ANOVA)模型。为说明方差分析模型,先看下面一个只含有一个虚拟变量的 ANOVA 模型。含有多个虚拟变量的 ANOVA 模型原理相似不再赘述。

$$Y_i = \beta_0 + \beta_1 D_{1i} + \mu_i, i = 1, 2, \cdots, n$$

式中,Y_i 为个人月支出;$D_{1i} = \begin{cases} 1, \text{已婚者} \\ 0, \text{未婚者} \end{cases}$;$\mu_i$ 为随机误差项且 $E(\mu_i) = 0$。

根据模型有

未婚者的月期望支出为

$$E(Y_i \mid D_{1i} = 0) = E(\beta_0 + \beta_1 \times 0 + \mu_i) = \beta_0$$

已婚者的月期望支出为

$$E(Y_i \mid D_{1i} = 1) = E(\beta_0 + \beta_1 \times 1 + \mu_i) = \beta_0 + \beta_1$$

由上述结果可以得知,模型截距 β_0 表示未婚者的月平均支出,斜率系数 β_1 表示未婚者与已婚者的月平均支出差距,$(\beta_0 + \beta_1)$ 表示已婚者的月平均支出,并且可用检验法检验 β_1 的显著性。

相关链接 8-2

ANOVA 模型

表 8-1 给出一组不同婚姻状况的个人月支出数据,建立个人月支出模型,分析婚姻状况对个人月支出的影响。

表 8-1 个人月支出数据

个人月支出 Y_i/千元	婚姻状况 D_{1i}(1=已婚者,0=未婚者)
2.3	0
4.5	1
2.0	0
6.7	1

续表

个人月支出 Y_i/千元	婚姻状况 D_{1i}(1=已婚者,0=未婚者)
5.0	0
3.6	0
7.1	1
1.6	0
4.8	0
5.6	1
6.9	1
7.7	1

根据表 8-1 数据建立模型,结果为

$$Y_i = 3.216\ 7 + 3.200\ 0 D_{1i}$$

$$t = (5.949\ 9) \quad (4.185\ 4)$$

$$R^2 = 0.636\ 6 ; F = 17.517\ 6$$

由个人月支出模型回归结果(图 8-4)可知,未婚者的月平均支出估计值为 3 216.7 元,已婚者的月平均支出估计值为 6 416.7 元。另外,从表 8-1 数据中能够得出,未婚者的实际月平均支出为 3 126.7 元,已婚者的实际月平均支出为 6 416.7 元。由此可见,模型估计出的个人月平均支出与实际相同。接下来考查 t 检验结果,系数 β_1 是统计显著的,说明婚姻变量对个人月支出水平有显著影响,已婚者与未婚者的个人月支出水平有较显著的差距。而实际上也确实如此,已婚者要承担起自己及家庭的开支,月支出较大;而大部分未婚者只需担负自己的开支,月支出相对较少。

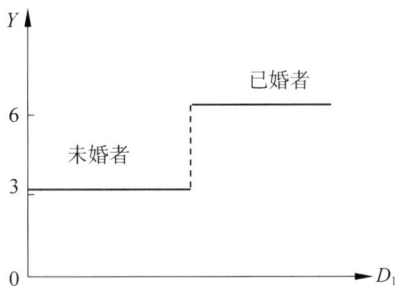

图 8-4 个人月支出模型回归结果

(二)协方差分析模型

方差分析模型在心理学、社会行为学、市场研究等领域较常见,但在实际经济学模型中,自变量往往既含有定量变量,也包含定性变量。将自变量中同时包含定性变量和定量变量的回归模型称为协方差分析(Analysis of Covariance,ANCOVA)模型。下面给出含有一个定量变量和一个定性变量的协方差模型,含有多个定量变量和定性变量的协方差分析模型原理相似不再赘述。

$$Y_i = \beta_0 + \beta_1 D_{1i} + \alpha_1 X_{1i} + \mu_i, \qquad i = 1,2,\cdots,n$$

式中，Y_i 表示大学生月话费支出；X_{1i} 表示月生活费支出；$D_{1i} = \begin{cases} 1, 独生子女 \\ 0, 非独生子女 \end{cases}$；$\mu_i$ 表示模型随机误差项且 $E(\mu_i) = 0$。

根据模型有

非独生子女大学生月话费支出期望值为

$$E(Y_i \mid D_{1i} = 0) = E(\beta_0 + \beta_1 \times 0 + \alpha_1 X_{1i} + \mu_i) = \beta_0 + \alpha_1 X_{1i}$$

独生子女大学生月话费支出期望值为

$$E(Y_i \mid D_{1i} = 1) = E(\beta_0 + \beta_1 \times 1 + \alpha_1 X_{1i} + \mu_i) = \beta_0 + \beta_1 + \alpha_1 X_{1i}$$

模型表明，大学生中独生子女与非独生子女的月平均话费支出不同，但是月平均话费对月生活费支出的变化率（α_1）相同。

相关链接 8-3

ANCOVA 模型

表 8-2 给出一组大学生月话费支出数据，建立大学生月话费支出模型，分析月生活费支出、是否独生子女对月话费支出的影响。

表 8-2　大学生月话费支出数据

月话费支出 Y_i/元	独生情况 D_{1i}（1＝独生子女，0＝非独生子女）	月生活费支出 X_{1i}/百元
45	0	6
55	0	7
100	1	10
67	0	8.5
50	0	8
87	1	12
36	0	6
40	0	6.6
110	1	15
78	0	9
66	1	9
96	1	10
70	1	7.8
90	1	8.9

根据表 8-2 数据建立模型，结果为

$$Y_i = 8.914\,7 + 16.793\,7D_{1i} + 6.039\,1X_{1i}$$
$$t = (0.713\,5) \quad (2.209\,7) \quad (3.729\,9)$$
$$R^2 = 0.825\,9 ; F = 26.091\,1$$

由大学生月话费支出模型回归结果(图8-5)可知,非独生子女大学生月话费支出期望值为

$$E(Y_i \mid D_{1i} = 0) = 8.914\ 7 + 6.039\ 1X_{1i}$$

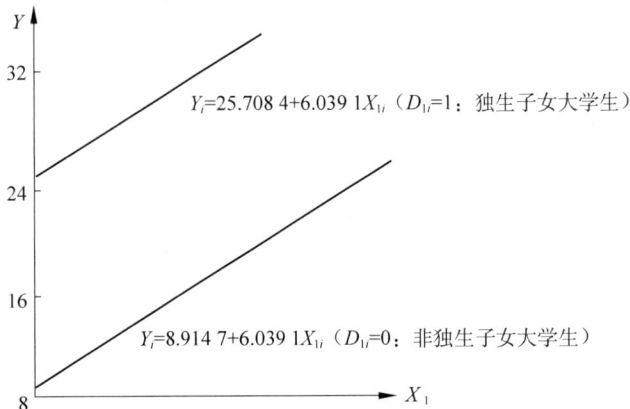

图8-5 大学生月话费支出模型回归结果

独生子女大学生月话费支出期望值为

$$E(Y_i \mid D_{1i} = 1) = 25.708\ 4 + 6.039\ 1X_{1i}$$

如图8-5所示,大学生中独生子女和非独生子女的月话费支出 Y_i 对月生活费支出 X_{1i} 的函数具有相同的斜率,即大学生的月话费支出对生活费支出的变化率相同。同时,根据模型的回归结果可知,当大学生独生情况变量为常量时,月生活费每增加100元,月平均话费将增加6.039 1元。另外,当月生活费支出变量保持不变时,独生子女大学生月话费支出比非独生子女大学生多16.793 7元。模型检验结果显示,参数估计量 β_1 是统计显著的,说明独生子女大学生与非独生子女大学生的月话费支出不同。

三、虚拟变量作为因变量

到目前为止,主要讨论了以定量变量为自变量的计量模型,但在实际应用中经常会遇到很多决策问题。比如,人们上下班的交通工具是选择步行、坐公交、自驾还是其他;某天的天气是晴朗、阴天、雨天还是其他;某项医学研究能否成功,人们对某一项建议是持赞成、不赞成还是中立的态度,大学生毕业是否会选择自主创业,等等。这些情况下,如果想要作出决策,就需要以定性变量作为因变量来建立计量模型,才能判断出最终结果。我们称这样的模型为离散选择模型。定性变量作为因变量可以是只有二值的虚拟变量,也可以是多分类的定性变量。以虚拟变量为因变量的模型称为二元选择模型。以多分类定性变量为因变量的模型称为多元选择模型。本章主要讨论二元选择模型。二元选择模型的建立可以采用三种方法,分别为线性概率模型(Linear Probability Model,LPM)、二元概率(Probit)模型和二元逻辑(Logit)模型。下面先介绍较为简单的线性概率模型。

(一) LPM

以虚拟变量为因变量的线性回归模型称为线性概率模型。模型的基本形式为

$$Y_i = \beta_0 + \beta_1 X_{1i} + \beta_2 X_{2i} + \cdots + \beta_k X_{ki} + \mu_i, i = 1, 2, \cdots, n \tag{8-1}$$

式中,Y_i 为虚拟变量;μ_i 为模型随机误差项,且 $E(\mu_i) = 0$。

于是有

$$E(Y_i \mid X) = \beta_0 + \beta_1 X_{1i} + \beta_2 X_{2i} + \cdots + \beta_k X_{ki}, i = 1, 2, \cdots, n \tag{8-2}$$

记 X 为所有自变量 $X_1, X_2, \cdots, X_k$。

接下来,记 P_i 为事件"$Y_i = 1$"发生的概率,则 $1 - P_i$ 为事件"$Y_i = 0$"发生的概率。那么,Y_i 的概率分布见表 8-3。

表 8-3 Y_i 的概率分布

Y_i	概 率
1	P_i
0	$1 - P_i$

根据期望的定义有

$$E(Y_i) = 1 \times P_i + 0 \times (1 - P_i) = P_i \tag{8-3}$$

由式(8-2)和式(8-3)可得

$$E(Y_i \mid X) = \beta_0 + \beta_1 X_{1i} + \beta_2 X_{2i} + \cdots + \beta_k X_{ki} = P_i \tag{8-4}$$

式(8-4)可以解释为:在给定所有自变量 X 的条件下,条件期望 $E(Y_i \mid X)$ 等于事件"$Y_i = 1$"发生的条件概率;截距项 β_0 表示每个自变量 $X_j = 0 (j = 1, 2, \cdots, k)$ 时,事件"$Y_i = 1$"发生的概率;斜率系数 β_j 表明在其他因素不变的情况下,自变量 X_j 每增加一个单位,事件"$Y_i = 1$"发生的概率将增加 β_j。

运用普通最小二乘估计法,得到 LPM 的估计方程:

$$\hat{Y}_i = \hat{\beta}_0 + \hat{\beta}_1 X_{1i} + \hat{\beta}_2 X_{2i} + \cdots + \hat{\beta}_k X_{ki}, i = 1, 2, \cdots, n$$

那么,利用上述估计方程得到的预测值 $\hat{Y}_i$ 就是"$Y_i = 1$"发生的概率预测值。估计量 $\hat{\beta}_j$ 度量了由 X_j 的单位变化而引起的"$Y_i = 1$"发生的概率变化预测值。

(二)LPM 存在的问题

虽然 LPM 可以较容易地得到,并且模型的结果能够提供有价值的信息,但是 LPM 也存在一些问题。下面对这些问题进行说明。

▶ 1. 随机误差项 μ_i 的异方差性

根据式(8-2),随机误差项 μ_i 可写成

$$\mu_i = Y_i - \beta_0 - \sum_{j=1}^{k} \beta_j X_{ji}$$

由 Y_i 的概率分布,可以得知 μ_i 的概率分布,见表 8-4。

表 8-4 μ_i 的概率分布

Y_i	μ_i	概 率
1	$\mu_i = 1 - \beta_0 - \sum_{j=1}^{k} \beta_j X_{ji}$	P_i
0	$\mu_i = -\beta_0 - \sum_{j=1}^{k} \beta_j X_{ji}$	$1 - P_i$

很明显，μ_i 服从概率为 P_i 的伯努利分布，μ_i 的方差为

$$\text{var}(\mu_i) = P_i(1 - P_i)$$

而 $P_i = E(Y_i \mid X) = \beta_0 + \sum_{j=1}^{k} \beta_j X_{ji}$，说明 P_i 的值决定于自变量 X。所以 LPM 的随机误差项 μ_i 具有异方差性。我们知道，普通最小二乘估计的假设之一是随机误差项 μ_i 具有同方差性。可见，LPM 的随机误差项并不符合这一假设，异方差性会使得普通最小二乘估计量虽然具有无偏性，却失去有效性。要解决这个问题，需要对模型进行变换，采用加权最小二乘估计法。

首先，将式(8-1)两边同时除以

$$\sqrt{w_i} = \sqrt{P_i(1 - P_i)} \tag{8-5}$$

于是模型变换为

$$\frac{Y_i}{\sqrt{w_i}} = \frac{\beta_0}{\sqrt{w_i}} + \frac{1}{\sqrt{w_i}} \sum_{j=1}^{k} \beta_j X_{ji} + \frac{\mu_i}{\sqrt{w_i}} \tag{8-6}$$

变换后的式(8-6)的随机误差项为 $\dfrac{\mu_i}{\sqrt{w_i}}$，其方差变换为

$$\text{var}\left(\frac{\mu_i}{\sqrt{w_i}}\right) = \frac{1}{\sqrt{w_i}} \text{var}(\mu_i) = \frac{1}{w_i} \cdot P_i(1 - P_i) = 1$$

可以发现变换后的模型随机误差项是同方差的，此时可以对模型(8-6)进行普通最小二乘估计，进而得到原线性概率模型(8-1)的系数估计量。但是需要清楚权重 w_i 是未知的，所以要估计 w_i 的值。于是可以先忽略原模型的异方差性，对模型(8-1)进行普通最小二乘估计，得到预测值 $\hat{Y}_i$，从而 $\hat{P}_i = \hat{Y}_i$。根据式(8-5)可得权重 w_i 的估计值为

$$\hat{W} = \hat{Y}(1 - \hat{Y}_i)$$

▶ 2. 不适用的拟合优度 R^2

LPM 因变量的取值不是 0 就是 1。也就是说，Y 值会落在 x 轴或直线 $Y = 1$ 上，那么，此时 Y 值难以聚集在同一直线上，从而 LPM 的估计方程拟合优度 R^2 很可能会非常小，并且从前面的模型介绍中得知，估计模型得到的预测值 $\hat{Y}_i$ 代表了"$Y_i = 1$"成功的概率值，与因变量真值的意义不同。所以，R^2 对 LPM 的使用意义不大，不能沿用拟合优度 R^2 来度量 LPM 的拟合效果。

▶ 3. $E(Y_i \mid X)$ 不一定落在 0 和 1 之间

由式(8-4)可知，条件期望 $E(Y_i \mid X)$ 代表给定自变量 X 的条件下 $Y_i = 1$ 成功的条件概率，因此它的取值必落在 0 和 1 之间。但是，根据 LPM 估计得到的 $E(Y_i \mid X)$ 预测值 $\hat{Y}_i$ 不一定能全部介于 0 和 1 之间，这与概率的取值相矛盾。这是 LPM 存在的最严重问题。解决这一问题的一个较为简单的方法是将小于 0 的预测值 $\hat{Y}_i$ 取值为 0，大于 1 的预测值取值为 1。然而，这种方法可能会导致这些预测值所对应的数据失去可能存在的有价值的信息。另一种解决方法是，通过对模型进行某种变换，使 $E(Y_i \mid X)$ 的预测值能够落在 0 与 1 之间。这种解决方法就是本章第二节和第三节所要介绍的二元 Probit 模型和二元 Logit 模型。

相关链接8-4

大学毕业生创业模型

利用一组有关大学毕业生创业的数据(表 8-5),建立一个线性概率模型并具体说明模型存在的问题。数据中包括大学毕业生的创业情况 Y_i,以及影响创业率的两个主要因素:大学四年的平均绩点 X_{1i}、家庭月平均收入 X_{2i}。

表 8-5　大学毕业生创业的相关数据

大学毕业生	创业情况 Y_i(1=创业,0=不创业)	大学四年的平均绩点 X_{1i}	家庭月平均收入 X_{2i}/万元
1	0	4.0	1.0
2	0	3.1	1.5
3	1	2.2	2.5
4	0	2.8	0.8
5	0	4.2	0.8
6	0	3.2	1.2
7	1	2.6	3.0
8	1	2.9	2.8
9	1	3.5	5.0
10	0	2.7	1.8
11	0	3.3	0.95
12	0	3.6	4.5
13	1	2.3	2.0
14	1	3.7	4.5
15	0	3.3	1.2
16	0	2.9	1.5

利用普通最小二乘估计,得到线性概率模型为

$$Y_i = 1.024\ 2 - 0.368\ 1X_{1i} + 0.232\ 0X_{2i} \tag{8-7}$$
$$t = (1.971\ 9)\quad(-2.319\ 6)\quad(3.600\ 5)$$
$$R^2 = 0.574\ 9, F = 8.791\ 5$$

模型回归结果表明,模型总体及各变量是统计显著的。截距项 $\hat{\beta}_0 = 1.024\ 2$ 说明大学四年的平均绩点和家庭月平均收入均为 0 时,大学毕业生创业的概率为 1.024 2。这个值大于 1,但是概率值不可能大于 1,所以把它当作 1 来看待。当然,对于实际生活而言,大学毕业生的平均绩点不可能为 0,所以截距项并没有实际意义。斜率系数估计量 $\hat{\beta}_1 = -0.368\ 1$ 能够说明平均绩点每增加 1,大学毕业生创业的概率将下降 36.81%。估计量 $\hat{\beta}_2 = 0.232\ 0$ 表明大学生的家庭月平均收入每增加 1 万元,大学毕业生创业的概率上升 23.2%。由估计得到的模型(8-7),可以得出各样本对应的预测值 $\hat{Y}_i$,见表 8-6。

表 8-6　大学毕业生创业的 LPM 预测值

大学毕业生	Y_i	$\hat{Y}_i$
1	0	-0.2162
2	0	0.2311
3	1	0.7944
4	0	0.1791
5	0	-0.3362
6	0	0.1247
7	1	0.7631
8	1	0.6063
9	1	0.8959
10	0	0.4479
11	0	0.0299
12	0	0.7430
13	1	0.6416
14	1	0.7062
15	0	0.0879
16	0	0.3047

由表 8-6 中的预测结果可解释：例如,平均绩点为 3.1 且家庭月平均收入为 1.5 万元的大学毕业生,他在大学毕业后参与创业的概率为 23.11%。大学生参与创业的概率预测值中有两个是负值,这个结果清楚地说明了上面所提到的 LPM 预测的条件期望 $E(Y_i|X)$ 值不一定能够落在 0 与 1 之间。因此,需要用上述介绍的加权最小二乘估计的方法,对 LPM 进行估计。此时首先需要利用表 8-6 中的预测值 $\hat{Y}_i$ 估计权重 $\hat{w}_i = \hat{Y}_i(1-\hat{Y}_i)$,但是当 $\hat{Y}_i$ 小于 0 或大于 1 时,权重估计值 $\hat{w}_i$ 必定会小于 0。所以,必须要删除 $\hat{Y}_i$ 小于 0 或大于 1 所对应的观测值,将剩下的观测值用于加权最小二乘估计。对于本例就是要删除第 1 条观测值和第 5 条观测值,利用剩下的 14 条观测值做模型的加权最小二乘估计。根据这 14 条观测值对应的预测值 $\hat{Y}_i$,估计出权重 $\hat{w}_i$(表 8-7)。

表 8-7　权重 $\hat{w}_i$ 的估计结果

大学毕业生	Y_i	$\hat{Y}_i$	$\hat{w}_i$	$\sqrt{\hat{w}_i}$
1	0	-0.2162		
2	0	0.2311	0.1777	0.4215
3	1	0.7944	0.1633	0.4042
4	0	0.1791	0.1470	0.3835
5	0	-0.3362		
6	0	0.1247	0.1091	0.3304
7	1	0.7631	0.1808	0.4252

续表

大学毕业生	Y_i	$\hat{Y}_i$	$\hat{w}_i$	$\sqrt{\hat{w}_i}$
8	1	0.606 3	0.238 7	0.488 6
9	1	0.895 9	0.093 3	0.305 5
10	0	0.447 9	0.247 3	0.497 3
11	0	0.029 9	0.029 0	0.170 2
12	0	0.743 0	0.190 9	0.437 0
13	1	0.641 6	0.230 0	0.479 5
14	1	0.706 2	0.207 5	0.455 5
15	0	0.087 9	0.080 1	0.283 1
16	0	0.304 7	0.211 9	0.460 3

得到权重估计值后,根据上文介绍的 LPM 的加权最小二乘估计过程,得到模型的加权最小二乘估计结果为

$$\frac{Y_i}{\sqrt{w_i}} = 1.553\ 0\ \frac{1}{\sqrt{w_i}} - 0.575\ 7\ \frac{X_{1i}}{\sqrt{w_i}} + 0.272\ 2\ \frac{X_{2i}}{\sqrt{w_i}} \tag{8-8}$$
$$t = (2.747\ 7)\quad (-3.134\ 5)\quad (5.428\ 8)$$
$$R^2 = 0.704\ 7$$

由回归结果(8-8)可知,此加权最小二乘估计模型的变量 X_{1i} 不是统计显著的,而模型 (8-7)则是显著的。产生这一结果的可能原因有:第一,权重 $\hat{w}_i$ 是由预测值 $\hat{Y}_i$ 估计得到的,本身存在一定的误差;第二,样本观测值由 16 个变成 14 个,模型的样本量太少,OLS 估计不服从于正态分布,这时模型的统计检验是无效的。

第二节　二元 Probit 模型

线性概率模型所面临的一个非常重要的问题是预测值 $\hat{Y}_i = E(Y_i \mid X)$ 不一定落在 0 与 1 之间,这个结果与 $\hat{Y}_i$ 等于 $Y_i = 1$ 成功的概率预测值相矛盾。另外,线性概率模型的普通最小二乘估计结果 $\hat{Y}_i$ 与各自变量呈线性关系,这并不能较好地说明事实。例如,本章第一节中大学毕业生创业的 LPM 估计结果表明,平均绩点每增加 1,大学毕业生创业的概率将下降 36.81%。这一结论并没有指出家庭收入因素对大学毕业生创业的影响。考虑 LPM 所面临的这些问题,尝试在 LPM 的基础上,对模型进行变换,使得所估计的成功概率值落在 0 与 1 之间,并且 $\hat{Y}_i$ 能与自变量呈非线性关系。变换后的新模型所期望达到的结果是

$$\lim_{Z_i \to +\infty} P_i = 1$$

$$\lim_{Z_i \to -\infty} P_i = 0$$

式中，P_i 表示新模型估计得到的 $Y_i = 1$ 成功的概率值；$Z_i = \beta_0 + \beta_1 X_{1i} + \cdots + \beta_k X_{ki}$。

用图形来描述这一过程，如图 8-6 所示。

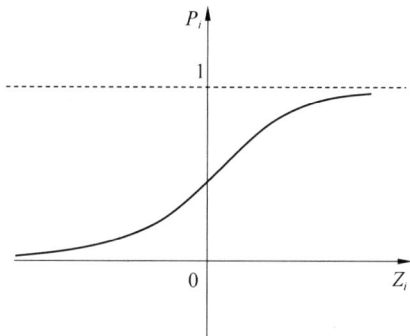

图 8-6 P_i 随 Z_i 的预期变化趋势

观察图 8-6 中我们希望看到的 P_i 随 Z_i 的变化曲线，可以发现这条曲线其实可以是一个累积分布函数(CDF)的曲线图。因此，可以考虑用累积分布函数对模型进行变换，通常可以采用累积标准正态分布函数与逻辑累积分布函数，从而产生了后面所要介绍的 Probit 模型和 Logit 模型。

一、模型的基本形式

二元 Probit 模型即二元概率模型，其基本形式为

$$P_i = \Phi(Z_i) = \frac{1}{\sqrt{2\pi}} \int_{-\infty}^{Z_i} e^{-t^2/2} dt \tag{8-9}$$

式中，$Z_i = \beta_0 + \beta_1 X_{1i} + \cdots + \beta_k X_{ki}$；$\Phi$ 是累积标准正态分布函数；t 为服从标准正态分布的随机变量。

由模型可以看出，当 Z_i 从 $-\infty$ 变化到 $+\infty$ 时，P_i 从 0 变化到 1，并且 P_i 对 Z_i 呈现的是非线性关系，于是 P_i 与各自变量 $X_1, X_2, \cdots, X_k$ 之间也是非线性关系。这与上述所期望达到的目的一致。然而，此时就不能运用普通最小二乘估计对模型进行估计了。接下来，由式(8-9)可得出

$$Z_i = \Phi^{-1}(P_i)$$

即

$$\Phi^{-1}(P_i) = \beta_0 + \beta_1 X_{1i} + \cdots + \beta_k X_{ki} \tag{8-10}$$

这说明，虽然 P_i 与各变量已不是线性关系，但是 $\Phi^{-1}(P_i)$ 与各自变量之间仍然是线性关系。一般来说，$\Phi^{-1}(P_i)$ 几乎不可能与各变量之间达到完全的线性关系，于是将式(8-10)写成

$$\Phi^{-1}(P_i) = \beta_0 + \beta_1 X_{1i} + \cdots + \beta_k X_{ki} + \mu_i \tag{8-11}$$

式中，$E(\mu_i) = 0$。

所以，如果得到 $\Phi^{-1}(P_i)$ 的估计值，就可以考虑用普通最小二乘估计或加权最小二乘估计对式(8-11)进行估计。

二、二元 **Probit** 模型参数估计

（一）可重复观测数据的二元 Probit 模型参数估计

在样本的每个决策者可以重复观测的情况下，对第 i 个决策者重复观测 N_i 次，选择 $Y_i = 1$ 的次数为 n_i，那么第 i 个决策者选择 $Y_i = 1$ 的频率为

$$\hat{p}_i = \frac{n_i}{N_i}$$

那么，当重复观测的次数较大时，可以将 $\hat{p}_i$ 作为真实概率 P_i 的一个估计值。得到估计的 Probit 模型为

$$\Phi^{-1}(\hat{p}_i) = \hat{\beta}_0 + \hat{\beta}_1 X_{1i} + \cdots + \hat{\beta}_k X_{ki}$$

那么，可以继续使用普通最小二乘估计法对式(8-11)进行估计吗？这时同 LPM 一样，必须知道随机误差项 μ_i 是否存在异方差性。如果存在异方差性，就需要运用加权最小二乘估计法进行估计。

第 i 个决策者选择 $Y_i = 1$ 的频率也可以写成

$$\hat{p}_i = \frac{1}{N_i} \sum_{i=1}^{N_i} Y_i$$

根据统计学相关知识可以推出，当观测次数 N_i 足够多时，第 i 个决策者的选择变量 Y_i 服从概率为 P_i 的伯努利分布，而 $\hat{p}_i$ 则为 N_i 次观测结果的均值，从而

$$\hat{p}_i : N\left[P_i, \frac{1}{N_i P_i (1 - P_i)}\right] \tag{8-12}$$

对 $\Phi^{-1}(\hat{p}_i)$ 在 P_i 处进行泰勒级数展开，只保留一阶项，得到

$$\Phi^{-1}(\hat{p}_i) = \Phi^{-1}(P_i) + \frac{1}{\varphi(P_i)}(\hat{p}_i - P_i) \tag{8-13}$$

式中，φ 为标准正态分布的概率密度函数。

由式(8-12)与式(8-13)，随机误差项 μ_i 的方差为

$$\begin{aligned}
\operatorname{var}(\mu_i) &= \operatorname{var}\left[\Phi^{-1}(\hat{p}_i) - \Phi^{-1}(P_i)\right] \\
&= \operatorname{var}\left[\frac{1}{\varphi(P_i)}(\hat{p}_i - P_i)\right] \\
&= \frac{P_i(1 - P_i)}{N_i \left[\varphi(P_i)\right]^2}
\end{aligned} \tag{8-14}$$

由式(8-14)可得出结论，模型的随机误差项 μ_i 具有异方差性。因此，需要用加权最小二乘估计法对式(8-11)进行估计，此时的权重 w_i 应该取为

$$w_i = \frac{P_i(1 - P_i)}{N_i \left[\varphi(P_i)\right]^2}$$

将估计值 $\hat{p}_i$ 代入 P_i，就可得到权重的估计值为

$$w_i = \frac{\hat{p}_i(1 - \hat{p}_i)}{N_i \left[\varphi(\hat{p}_i)\right]^2}$$

接下来对(8-11)两边同时除以$\sqrt{w_i}$，

$$\frac{\Phi^{-1}(P_i)}{\sqrt{w_i}} = \frac{\beta_0}{\sqrt{w_i}} + \beta_1 \frac{X_{1i}}{\sqrt{w_i}} + \cdots + \beta_k \frac{X_{ki}}{\sqrt{w_i}} + \frac{\mu_i}{\sqrt{w_i}} \tag{8-15}$$

将$\Phi^{-1}(P_i)$用估计值$\Phi^{-1}(\hat{p}_i)$代入，对式(8-15)进行普通最小二乘估计，就可以得到相应的模型参数。

相关链接 8-5

价格折扣券兑换模型

蒙哥马利和佩克收集了关于6盒两升装软饮料的价格折扣券使用数据，以此研究赠送价格折扣券对饮料销售产生的效果。他们将5 500个消费者平均分为11个小组，并随机分配到具有11种不同价格折扣的实验组中，观察消费者是否在一个月内兑换折扣券。试验得出的数据见表8-8。

表8-8　价格折扣券兑换数据

价格折扣 X_{1i}，%	样本大小 N_i	折扣券兑换个数 n_i
5	500	100
7	500	122
9	500	147
11	500	176
13	500	211
15	500	244
17	500	277
19	500	310
21	500	343
23	500	372
25	500	391

在数据基础上，考虑建立二元 Probit 模型，研究赠送价格折扣券的效果。模型以Y_i表示折扣券的兑换情况，$Y_i = 1$代表折扣券有被兑换，$Y_i = 0$代表折扣券没有被兑换。价格折扣X_1(单位：美分)为模型的自变量。这是一组可重复观测数据，根据数据求出不同价格折扣组中，$Y_i = 1$发生的频率$\hat{p}_i$。用$\hat{p}_i$作为$Y_i = 1$发生的真实概率P_i的估计值。根据上文介绍的可重复观测数据的二元 Probit 模型参数估计过程，得出模型建立的结果为

$$\frac{\Phi^{-1}(P_i)}{\sqrt{w_i}} = -1.272\,2 \frac{1}{\sqrt{w_i}} + 0.082\,9 \frac{X_{1i}}{\sqrt{w_i}}$$

$$t = (-120.846\,7) \quad (118.504\,5)$$

$$R^2 = 0.999\,4$$

上述的回归结果可以解释为：加权价格折扣$\dfrac{X_{1i}}{\sqrt{w_i}}$每增加一美分，$\dfrac{\Phi^{-1}(P_i)}{\sqrt{w_i}}$将增加0.082 9个单位。然而，我们实际的目的是要研究消费者兑换价格折扣券的概率情况。我们

知道

$$P_i = \Phi(-1.272\,2 + 0.082\,9X_{1i})$$

两边对 X_{1i} 求导,得

$$\frac{\mathrm{d}P_i}{\mathrm{d}X_{1i}} = \varphi(-1.272\,2 + 0.082\,9X_{1i}) \times 0.082\,9 \tag{8-16}$$

那么,根据式(8-16),就可以知道价格折扣 X_{1i} 取不同值时,以该折扣值为起点每增加一个单位折扣值,消费者选择兑换价格折扣券的概率变化值。比如当价格折扣 $X_{1i} = 5$ 时,将 $X_{1i} = 5$ 代入式(8-16)的右边式子,得

$$\varphi(-1.272\,2 + 0.082\,9X_{1i}) \times 0.082\,9 = \varphi(-1.272\,2 + 0.082\,9 \times 5) \times 0.082\,9 = 0.022\,9$$

这意味着,价格折扣从 5 美分开始,每增加 1 美分,消费者选择兑换价格折扣券的概率可能将会增加 2.29%。

(二)不可重复观测数据的二元 Probit 模型参数估计

如果对于每个决策者不能重复观测,这时就无法求出决策者选择 $Y_i = 1$ 的频率,那么也就无法求出 P_i 的估计值。在这种情况下,二元 Probit 模型的参数不能由普通最小二乘估计与加权最小二乘估计得出,通常是运用最大似然法的非线性估计。下面简单介绍估计原理。

假设对 n 个决策者进行观测,得到 n 个观测值,Y_i 为第 i 个决策者的选择结果。已经得知 Y_i 服从概率为 P_i 的伯努利分布,于是 n 次观测的 Y 值的联合概率,即似然函数为

$$f(Y_1, Y_2, \cdots, Y_n) = \prod_{i=1}^{n} f_i(Y_i) = \prod_{i=1}^{n} (P_i)^{Y_i} (1 - P_i)^{1-Y_i} \tag{8-17}$$

对式(8-17)取自然对数,得到对数似然函数为

$$\ln(f(Y_1, Y_2, \cdots, Y_n)) = \sum_{i=1}^{n} [Y_i \ln P_i + (1 - Y_i) \ln(1 - P_i)] \tag{8-18}$$

在二元 Probit 模型中,

$$P_i = \Phi(Z_i) = \Phi(\beta_0 + \beta_1 X_{1i} + \cdots + \beta_k X_{ki})$$

于是有

$$\ln(f(Y_1, Y_2, \cdots, Y_n)) = \sum_{i=1}^{n} [Y_i \ln(\Phi(Z_i)) + (1 - \Phi(Z_i)) \ln(1 - \Phi(Z_i))] \tag{8-19}$$

在给定各自变量 X 的条件下,对数似然函数 $\ln(f(Y_1, Y_2, \cdots, Y_n))$ 是关于参数 $\beta_0, \beta_1, \cdots, \beta_k$ 的函数。我们的目的是求出使得对数函数 $\ln(f(Y_1, Y_2, \cdots, Y_n))$ 最大的参数估计 $\hat{\beta}_0, \hat{\beta}_1, \cdots, \hat{\beta}_k$。接下来,就式(8-19)对每个未知的参数 $\beta_0, \beta_1, \cdots, \beta_k$ 求偏微分,并且令这些式子为零,求解得到的方程组,就可以得到模型的参数估计。然而,实际的运算过程中会发现,这些式子对于参数 $\beta_0, \beta_1, \cdots, \beta_k$ 来说是非线性的,无法得到参数的确切解。因此,需要运用最大似然法的非线性估计牛顿迭代法来求解参数。由于现在的很多软件都可以进行最大似然法的非线性估计,所以这里不再阐述具体的原理。

相关链接 8-6

二元 Probit 模型参数估计

根据相关链接 8-4 中的大学生创业数据,运用 EViews 8.0 软件建立二元 Probit 模型。

其具体步骤如下。

(1) 将数据导入 EViews 8.0 软件,选择 Quick/Estimate Equation 菜单命令。打开如图 8-7 所示的对话框。在 Method 下拉列表中选择 BINARY 选项,并且在 Binary estimation 选项组中单击 Probit 单选按钮。

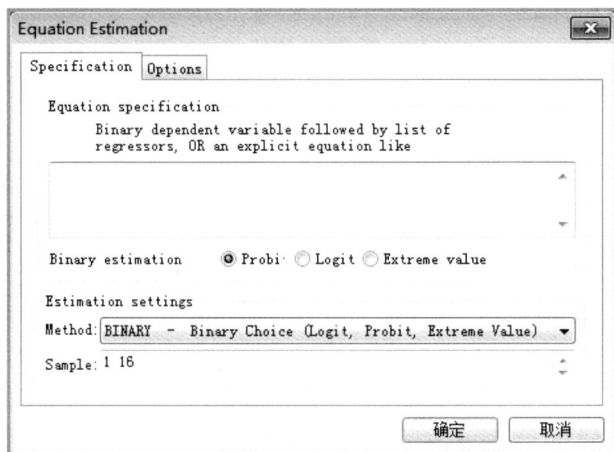

图 8-7　Equation Estimation 对话框

(2) 在图 8-7 所示对话框的方程定义(Equation specification)栏中输入二元因变量与自变量的序列名:

$$Y \ C \ X1 \ X2$$

然后单击"确定"按钮。

(3) 由于得到的结果显示常数项不显著,所以将常数项去掉,建立不含有常数项的模型。此时方程定义(Equation specification)栏中输入的序列名改为

$$Y \ X1 \ X2$$

得到模型的建立结果如图 8-8 所示。

Dependent Variable: Y
Method: ML - Binary Probit (Newton-Raphson)
Date: 02/25/15　Time: 23:14
Sample: 1 16
Included observations: 16
Convergence achieved after 5 iterations
Covariance matrix computed using second derivatives

	Coefficient	Std. Error	z-Statistic	Prob
X1	-1.031183	0.482666	-2.136430	0.0326
X2	1.076279	0.468178	2.298866	0.0215
Mean dependent var	0.375000	S.D. dependent var		0.500000
S.E. of regression	0.339937	Akaike info criterion		0.875649
Sum squared resid	1.617803	Schwarz criterion		0.972222
Log likelihood	-5.005191	Hannan-Quinn criter.		0.880594
Avg. log likelihood	-0.312824			
Obs with Dep=0	10	Total obs		16
Obs with Dep=1	6			

图 8-8　模型的建立结果

图 8-8 所示模型结果的上部分显示了模型的估计方法是 ML 法、迭代收敛、计算系数协方差矩阵的方法等信息；模型结果的下部分显示了模型的系数估计值、渐进标准误差、z 统计量的值等信息。根据结果，可以得出大学毕业生创业的二元 Probit 模型结果为

$$\Phi^{-1}(P_i) = -1.031\,2X_{1i} + 1.076\,3X_{2i} \tag{8-20}$$
$$z = (-2.136\,4) \qquad (2.298\,9)$$

模型结果可以这样解释：$\hat{\beta}_1 = -1.031\,2$ 表明，当保持家庭月平均收入一致时，平均绩点每增加 1 个单位，$\Phi^{-1}(P_i)$ 的值将减小 1.031 2 个单位。接下来需要明确的问题是大学毕业生选择创业的概率是如何变化的。由式(8-20)可得

$$P_i = \Phi(-1.031\,2X_{1i} + 1.076\,3X_{2i})$$

在给定 X_{2i} 的条件下，上式两边对变量 X_{1i} 求导，得

$$\frac{\mathrm{d}P_i}{\mathrm{d}X_{1i}} = (-1.031\,2) \times \varphi(-1.031\,2X_{1i} + 1.076\,3X_{2i}) \tag{8-21}$$

于是根据式(8-21)，就可以知道在保持 X_{2i} 不变的情况下，以不同的平均绩点为起点每增加一个单位的平均绩点，大学毕业生参加创业的概率变化值。比如，对于家庭月平均收入为 1.5 万元并且大学四年的平均绩点为 3.1 的大学毕业生，可以将 $X_{1i} = 3.1$、$X_{2i} = 1.5$ 代入式(8-21)的右边，得

$$\varphi(-1.031\,2X_{1i} + 1.076\,3X_{2i}) \times (-1.031\,2)$$
$$= \varphi(-1.031\,2 \times 3.1 + 1.076\,3 \times 1.5) \times (-1.031\,2)$$
$$= -0.117\,6$$

这个结果意味着对于家庭月平均收入都是 1.5 万元的大学毕业生而言，平均绩点从 3.1 开始每增加 1 个单位绩点，参加创业的概率就会下降 11.76%。

第 三 节 二元 Logit 模型

一、模型的基本形式

二元 Logit 模型即二元逻辑模型，其基本形式为

$$P_i = f(Z_i) = \frac{1}{1 + \mathrm{e}^{-Z_i}} \tag{8-22}$$

式中，$Z_i = \beta_0 + \beta_1 X_{1i} + \cdots + \beta_k X_{ki}$；$f$ 为逻辑累积分布函数。

由模型(8-22)可以看出，其与二元 Probit 模型的基本原理一致。当 Z_i 从 $-\infty$ 变化到 $+\infty$ 时，P_i 从 0 变化到 1，并且 P_i 与各自变量 $X_1, X_2, \cdots, X_k$ 之间也呈现非线性关系，同样不能用普通的最小二乘估计直接对模型(8-22)进行参数估计。由式(8-9)可推出

$$Z_i = f^{-1}(P_i) = \ln\left(\frac{P_i}{1 - P_i}\right)$$

于是有

$$\ln\left(\frac{P_i}{1 - P_i}\right) = \beta_0 + \beta_1 X_{1i} + \cdots + \beta_k X_{ki} \tag{8-23}$$

这说明 $\ln\left(\dfrac{P_i}{1-P_i}\right)$ 对各自变量的关系是线性关系,但这种线性关系几乎不能达到完全的线性关系,于是可以将式(8-23)写成

$$\ln\left(\frac{P_i}{1-P_i}\right)=\beta_0+\beta_1X_{1i}+\cdots+\beta_kX_{ki}+\mu_i \tag{8-24}$$

式中,$E(\mu_i)=0$。

二元 Logit 模型的参数估计原理与二元 Probit 模型的参数估计原理一样,对于可重复观测与不可重复观测的数据,采用不同的参数估计方法。下面简要介绍二元 Logit 模型的参数估计原理。

二、二元 Logit 模型参数估计

(一)可重复观测数据的二元 Logit 模型参数估计

同样地,对每个决策者 i 重复观测 N_i 次,观察得到其选择 $Y_i=1$ 的次数为 n_i。当对每个决策者的重复观测次数足够大时,可以用 $\hat{p}_i=\dfrac{n_i}{N_i}$ 作为真实概率 P_i 的一个估计值,得到估计的 Logit 模型为

$$\ln\left(\frac{\hat{p}_i}{1-\hat{p}_i}\right)=\hat{\beta}_0+\hat{\beta}_1X_{1i}+\cdots+\hat{\beta}_kX_{ki}$$

接下来,同样检验模型的随机误差项是否存在异方差性。在本章第二节中已经证明了

$$\hat{p}_i: N\left(P_i,\frac{1}{N_iP_i(1-P_i)}\right) \tag{8-25}$$

对 $\ln\left(\dfrac{\hat{p}_i}{1-\hat{p}_i}\right)$ 在 P_i 处进行泰勒级数展开,只保留一阶项,得到

$$\ln\left(\frac{\hat{p}_i}{1-\hat{p}_i}\right)=\ln\left(\frac{P_i}{1-P_i}\right)+\frac{\hat{p}_i-P_i}{P_i(1-P_i)} \tag{8-26}$$

结合式(8-25)和式(8-26)可得随机误差项 μ_i 的方差为

$$\begin{aligned}
\mathrm{var}(\mu_i)&=\mathrm{var}\left[\ln\left(\frac{\hat{p}_i}{1-\hat{p}_i}\right)-\ln\left(\frac{P_i}{1-P_i}\right)\right]\\
&=\mathrm{var}\left[\frac{\hat{p}_i-P_i}{P_i(1-P_i)}\right]\\
&=\frac{1}{N_iP_i(1-P_i)}
\end{aligned} \tag{8-27}$$

从式(8-27)可得出结论:模型的随机误差项 μ_i 具有异方差性。因此,需要用加权最小二乘法对式(8-24)进行估计,此时的权重应该取为

$$w_i=\frac{1}{N_iP_i(1-P_i)}$$

将 P_i 用估计值 $\hat{p}_i$ 代入,就可得到权重的估计值为

$$w_i = \frac{1}{N_i \hat{p}_i (1 - \hat{p}_i)}$$

接下来对式(8-24)两边同时除以 $\sqrt{w_i}$，即

$$\frac{1}{\sqrt{w_i}} \ln\left(\frac{P_i}{1 - P_i}\right) = \frac{\beta_0}{\sqrt{w_i}} + \beta_1 \frac{X_{1i}}{\sqrt{w_i}} + \cdots + \beta_k \frac{X_{ki}}{\sqrt{w_i}} + \frac{\mu_i}{\sqrt{w_i}} \tag{8-28}$$

将 $\ln\left(\dfrac{P_i}{1 - P_i}\right)$ 用估计值 $\ln\left(\dfrac{\hat{p}_i}{1 - \hat{p}_i}\right)$ 代入，对式(8-28)进行普通最小二乘估计，就可以得到相应的模型参数。

相关链接8-7

可重复观测数据二元 Logit 模型参数估计

根据相关链接 8-5 的价格折扣券兑换模型数据，建立二元 Logit 模型。模型的结果为

$$\frac{1}{\sqrt{w_i}} \ln\left(\frac{P_i}{1 - P_i}\right) = -2.084\ 6 \frac{1}{\sqrt{w_i}} + 0.135\ 7 \frac{X_{1i}}{\sqrt{w_i}} \tag{8-29}$$

$$t = (-143.596\ 7) \quad (151.621\ 0)$$

$$R^2 = 0.999\ 6$$

由二元 Logit 模型的性质可知：

$$P_i = \frac{1}{1 + e^{-(\beta_0 + \beta_1 X_{1i})}} \tag{8-30}$$

结合式(8-29)有

$$\hat{p}_i = \frac{1}{1 + e^{-(-2.084\ 6 + 0.135\ 7 X_{1i})}} \tag{8-31}$$

于是可以根据式(8-31)计算出某一价格折扣水平下，消费者选择兑换价格折扣券的概率。例如取 $X_{1i} = 5$，代入式(8-31)中得到估计概率为 $\hat{p}_i = 0.196\ 9$。也就是说，当价格折扣为 5 美分时，消费者兑换价格折扣券的概率达到 19.69%。那么，当价格折扣 X_{1i} 变化时，概率又是如何变化的呢？将式(8-30)两边对 X_{1i} 求导，得到

$$\frac{\mathrm{d}P_i}{\mathrm{d}X_{1i}} = \beta_1 P_i (1 - P_i)$$

当 $X_{1i} = 5$ 时，有

$$\frac{\mathrm{d}P_i}{\mathrm{d}X_{1i}} = 0.135\ 7 \times 0.196\ 9 \times (1 - 0.196\ 9) = 0.021\ 5$$

可以解释为价格折扣从 5 美分起，每增加 1 美分，消费者兑换价格折扣券的概率可能会增加 2.15%。

（二）不可重复观测数据的二元 Logit 模型参数估计

不可重复观测数据的二元 Logit 模型参数估计与二元 Probit 模型一样，需要运用最大似然法的非线性估计。下面求出二元 Logit 模型的对数似然函数，结合式(8-19)有

$$\ln(f(Y_1,Y_2,\cdots,Y_n)) = \sum_{i=1}^{n}[Y_i \ln P_i + (1-Y_i)\ln(1-P_i)]$$

$$= \sum_{i=1}^{n} Y_i \ln\left(\frac{P_i}{1-P_i}\right) + \sum_{i=1}^{n} \ln(1-P_i)$$

在二元 Logit 模型中

$$P_i = \frac{1}{1+e^{-Z_i}} = \frac{1}{1+e^{-(\beta_0+\beta_1 X_{1i}+\cdots+\beta_k X_{ki})}}$$

于是有

$$\ln(f(Y_1,Y_2,\cdots,Y_n)) = \sum_{i=1}^{n} Y_i(\beta_0+\beta_1 X_{1i}+\cdots+\beta_k X_{ki}) - \sum_{i=1}^{n} \ln(1+e^{(\beta_0+\beta_1 X_{1i}+\cdots+\beta_k X_{ki})})$$

$$(8\text{-}32)$$

根据式(8-32)可知,在给定各自变量 X 的条件下,将对数似然函数 $\ln(f(Y_1,Y_2,\cdots,Y_n))$ 对每个未知的参数 $\beta_0,\beta_1,\cdots,\beta_k$ 求偏微分,再令这些式子为零。然而,由于这些公式对于参数 $\beta_0,\beta_1,\cdots,\beta_k$ 来说是非线性的,无法得到参数的确切解。因此,需要运用最大似然法的非线性估计牛顿迭代法来求解参数。

相关链接 8-8

不可重复观测数据二元 Logit 模型参数估计

仍然根据表 8-5 中的大学毕业生创业数据,建立二元 Logit 模型,运用 EViews 8.0 软件求得模型的结果为

$$\ln\left(\frac{P_i}{1-P_i}\right) = -1.763\,6X_{1i} + 1.880\,5X_{2i} \qquad (8\text{-}33)$$

$$z = (-1.999\,9) \qquad (2.088\,8)$$

由二元 Logit 模型可得

$$\hat{p}_i = \frac{1}{1+e^{-(-1.763\,6X_{1i}+1.880\,5X_{2i})}} \qquad (8\text{-}34)$$

于是,由式(8-34)可以得知某一特定平均绩点与家庭收入状况的大学毕业生,其参加创业的可能概率。当保持家庭月平均收入 X_{2i} 不变时,创业概率相对平均绩点的变化率为

$$\frac{\mathrm{d}P_i}{\mathrm{d}X_{1i}} = \beta_1 P_i(1-P_i) \qquad (8\text{-}35)$$

例如,对于月家庭收入为 1.5 万元的大学生而言,平均绩点由 3.1 开始每增加 1,根据式(8-35)可以得知其创业的概率将下降 10.90%。

二、模型检验与拟合优度

在大样本条件下,最大似然估计近似服从正态分布,此时基于最大似然估计的 Probit 模型与 Logit 模型的统计检验,与基于普通最小二乘估计的线性回归模型的统计检验方法一样。在样本量较少的情况下,就不能沿用线性回归模型的统计检验方法了。这时可以对模型进行沃尔德检验(Wald 检验)、似然比检验(LR 检验)和拉格朗日乘数检验(LM 检验)。

与线性概率回归模型一样,拟合优度 R^2 不适用于度量 Probit 模型与 Logit 模型的拟合效果。计数 R^2 法是度量 Probit 模型与 Logit 模型拟合效果的较为简单的方法。计数 R^2 等于模型正确预测的观测值比重。一般来说,预测概率 $\hat{p}_i \geqslant 0.5$ 时,预测因变量 Y_i 取值为 1;预测概率 $\hat{p}_i < 0.5$ 时,预测因变量 Y_i 取值为 0。也就是说,当预测概率为 0.6 与 0.9 时,预测变量 Y_i 都取 1。因此,计数 R^2 法存在无法反映预测质量的缺点。

四、多元选择模型

在实际经济问题中,决策者常常会遇到多分类选择的情况。比如,对某个提案进行投票,投票人可以选择赞成、不赞成或弃权;又如,职业的选择,上下班交通工具的选择,居住地的选择等,这些问题的选择结果都是多样化的。那么,如果决策者遇到这些问题,又会作出怎样的决策呢?这就是接下来简要介绍的多元选择模型能够解决的问题。

由于在多元离散选择模型中,多元 Probit 模型将涉及多元正态分布问题,模型较复杂,应用难度较大,所以在涉及多元离散选择模型时,一般考虑运用多元线性概率模型和多元 Logit 模型。下面以三元选择模型为例。

(一) 多元线性概率模型

以三元线性概率模型为例,其基本形式为

$$
\begin{aligned}
P_{1i} &= \alpha_1 + \beta_1 X_i \\
P_{2i} &= \alpha_2 + \beta_2 X_i \\
P_{3i} &= \alpha_3 + \beta_3 X_i
\end{aligned}
\tag{8-36}
$$

式中,P_{1i}、P_{2i}、P_{3i} 分别表示第 i 个决策者作出第 1、2、3 个选择的概率,$P_{1i} + P_{2i} + P_{3i} = 1$。

因此,只需要估计出第 i 个决策者选择其中两个类别的概率,那么选择剩下一个类别的概率也就确定了。也就是说,只需要运用二元线性概率模型的参数估计方法对式(8-36)中的两个方程进行估计,就可以得到另外一个方程的估计值。

(二) 多元 Logit 模型

三元 Logit 模型的基本形式为

$$
\log\left(\frac{P_{2i}}{P_{1i}}\right) = \alpha_{21} + \beta_{21} X_i
$$

$$
\log\left(\frac{P_{3i}}{P_{1i}}\right) = \alpha_{31} + \beta_{31} X_i
\tag{8-37}
$$

$$
\log\left(\frac{P_{3i}}{P_{2i}}\right) = \alpha_{32} + \beta_{32} X_t
$$

同样,决策者的选择概率满足 $P_{1i} + P_{2i} + P_{3i} = 1$。因此,对于多元 Logit 模型同样只需要对式(8-37)中的两个方程进行估计,就可以得到另外一个方程的估计。由式(8-27)可以发现

$$
\log\left(\frac{P_{3i}}{P_{2i}}\right) = \log\left(\frac{P_{3i}}{P_{1i}}\right) + \log\left(\frac{P_{1i}}{P_{2i}}\right) = \log\left(\frac{P_{3i}}{P_{1i}}\right) - \log\left(\frac{P_{2i}}{P_{1i}}\right)
$$

于是有

$$
\alpha_{32} + \beta_{32} X_i = (\alpha_{31} - \alpha_{21}) + (\beta_{31} - \beta_{21}) X_i
$$

从而有

$$\alpha_{32} = \alpha_{31} - \alpha_{21}; \beta_{32} = \beta_{31} - \beta_{21}$$

方程的估计与二元 Logit 模型的参数估计原理类似,对于可重复观测数据,运用加权最小二乘估计法进行估计;而对于不可重复观测的数据,则采用最大似然估计法进行估计。

关 键 术 语

虚拟变量　线性概率模型　Probit 模型　Logit 模型

闯 关 习 题

一、即测即练

（二维码图）

二、简述题

1. 什么是虚拟变量?虚拟变量引入模型中要遵循怎样的原则?

2. 简述以虚拟变量为自变量的模型主要类别以及基本原理。

3. 线性概率模型存在的问题有哪些?

4. 简述二元 Probit 模型的参数估计方法。

5. 简述二元 Logit 模型的参数估计方法。

三、计算分析题

1. 为了评价工作权法案对工会关系的影响,利用某国 2025 年 50 个州的数据估计出如下回归模型:

$$PVT_i = 19.806\,6 - 9.391\,7RTW_i$$
$$t = (17.035\,2) \quad (-5.108\,6)$$
$$R^2 = 0.352\,2$$

其中,PVT 代表 2025 年私人部门雇员加入工会的百分比。如果工作权法案生效,则 $RTW_i = 1$;否则,$RTW_i = 0$。

（1）请解释上述的回归结果。

（2）对于没有颁布工作权法案的州,其私人部门雇员加入工会的平均百分比为多少?

2. 某一临床数据表明:心肌梗死与人体内的 HDL(高密度脂蛋白)和 FIB(纤维蛋白原)的指标值密切相关。为了研究这两个指标对心肌梗死的影响,请根据表 8-9 中 30 个样本的相关指标数据,建立二元选择模型。其中 Y_i 表示是否有心肌梗死(有为1,否则为0)。

表 8-9　心肌梗死与 HDL、FIB 数据

Y_i	HDL	FIB	Y_i	HDL	FIB	Y_i	HDL	FIB
1	43	0.41	1	51	0.42	0	44	0.47
1	54	0.42	1	46	0.42	0	40	0.39
0	51	0.40	1	38	0.4	1	44	0.45

续表

Y_i	HDL	FIB	Y_i	HDL	FIB	Y_i	HDL	FIB
1	52	0.48	0	44	0.37	0	50	0.42
0	58	0.35	1	38	0.38	0	57	0.33
0	50	0.38	0	73	0.35	0	62	0.38
0	41	0.36	1	42	0.34	0	39	0.45
0	46	0.41	0	39	0.38	1	71	0.36
1	53	0.40	0	43	0.45	1	54	0.29
0	54	0.33	0	50	0.48	1	27	0.41

课外修炼

阅读《计量经济学方法》

一、作者简介

J. 约翰斯顿是加利福尼亚大学的计量经济学名誉教授。在转入俄尔文之前,他担任曼彻斯特大学的斯坦利·杰文斯计量经济学教授。J. 约翰斯顿教授也曾任教于纽约市立大学、埃莫立大学、哈佛大学、安大略皇后大学、威尔士大学等。他还是计量经济学会的资深会员。其作品有《统计成本分析》及《计量经济学方法》的前三版。

J. 迪纳尔多是加利福尼亚大学的经济学副教授,并为国民经济研究所的研究员。在转入俄尔文之前,他曾担任兰德的研究助理。作为一名劳动经济学家和应用计量经济学家,他曾执教于麻省理工学院和普林斯顿大学。他最近的作品刊登在《计量经济学》和《政治经济学》杂志,以及《经济学杂志》季刊上。该书是他所著的第一本书。

二、主要特点

该书的主要写作目标有两个:一是提供一份综合易懂可用的计量经济方法手册;二是通过应用一些真实数据集来说明这些方法。这些数据由该书的配套数据磁盘给出,因而读者可以重复操作书中的应用案例,实验 下章末所提出的一些问题,再对自己选择的方法进行进一步的分析。

我读的书越多,就越亲近世界,越明了生活的意义,越觉得生活的重要。

——高尔基

第九章
Chapter 9
滞后变量模型

>>> **知识结构图**

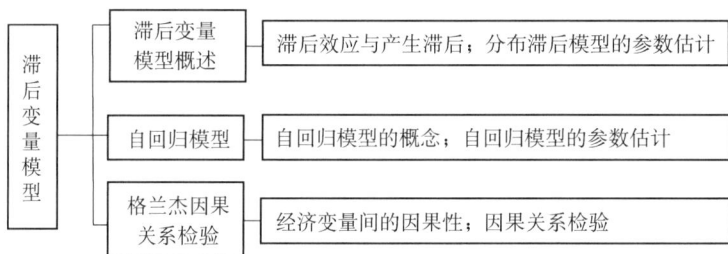

>>> **学习目标**

1. 知识目标：了解滞后变量、滞后效应、滞后变量模型、分布滞后模型、自回归模型等概念及滞后效应产生的原因。

2. 能力目标：掌握分布滞后模型和自回归模型的建立及参数估计方法。

>>> **情景写实**

在社会经济复杂的系统中，人的心理因素对经济变量的变化有很大的影响。由于人们的心理定式及社会习惯的作用，适应新经济条件和经济环境需要一个过程，从而表现为决策的滞后性。经济主体的大多数行为，都会受到预期心理的影响。预期心理是指人们基于已有信息、经验或信念，对未来事件的结果、趋势或状态形成的主观估计和期望，是一种带有前瞻性的心理活动。它并非对未来的客观预测，而是个体结合自身认知、环境线索等形成的主观判断，会直接影响人的决策、情绪和行为。不同个体对同一事件的预期可能差异显著，受个人价值观、经历、性格等影响。例如，面对股市波动，乐观者可能预期反弹，悲观者可能预期持续下跌。消费者的购买行为常受预期驱动：若预期某商品未来会涨价(如季节性商品、限量款)，可能提前抢购；若预期会降价(如电商大促前)，可能推迟购买。

第 一 节　　滞后变量模型概述

在经济活动中,广泛存在时间滞后效应,即动态性。某些经济变量不仅受到同期各种因素的影响,而且也受到过去某些时期的各种因素甚至自身的过去值的影响。把这种过去时期的具有滞后作用的变量叫作滞后变量(lagged variable),含有滞后变量的模型称为滞后变量模型。

滞后变量模型考虑了时间因素的作用,使静态分析的问题有可能成为动态分析。含有滞后被解释变量的模型,又称动态模型(dynamic models)。

一、滞后效应与产生滞后效应的原因

一般来说,被解释变量与解释变量的因果关系不一定就在瞬时发生,可能存在时间上的滞后,或者说解释变量的变化可能需要经过一段时间才能完全对被解释变量产生影响。同样地,被解释变量当前的变化也可能受其自身过去水平的影响。这种被解释变量受到自身或另一解释变量的前几期值影响的现象称为滞后效应,表示前几期值的变量称为滞后变量。例如,在研究消费函数时,通常认为本期的消费除了受本期的收入水平影响之外,还受前一期收入以及前一期消费水平的影响。

设 C_t、Y_t 分别是 t 时的消费和收入,则消费函数为

$$C_t = \beta_0 + \beta_1 Y_t + \beta_2 Y_{t-1} + \beta_3 C_{t-1} + \mu_t \tag{9-1}$$

这就是含有滞后变量的模型,Y_{t-1}、C_{t-1} 为滞后变量。

在现实生活中,产生滞后效应的原因主要有以下两个方面。

(一)客观原因

▶ 1. 技术原因

在现实经济运行中,从生产到流通再到使用,每一个环节都需要一段时间,从而形成时滞。

(1)工业生产中,当年的产出在某种程度上依赖于过去若干期内投资所形成的固定资产。

(2)当年农产品产量主要取决于过去一年价格的高低。

(3)生产者扩大生产规模和提高产品质量会受到工艺技术水平与生产能力的限制,生产者将产品的产量调整到最佳水平,需要一定时间来增加设备和提高工艺技术水平。

▶ 2. 制度原因

契约、管理制度等因素也会造成经济行为一定程度的滞后。

(1)企业要改变它的产品结构或产量,会受到过去签订的供货合同的制约。

(2)定期存款到期才能提取,造成了它对社会购买力的影响具有滞后性。

(3)管理层次过多、管理的低效率也会造成滞后效应。

这些情况说明,当一种变量发生变化时,另一种变量由于制度方面的原因,需经过一定时期才能作出相应的变动,从而形成滞后现象。

(二)主观原因

经济活动离不开人的参与。人们往往对信息的了解不够全面或者受心理因素的影响,

因而对于新的变化情况反应迟钝。人们受习惯势力的影响,往往不能迅速调整自己的行为使之适应新的环境。由于人们的心理定式和行为习惯,其行为方式往往滞后于经济形势的变化。

(1) 中彩票的人不可能很快改变其生活方式。因此,以往的行为延续产生了滞后效应。

(2) 人们对某种商品的消费量不仅受商品当前价格的影响,而且还受预期价格的影响。当人们预期价格上涨时,就会加快当期的购买;而当人们预期价格下降时,就会持币观望,减少当期的购买。由于对预期要依据过去的经验,因此在一定条件下,这种"预期"因素的影响可转化为滞后效应。

二、滞后变量模型

以滞后变量作为解释变量,就得到滞后变量模型。它的一般形式为

$$Y_t = \beta_0 + \beta_1 Y_{t-1} + \beta_2 Y_{t-2} + \cdots + \beta_q Y_{t-q} + \alpha_0 X_t + \alpha_1 X_{t-1} + \alpha_2 X_{t-2} + \cdots + \alpha_s X_{t-s} + \mu_t \quad (9\text{-}2)$$

式中,q,s 为滞后时间间隔,称为滞后期;Y_{t-q} 为被解释变量 Y 的第 q 期滞后;X_{t-s} 为解释变量 X 的第 s 期滞后。

由于模型既包括 Y 对自身滞后变量的回归,也包括解释变量 X 分布在不同时期的滞后变量,因此一般称为自回归分布滞后模型(ARDL)。若滞后期长度有限,称模型为有限自回归分布滞后模型;若滞后期长度无限,称模型为无限自回归分布滞后模型。

如果滞后变量模型中没有滞后被解释变量,仅有解释变量 X 的当期值及其若干期的滞后值,则称为分布滞后模型(Distributed-lag Model),也称外生滞后变量模型。

分布滞后模型的一般形式为

$$Y_t = \beta_0 + \alpha_0 X_t + \alpha_1 X_{t-1} + \alpha_2 X_{t-2} + \cdots + \alpha_s X_{t-s} + \mu_t \quad (9\text{-}3)$$

分布滞后模型的各系数体现了解释变量的当期值和各期滞后值对被解释变量的不同影响程度,因此也称为乘数(multiplier)。

α_0 为即期乘数,表示本期 X 变化一个单位对 Y 平均值的影响程度。α_i 称为动态乘数或延迟系数,表示各滞后期 X 的变动对 Y 的平均值影响的大小。$\sum \alpha_s$ 称为长期或均衡乘数,表示 X 变动一个单位,由于滞后效应而形成的对 Y 平均值总影响的大小。

由式(9-3)可知,如果各期的 X 值保持不变,则 X 与 Y 间的长期或均衡关系即为

$$E(Y_t) = \beta_0 + \left(\sum \alpha_s \right) X_t \quad (9\text{-}4)$$

为了避免 Y_t 的数值激增,假定 α_i 项之和为有限值,即 $\sum \alpha_s < +\infty$。

问题:滞后期 s 应该是多少呢?

一个平均滞后定义为

$$平均滞后 = \frac{\sum_{i=1}^{s} i\beta_i}{\sum_{i=1}^{s} \beta_i} = \sum_{i=1}^{s} i\, \frac{\beta_i}{\sum_{i=1}^{s} \beta_i} \quad (9\text{-}5)$$

即平均滞后定义为所有滞后的加权平均数,其权数就是关于系数 β 的相对数值。

三、分布滞后模型的参数估计

(一)分布滞后模型估计的困难

如果是无限期的分布滞后模型,由于样本观测值的有限性,无法直接对其进行估计。如

果是有限期的分布滞后模型,普通最小二乘回归也会遇到如下问题。

(1)没有先验准则确定滞后期长度。

(2)如果滞后期较长,而样本数较小,则缺乏足够的自由度进行传统的统计检验。

(3)同名变量滞后值之间可能存在高度线性相关,即模型会存在高度的多重共线性。

(二)分布滞后模型的修正估计方法

基本思想:通过对各滞后变量加权,组成线性合成变量而有目的地减少滞后变量的数目,以缓解多重共线性,保证自由度。

常用的方法有以下三种。

▶ **1.经验加权法**

对于有限期分布滞后模型,往往根据实际问题的特点,以及人们的经验给各滞后变量指定权数,并按权数构成各滞后变量的线性组合,形成新的变量,再进行估计。

权数有以下三种类型。

1)递减型

递减型,即认为权数是递减的,X 的近期值对 Y 的影响较远期值大。例如,消费函数中,收入的近期值对消费的影响显然大于远期值的影响。

一个滞后期为 3 的一组权数可取值为

$$\frac{1}{2},\frac{1}{4},\frac{1}{6},\frac{1}{8}$$

则新的线性组合变量为

$$W_{1t} = \frac{1}{2}X_t + \frac{1}{4}X_{t-1} + \frac{1}{6}X_{t-2} + \frac{1}{8}X_{t-3}$$

2)均匀型

均匀型,即认为权数是相等的,X 的逐期滞后值对 Y 的影响相同。例如,对滞后期为 3 的分布滞后模型,可指定相等权数为 $\frac{1}{4}$,则新的线性组合变量为

$$W_{2t} = \frac{1}{4}X_t + \frac{1}{4}X_{t-1} + \frac{1}{4}X_{t-2} + \frac{1}{4}X_{t-3}$$

3)倒 V 型

在这种形式中,假定权数先递增后递减呈倒"V"。例如,在一个较长建设周期的投资中,历年投资 X 对产出 Y 的影响,往往是周期期中的投资额最大,对产出的贡献就最大。设滞后期为 4,则一组权数可取为

$$\frac{1}{6},\frac{1}{4},\frac{1}{2},\frac{1}{3},\frac{1}{5}$$

于是新变量为

$$W_{3t} = \frac{1}{6}X_t + \frac{1}{4}X_{t-1} + \frac{1}{2}X_{t-2} + \frac{1}{3}X_{t-3} + \frac{1}{5}X_{t-4}$$

一般来说,经验加权法的优点是简单易行,缺点是设置权数的随意性较大。研究者不仅指定了滞后变量的一般形式(递减型、均匀型、倒 V 型),而且指定了权数的实际数值。确定了不同的 W_t 项之后,研究者就用包含每个 W_t 的函数依次作为单一解释变量进行试验。例

如,对下述模型应用OLS法:

$$Y_t = \alpha_0 + \alpha_1 W_{1t} + \mu_t$$

$$Y_t = \beta_0 + \beta_1 W_{2t} + \mu_t$$

$$Y_t = \gamma_0 + \gamma_1 W_{3t} + \mu_t$$

从这些备择模型中根据各统计检验(R^2拟合度检验、F检验、t检验、DW检验),选择最佳估计式,有时也试图根据经济原理来考虑这种选择的合理化。

相关链接9-1

经验加权法

已知2006—2025年某国制造业库存量Y和销售量X的统计资料见表9-1,设定有限分布滞后模型为

$$Y_t = \alpha + \beta_0 X_t + \beta_1 X_{t-1} + \beta_2 X_{t-2} + \beta_3 X_{t-3} + \mu_t$$

表9-1 2006—2025年某国制造业库存量Y和销售量X　　　　　亿美元

年份	Y	X	年份	Y	X
2006	450.69	264.80	2016	682.21	410.03
2007	506.42	277.40	2017	779.65	448.69
2008	518.70	287.36	2018	846.55	464.49
2009	500.70	272.80	2019	908.75	502.82
2010	527.07	302.19	2020	970.74	535.55
2011	538.14	307.96	2021	1 016.45	528.59
2012	549.39	308.96	2022	1 024.45	559.17
2013	582.13	331.13	2023	1 077.19	620.17
2014	600.43	350.32	2024	1 208.70	713.98
2015	633.83	373.35	2025	1 471.35	820.78

运用经验加权法,选择三种权数:第一种为$1,1/2,1/4,1/8$;第二种为$1/4,1/2,2/3$, $1/4$;第三种为$1/4,1/4,1/4,1/4$。分别估计上述模型,并从中选择最佳方程。

解:新的线性组合变量分别为

$$W_{1t} = X_t + \frac{1}{2}X_{t-1} + \frac{1}{4}X_{t-2} + \frac{1}{8}X_{t-3}$$

$$W_{2t} = \frac{1}{4}X_t + \frac{1}{2}X_{t-1} + \frac{2}{3}X_{t-2} + \frac{1}{4}X_{t-3}$$

$$W_{3t} = \frac{1}{4}X_t + \frac{1}{4}X_{t-1} + \frac{1}{4}X_{t-2} + \frac{1}{4}X_{t-3}$$

在EViews软件中,输入X和Y的数据,根据X的数据,由上述公式生成线性组合变量W_{1t}、W_{2t}、W_{3t}的数据,然后分别估计如下经验加权模型:

$$Y_t = \alpha + \beta W_{kt} + \mu_t, \qquad k = 1, 2, 3$$

EViews 8.0 软件操作步骤：

(1) 输入变量名和样本数据。

(2) 选择 Quick/Generate Series 菜单命令，如图 9-1 所示，弹出 Generate Series by Equation 对话框，在 Enter equation 文本框中输入 $w_1 = x + 1/2 * x(-1) + 1/4 * x(-2) + 1/8 * x(-3)$，生成 W_1 数据库。同理，输入 w_2 和 w_3：$w_2 = 1/4 * x + 1/2 * x(-1) + 2/3 * x(-2) + 1/4 * x(-3)$；$w_3 = 1/4 * x + 1/4 * x(-1) + 1/4 * x(-2) + 1/4 * x(-3)$，生成 W_2，W_3 数据库。

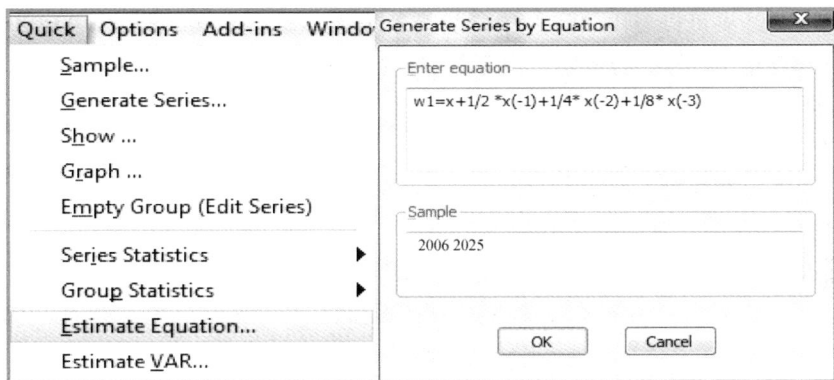

图 9-1　生成数据库

(3) 选择 Quick/Estimate Equation 菜单命令，在弹出的对话框中输入 Y C W1，在 Method 下拉列表中选择最小二乘法(Least Squares)，如图 9-2 所示，单击"确定"按钮，得出结果，如图 9-3 所示。

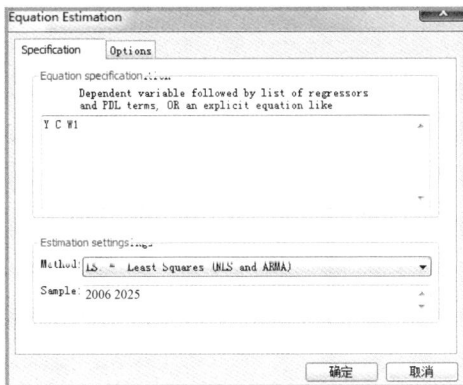

图 9-2　选择分析方法

图 9-3　分析结果

回归分析结果整理如下：

模型(9-1)

$$\hat{Y}_t = -66.604 + 1.072 W_{1t}$$
$$(-3.663) \quad (50.919)$$

其中，$R^2 = 0.994\,2$，$DW = 1.440\,9$，$F = 2\,592$。

同理，可得模型(9-2)

$$\hat{Y}_t = -133.199 + 1.367W_{2t}$$
$$(-5.029) \quad (37.359)$$

其中，$R^2 = 0.989\ 4$，$DW = 1.042\ 9$，$F = 1\ 396$。

也可得模型(9-3)

$$\hat{Y}_t = -121.781 + 2.238W_{3t}$$
$$(-4.812) \quad (38.666)$$

其中，$R^2 = 0.9901$，$DW = 1.158\ 8$，$F = 149\ 6$。

从上述回归结果可以看出，模型(9-1)的扰动项无一阶自相关，模型(9-2)、模型(9-3)扰动项存在一阶自相关；再综合判断可决系数、F 检验值、t 检验值，可以认为：最佳的方程是模型(9-1)，即权数为$(1,1/2,1/4,1/8)$的分布滞后模型。

▶ 2. 阿尔蒙多项式法

针对有限滞后期模型，通过阿尔蒙(Almon)变换，定义新变量，以减少解释变量个数，然后用 OLS 法估计参数。其主要步骤如下：

(1) 阿尔蒙变换。对于分布滞后模型

$$Y_t = \alpha + \beta_0 X_t + \beta_1 X_{t-1} + \beta_2 X_{t-2} + \cdots + \beta_s X_{t-s} + \mu_t$$
$$= \alpha + \sum_{i=0}^{s} \beta_i X_{t-i} + \mu_t \tag{9-6}$$

假定其回归系数 β_i 可用一个关于滞后期 i 的适当阶数的多项式来表示，即

$$\beta_i = \alpha_0 + \alpha_1 i + \alpha_2 i^2 + \cdots + \alpha_m i^m, \quad i = 0,1,2,\cdots,s \tag{9-7}$$

式中，$m < s$。

阿尔蒙变换要求先验地确定适当阶数 m，如取 $m = 2$，得

$$\beta_i = \alpha_0 + \alpha_1 i + \alpha_2 i^2, \quad i = 0,1,2,\cdots,s \tag{9-8}$$

将式(9-8)代入式(9-6)得

$$Y_t = \alpha + \sum_{i=0}^{s} (\alpha_0 + \alpha_1 i + \alpha_2 i^2) X_{t-i} + \mu_t$$
$$= \alpha + \alpha_0 \sum_{i=0}^{s} X_{t-i} + \alpha_1 \sum_{i=0}^{s} i X_{t-i} + \alpha_2 \sum_{i=0}^{s} i^2 X_{t-i} + \mu_t$$

定义新变量

$$W_{0t} = \sum_{i=0}^{s} X_{t-i}, \quad W_{1t} = \sum_{i=0}^{s} i X_{t-i}, \quad W_{2t} = \sum_{i=0}^{s} i^2 X_{t-i}$$

将原模型转换为

$$Y_t = \alpha + \alpha_0 W_{0t} + \alpha_1 W_{1t} + \alpha_2 W_{2t} + \mu_t \tag{9-9}$$

(2) 模型的 OLS 估计。对变换后的模型，即式(9-9)进行 OLS 估计。将得到的参数估计值 α、α_0、α_1、α_2 代入式(9-8)，求出分布滞后模型参数的估计值 β_i。

由于 $m < s$，可以认为原模型存在的自由度不足和多重共线性问题已得到改善。需要注意的是，在实际估计中，阿尔蒙多项式的阶数 m 一般取 2 或 3，不超过 4，否则达不到减少变量个数的目的。

▶ 3. 科伊克方法

科伊克(Koyck)方法是将无限分布滞后模型转换为自回归模型，然后进行估计。

对于无限分布滞后模型

$$Y_t = \alpha + \sum_{i=0}^{\infty} \beta_i X_{t-i} + \mu_t \tag{9-10}$$

科伊克变换假设偏回归系数 β_i 随滞后期 i 按几何级数衰减：

$$\beta_i = \gamma_0 \lambda^i \tag{9-11}$$

式中，$0 < \lambda < 1$，λ 称为分布滞后衰减率；$1 - \lambda$ 称为调整速率(speed of adjustment)。

科伊克变换的具体做法如下。

将科伊克变换式(9-11)代入式(9-10)，得

$$Y_t = \alpha + \gamma_0 \sum_{i=0}^{\infty} \lambda^i X_{t-i} + \mu_t \tag{9-12}$$

将式(9-12)滞后一期并乘以 λ 得

$$\lambda Y_{t-1} = \lambda\alpha + \gamma_0 \sum_{i=1}^{\infty} \lambda^i X_{t-i} + \lambda\mu_{t-1} \tag{9-13}$$

将式(9-12)减去式(9-13)得科伊克变换模型

$$Y_t - \lambda Y_{t-1} = (1-\lambda)\alpha + \gamma_0 X_t + \mu_t - \lambda\mu_{t-1} \tag{9-14}$$

整理得科伊克模型的一般形式为

$$Y_t = (1-\lambda)\alpha + \gamma_0 X_t + \lambda Y_{t-1} + \mu_t - \lambda\mu_{t-1} \tag{9-15}$$

其中，设

$$v_t = \mu_t - \lambda\mu_{t-1} \tag{9-16}$$

$$\alpha_0 = (1-\lambda)\alpha, \alpha_1 = \gamma_0, \alpha_2 = \lambda$$

模型(9-15)变为

$$Y_t = \alpha_0 + \alpha_1 X_t + \alpha_2 Y_{t-1} + v_t \tag{9-17}$$

于是，将原模型(9-10)转换为等价形式的模型(9-17)，解释变量为 X_t，Y_{t-1}。

如果由式(9-17)获得参数估计值 α，那么由式(9-16)可得 λ、α 和 γ_0 的估计值

$$\hat{\lambda} = \hat{\alpha}_2, \hat{\alpha} = \hat{\alpha}_0/(1-\hat{\alpha}_2), \hat{\beta}_0 = \hat{\alpha}_1 \tag{9-18}$$

进而由式(9-11)可得参数 β_1 的估计值。

科伊克模型有以下两个特点。

(1) 以一个滞后被解释变量 Y_{t-1} 代替了大量的滞后解释变量 X_{t-1}，最大限度地节省了自由度，解决了滞后期长度 s 难以确定的问题。

(2) 由于滞后一期的被解释变量 Y_{t-1} 与 X_t 的线性相关程度可以肯定小于 X 的各期滞后值之间的相关程度，从而缓解了多重共线性。

科伊克模型存在以下两个问题。

(1) 模型存在随机干扰项 v_t 的一阶自相关性。

(2) 滞后被解释变量 Y_{t-1} 与随机干扰项 v_t 不独立，即 $\mathrm{cov}(Y_{t-1}, v_t) \neq 0$。

分布滞后模型参数估计带有很大的经验成分，这是由于经济理论不能对经济现象调整过程的长度作出令人满意的阐述而引起的。经济理论即使认识到时间滞后的重要性，也从未提出在函数中应该包含的滞后的精确数目；相反，滞后类型是根据可以利用的样本观测值，通过包括各种滞后类型的试验方法来探索和决定的，然后从中选择一种产生最佳统计拟

合的滞后类型。研究者用包含不同滞后类型(如均匀型滞后、倒 V 型滞后等)的模型进行试验,并根据统计准则(主要的),从中选出最令人满意的一种模型。

第 二 节　自回归模型

一、模型的基本形式

如果滞后变量模型中的解释变量仅包含 X 的当期值与被解释变量 Y 的一个或多个滞后值,则称为自回归模型(autoregressive model),也称为内生滞后变量模型。自回归模型的一般形式为

$$Y_t = \alpha_0 + \alpha_1 X_t + \sum_{i=1}^{q} \beta_i Y_{t-i} + \mu_t \tag{9-19}$$

式中,q 为滞后期长度,也称自回归模型的阶数(order)。而

$$Y_t = \alpha_0 + \alpha_1 X_t + \alpha_2 Y_{t-1} + \mu_t \tag{9-20}$$

称为一阶自回归模型(first-order autoregressive model)。

二、自回归模型的构造

一个无限期分布滞后模型可以通过科伊克变换转化为自回归模型。事实上,许多滞后变量模型都可以转化为自回归模型。下面以两个模型为例进行说明。

(一)自适应预期模型

自适应预期模型最初的表现形式为

$$Y_t = \beta_0 + \beta_1 X_t^e + \mu_t \tag{9-21}$$

由于预期变量是不可实际观测的,往往做如下自适应预期假定:

$$X_t^e - X_{t-1}^e = \gamma(X_t - X_{t-1}^e) \tag{9-22}$$

式中,γ 为预期系数(coefficient of expectation),$0 \leqslant \gamma \leqslant 1$。

式(9-22)的经济含义是"经济行为者将根据过去的经验修改他们的预期"。这个假定还可写成

$$X_t^e = \gamma X_t + (1-\gamma) X_{t-1}^e \tag{9-23}$$

将式(9-23)代入式(9-21)得

$$Y_t = \beta_0 + \beta_1 [\gamma X_t + (1-\gamma) X_{t-1}^e] + \mu_t \tag{9-24}$$

将式(9-21)滞后一期并乘以 $1-\gamma$ 得

$$(1 - \gamma) Y_{t-1} = (1-\gamma)\beta_0 + (1-\gamma)\beta_1 X_{t-1}^e + (1-\gamma)\mu_{t-1} \tag{9-25}$$

将式(9-24)减去式(9-25),整理得

$$Y_t = \gamma\beta_0 + \gamma\beta_1 X_t + (1-\gamma) Y_{t-1} + v_t \tag{9-26}$$

式中,$v_t = \mu_t - (1-\gamma)\mu_{t-1}$。

由此可见,自适应预期模型可转化为一个自回归模型。

（二）局部调整模型

局部调整模型主要用来研究物资储备问题。例如，企业为了保证生产和销售，必须保持一定的原材料储备，对应于一定的产量或销售量 X_t，存在着预期的最佳库存 Y_t^e。

局部调整模型的最初表现形式是

$$Y_t^e = \beta_0 + \beta_1 X_t + \mu_t \tag{9-27}$$

显然，Y_t^e 不可观测。由于生产条件的波动和生产管理方面的原因，库存储备 Y_t 的实际变化量只是预期变化的一部分。储备按预定水平逐步进行调整，故有如下局部调整假设

$$Y_t - Y_{t-1} = \delta(Y_t^e - Y_{t-1}) \tag{9-28}$$

式中，δ 为调整系数，$0 \leqslant \delta \leqslant 1$。

局部调整假设还可写成

$$Y_t = \delta Y_t^e + (1-\delta)Y_{t-1} \tag{9-29}$$

将式(9-28)代入式(9-29)，整理得

$$Y_t = \delta\beta_0 + \delta\beta_1 X_t + (1-\delta)Y_{t-1} + v_t$$

式中，由 $v_t = \delta\mu_t$ 可见，局部调整模型可转化为一个自回归模型。

三、自回归模型的参数估计

$$Y_t = \alpha_0 + \alpha_1 X_t + \sum_{i=1}^{q} \beta_i Y_{t-i} + \mu_t$$

对于自回归模型，估计时的主要问题在于滞后被解释变量的存在可能导致它与随机干扰项相关，以及随机干扰项出现序列相关性。而局部调整模型(9-19)则存在滞后被解释变量 Y_{t-1} 与随机干扰项的异期相关性。因此，对自回归模型的估计主要需视滞后被解释变量与随机干扰项的不同关系进行。下面以一阶自回归模型为例进行说明。

（一）工具变量法

对于一阶自回归模型

$$Y_t = \alpha_0 + \alpha_1 X_t + \alpha_2 Y_{t-1} + \mu_t$$

在实际估计中，一般用 $\hat{Y}_{t-1}$ 作为 Y_{t-1} 的工具变量，其中 $\hat{Y}_{t-1}$ 是 X 的若干滞后的线性组合

$$\hat{Y}_{t-1} = \alpha_0 + \alpha_1 X_{t-1} + \alpha_2 X_{t-2} + \cdots + \alpha_s X_{t-s} \tag{9-30}$$

由于模型式(9-20)中已假设随机干扰项 μ_t 与解释变量 X 及其滞后项不存在相关性，因此式(9-20)中的 μ_t 与 $\hat{Y}_{t-1}$ 不再线性相关。

（二）普通最小二乘法

若滞后被解释变量 Y_{t-1} 与随机干扰项 μ_t 同期无关（如局部调整模型），可直接使用 OLS 法进行估计，得到一致估计量。

注意：上述工具变量法只解决了解释变量与随机干扰项相关对参数估计所造成的影响，但没有解决 μ_t 的自相关问题。事实上，对于自回归模型，随机干扰项的自相关问题始终

是存在的,对于此问题,至今没有完全有效的解决办法。唯一可做的,就是尽可能地建立"正确"的模型,以使序列相关性的程度减轻。

第 三 节 　 格兰杰因果关系检验

相关链接9-2

先有鸡还是先有蛋

先有鸡还是先有蛋这个因果困境想要表达的是一个"到底是先有蛋,还是先有鸡"(鸡生蛋,蛋生鸡,到底谁先出现在这个世界上,是鸡还是蛋)的问题。这个鸡和蛋的问题也常常激起古代的哲学家们去探索并讨论生命与宇宙的起源问题。

因果关系研究的有趣例子就是回答"先有鸡还是先有蛋"的问题。在一般情况下,人们往往会认为要得到"先有鸡还是先有蛋"这类循环因果的问题的答案是徒劳的,人们会认为这是自然界中最基本的问题。当然,关于这个问题的字面答案是简单并显而易见的:卵生动物在鸡出现前的很长一段时间中就一直存在了。然而,这个简单问题背后的隐喻却带来了一个形而上学层面上的困境问题。为了更好地理解这个困境问题,该问题也会被改写成"X 得到了 Y,Y 得到了 X,那么是先有 X 还是先有 Y"。

自回归分布滞后模型旨在揭示:某变量的变化受其自身及其他变量过去行为的影响。然而,许多经济变量有着相互的影响关系。例如,GDP 的增长能够促进消费的增长,而反过来,消费的变化又是 GDP 变化的一个组成部分,因此消费增加又能促进 GDP 的增加。现在的问题是:当两个变量间在时间上有先导与滞后关系时,能否从统计上考查这种关系是单向的还是双向的?即主要是一个变量过去的行为在影响另一个变量的当前行为呢,还是双方的过去行为在相互影响着对方的当前行为?格兰杰提出了一个简单的检验程序,习惯上称为格兰杰(Granger)因果关系检验。

两变量 X 和 Y,格兰杰因果关系检验要求估计以下回归模型

$$Y_t = \sum_{i=1}^{m} \alpha_i X_{t-i} + \sum_{i=1}^{m} \beta_i Y_{t-i} + \mu_{1t} \qquad (9\text{-}31)$$

$$X_t = \sum_{i=1}^{m} \lambda_i Y_{t-i} + \sum_{i=1}^{m} \delta_i X_{t-i} + \mu_{2t} \qquad (9\text{-}32)$$

可能存在四种检验结果。

(1) X 对 Y 有单向影响。

(2) Y 对 X 有单向影响。

(3) Y 与 X 间存在双向影响。

(4) Y 与 X 间不存在影响。

格兰杰因果关系检验是通过构造 F 统计量,利用 F 检验完成的。例如,针对 X 不是 Y 的格兰杰原因这一假设,即针对式(9-31)中 X 滞后项前的参数整体为零的假设,分别做包含与不包含 X 滞后项的回归,记前者的残差二次方和为 $\mathrm{RSS_R}$,后者的残差二次方和为 $\mathrm{RSS_U}$;再计算 F 统计量

$$F = \frac{\dfrac{\mathrm{RSS_R} - \mathrm{RSS_U}}{m}}{\dfrac{\mathrm{RSS_U}}{n-k}} \tag{9-33}$$

式中,m 为 X 的滞后项的个数;n 为样本容量;k 为包含 X 滞后项的回归模型的待估参数的个数。

如果计算的 F 值大于给定显著性水平 α 下 F 分布的相应的临界值 $F_\alpha(m, n-k)$,则拒绝原假设,即认为 X 是 Y 的格兰杰原因。

注意:格兰杰因果关系检验对于滞后期长度的选择有时很敏感。不同的滞后期可能会得到完全不同的检验结果。因此,一般而言,常进行不同滞后期长度的检验,以检验模型中随机干扰项不存在序列相关的滞后期长度来选取滞后期。由于假设检验的零假设是不存在因果关系的,在该假设下 F 统计量服从 F 分布,因此严格地说,该检验应该称为格兰杰非因果关系检验。

相关链接 9-3

格兰杰因果关系检验

EViews 8.0 软件操作步骤:

某国 2006—2025 年年末的国内生产总值 GDP 和广义的货币供应量 M_2 的数据见表 9-2。试检验 GDP 与 M_2 是否存在因果关系。

表 9-2　2006—2025 年某国 GDP 和 M_2 的关系　　　　　　　亿美元

年份	GDP	M_2	年份	GDP	M_2
2006	3 624.1	1 159	2016	14 928.3	10 099.8
2007	4 038.2	1 458.1	2017	16 909.2	11 949.6
2008	4 517.8	1 842.9	2018	18 547.9	15 290.4
2009	4 862.4	2 234.5	2019	21 617.8	19 349.9
2010	5 294.7	2 589.8	2020	26 638.1	25 402.2
2011	5 934.5	3 075.0	2021	46 759.4	46 923.5
2012	7 171.0	4 146.3	2022	58 478.1	60 750.5
2013	8 964.4	5 198.9	2023	67 884.6	76 094.9
2014	10 202.2	6 720.9	2024	74 462.6	90 995.3
2015	11 962.5	8 330.9	2025	79 395.7	102 297.0

（1）输入变量名和样本数据。

（2）选择 Quick/Group Statistics/Granger Causality Test 菜单命令，如图 9-4 所示。

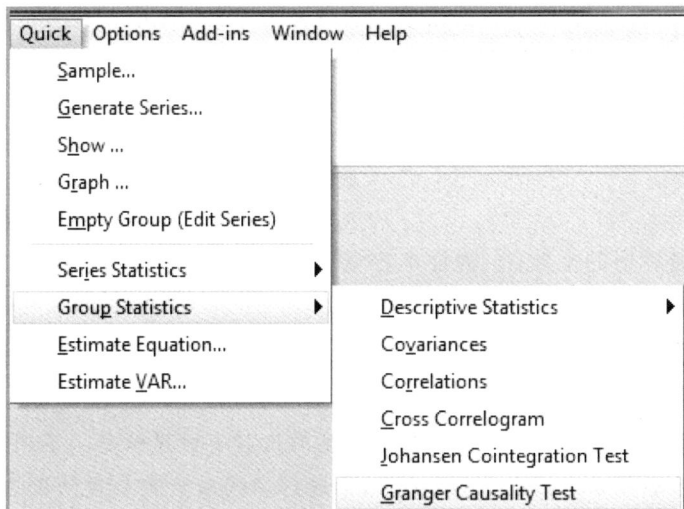

图 9-4　选择菜单命令

（3）在 Series List 对话框中的输入框中输入 m_2 gdp，如图 9-5 所示。

（4）在 Lag Specification（指定滞后长度）对话框中，选择适合的滞后长度，如滞后长度为 2，如图 9-6 所示。单击 OK 按钮，显示检验结果，如图 9-7 所示。

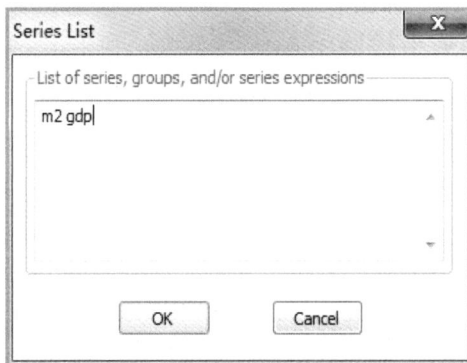

图 9-5　Series List 对话框

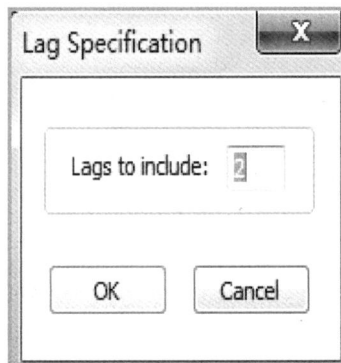

图 9-6　Lag Specification 对话框

图 9-7　滞后长度为 2 时的检验结果

(5) 修改滞后长度，比如滞后长度等于 3，再单击 OK 按钮，显示检验结果，如图 9-8 所示。

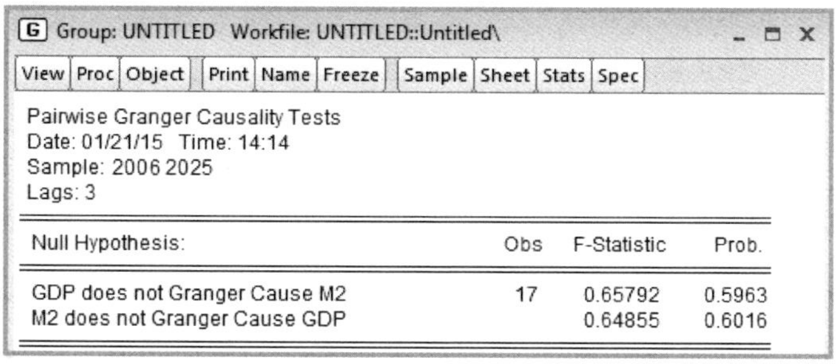

Pairwise Granger Causality Tests
Date: 01/21/15 Time: 14:14
Sample: 2006 2025
Lags: 3

Null Hypothesis:	Obs	F-Statistic	Prob.
GDP does not Granger Cause M2	17	0.65792	0.5963
M2 does not Granger Cause GDP		0.64855	0.6016

图 9-8 滞后长度为 3 时的检验结果

(6) 修改滞后长度，比如滞后长度等于 4 或 5，再单击 OK 按钮，显示检验结果，如图 9-9 和图 9-10 所示。

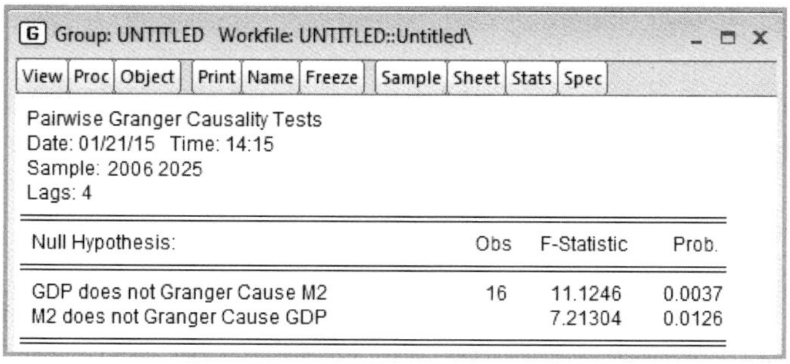

Pairwise Granger Causality Tests
Date: 01/21/15 Time: 14:15
Sample: 2006 2025
Lags: 4

Null Hypothesis:	Obs	F-Statistic	Prob.
GDP does not Granger Cause M2	16	11.1246	0.0037
M2 does not Granger Cause GDP		7.21304	0.0126

图 9-9 滞后长度为 4 时的检验结果

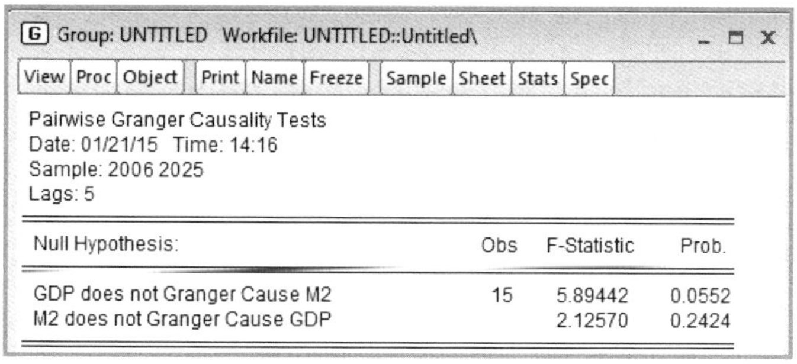

Pairwise Granger Causality Tests
Date: 01/21/15 Time: 14:16
Sample: 2006 2025
Lags: 5

Null Hypothesis:	Obs	F-Statistic	Prob.
GDP does not Granger Cause M2	15	5.89442	0.0552
M2 does not Granger Cause GDP		2.12570	0.2424

图 9-10 滞后长度为 5 时的检验结果

统计结果见表 9-3。

表 9-3 统计不同滞后长度的检验结果

滞后长度 $M=n$	Granger 因果性	F 值	P 值	结论
2	GDP→M_2	1.130 79	0.352 6	拒绝
	M_2→GDP	0.333 62	0.722 3	拒绝
3	GDP→M_2	0.657 92	0.596 3	拒绝
	M_2→GDP	0.648 55	0.601 6	拒绝

续表

滞后长度 $M=n$	Granger 因果性	F 值	P 值	结论
4	GDP→M_2	11.124 6	0.003 7	不拒绝
	M_2→GDP	7.213 04	0.012 6	不拒绝
5	GDP→M_2	5.894 42	0.055 2	不拒绝
	M_2→GDP	2.125 70	0.242 4	拒绝

统计结果显示,似乎 GDP 与 M_2 间的因果关系对滞后长度较为敏感,其实不然。这是因为我们进行格兰杰因果关系检验时,尚有两个因素应当加以考虑:一是被检验变量的平稳性;二是样本容量的长度。

关键术语

滞后变量　滞后效应　滞后变量模型　分布滞后模型　自回归模型　格兰杰因果关系检验

闯关习题

一、即测即练

二、简答题

1. 什么是有限分布滞后模型?

2. 什么是无限分布滞后模型?

3. 什么是滞后现象?产生滞后现象的原因主要有哪些?

4. 对分布滞后模型进行估计存在哪些困难?实际应用中如何应对这些困难?

三、软件操作题

1. 表 9-4 给出了某行业 2006—2025 年的库存额 Y 和销售额 X 的资料。假定库存额取决于本年销售额和前三年销售额,估计其有限分布滞后模型。

表 9-4　某行业 2006—2025 年库存额与销售额资料　　　　　　　　　　亿元

年份	X	Y	年份	X	Y
2006	26.48	45.069	2016	41.003	68.221
2007	24.74	50.642	2017	44.869	77.965
2008	28.236	51.871	2018	46.449	84.655
2009	27.28	52.07	2019	50.282	90.815
2010	30.219	52.709	2020	53,555	97.074
2011	30.796	53.814	2021	52.859	101.64
2012	30.896	54.939	2022	55.917	102.44
2013	33.113	58.123	2023	62.017	107.71
2014	35.032	60.043	2024	71.398	120.87
2015	37.335	63.383	2025	82.078	147.13

2. 用分布滞后模型研究某国 2006—2025 年服务业库存量 Y 和销售量 X 的关系,数据见表 9-5。

表 9-5 某国 2006—2025 年服务业库存量与销售量关系　　　　　　　　　　亿元

年份	Y	X	年份	Y	X
2006	470.69	264.80	2016	682.21	410.03
2007	506.42	277.40	2017	779.65	448.69
2008	518.70	287.36	2018	846.55	464.49
2009	500.70	272.80	2019	908.75	502.82
2010	527.07	302.19	2020	970.74	535.55
2011	538.14	307.96	2021	1 016.45	528.59
2012	549.39	314.96	2022	1 024.45	559.17
2013	582.13	331.13	2023	1 077.19	620.17
2014	600.43	350.32	2024	1 208.70	713.98
2015	633.83	373.35	2025	1 471.35	840.38

试检验服务业库存量 Y 和销售量 X 是否存在因果关系。

课外修炼

阅读《计量经济学:科学、艺术与创新》

《计量经济学:科学、艺术与创新》于 2024 年由格致出版社出版,首先以严谨的数学方法概述计量经济的基本理论和估计方法,随后探讨传统计量和最新统计模型的两种不同预测方法,展示计量经济方法的艺术性,再"由静转动",进一步讨论了最新发展的现代动态计量经济模型。

一、作者简介

宗平,复旦大学经济学学士、硕士,英国贝尔法斯特女王大学经济学博士,先后担任英国贝尔法斯特女王大学研究员、英国纽卡斯尔大学研究员、英国埃塞克斯大学高级研究员。自 2007 年起担任英国国家统计局统计方法高级研究员、统计方法论专家,直至退休。其主要研究领域是参数估计、经济预测计量模型、时间序列分析等,尤其致力于统计和计量经济方法论的研究。

二、主要特点

该书旨在帮助读者提升对计量经济学方法的充分理解,特别是对其背后的统计方法核心思想的理解,以提高计量经济学在理论和实践中的应用。作者着重从计量经济学方法的讨论中探索其科学性、艺术性和创新性,介绍了现代科技和统计软件在计量经济创新实验中的重要性,并展望计量经济学的发展前景。

> 艰难的道路会越走越容易;容易的道路会越走越艰难。

10 第十章
Chapter 10 联立方程模型

>>> **知识结构图**

联立方程模型
- 什么是联立方程模型 —— 结构式模型的识别;简化式模型的识别
- 联立方程模型的估计 —— 间接最小二乘法;两阶段最小二乘法

>>> **学习目标**

1. 知识目标:线性联立方程模型的基本概念;联立方程模型中的外生变量、内生变量和前定变量;联立方程模型的矩阵表示;联立方程模型的结构式和简化式分类;模型识别的概念和方法,单方程估计方法的原理。

2. 能力目标:能够运用阶条件和秩条件判断模型是恰好识别、过度识别还是不可识别;掌握联立方程模型的估计方法,重点掌握间接最小二乘法、两阶段最小二乘法;学会运用联立方程模型描述和分析经济系统中变量之间的复杂关系。

>>> **情景写实**

在生活中,人们对各种商品的需求会受到商品价格和收入的影响,而商品的供给会受到商品的价格和成本的影响;需求量和供给量决定着平衡价格;另外,人们在采购商品时会根据商品本身的价格以及相关商品的价格,来决定自己的采购数量。同时,商人也会根据市场上商品的价格来选择生产哪种商品。所以说,价格又影响着需求与供给。

在经济现象中,很多事件的因果关系并不是单向的,而是相互影响、循环反馈的。因此,需要用多个有联系的方程,正确全面地反映复杂的经济状况。

第 一 节　什么是联立方程模型

单一方程模型是用一个方程描述一个经济变量与引起这个变量变化的各个因素之间的关系,解释变量 X 是因变量 Y 发生变化的原因,其因果关系是单向的。然而,经济现象是复杂的,因果关系可能是双向的,或者一果多因,或者一因多果。这时用一个单一方程很难完整地表达,需要用多个相互联系的方程,才能正确反映复杂的现实经济系统状况。

一、联立方程模型概述

(一)联立方程模型的概念

联立方程模型(simultaneous equations model)是指同时用若干相互关联的方程,表示一个经济系统中经济变量相互依存性的模型。联立方程组中每一个单一方程中都包含了一个或多个相互关联的内生变量,每一个方程的被解释变量都是内生变量,解释变量则可以是内生变量(endogenous variables)或者外生变量(exogenous variables)。

例如商品需求与价格的模型,商品的需求量 Q 受商品的价格 P 和消费者的收入 X 等因素的影响,可建立需求模型 $Q_t = \alpha_0 + \alpha_1 P_t + \alpha_2 X_t + \varepsilon_{1t}$;同时,该商品价格 P 也受商品需求量 Q 和其他替代品价格的影响,又可建立价格模型 $P_t = \beta_0 + \beta_1 Q_1 + \beta_2 P_t^* + \varepsilon_{2t}$。

可见,商品需求 Q_t 与商品价格 P_t 事实上存在双向因果关系,但不能只用单一方程模型去描述这种联立,需要把两个单一方程组成一个联立方程组,同时去研究商品的需求量和商品价格,从而形成如下的联立方程模型:

$$\begin{cases} Q_t = \alpha_0 + \alpha_1 P_t + \alpha_2 X_t + \varepsilon_{1t} \\ P_t = \beta_0 + \beta_1 Q_t + \beta_2 P_t^* + \varepsilon_{2t} \end{cases}$$

(二)联立方程模型中变量的类型

(1) 内生变量:由模型内变量所决定的变量,其数值是在所考虑的经济系统模型本身内所决定的,它一般是被解释变量(在其他的方程中也可以作为解释变量出现),且是模型求解的结果。性质:内生变量与随机误差项是相关的;内生变量的值是在参数估计之后由方程组所解出来的值;内生变量的值可以是预测结果,也可以是政策后果。

(2) 外生变量:由模型外变量所决定的变量,它是由系统外部因素所影响而不由所考虑的模型系统所决定的变量,但影响模型系统内生变量的值。性质:外生变量必须事先给定;外生变量可以分为政策性外生变量(如经济调控的手段等)和非政策性外生变量(如时间趋势、自然条件等)。

(3) 前定变量(predetermined variables):外生变量和滞后变量(滞后内生变量和滞后外生变量)的统称。性质:前定变量与模型的随机误差项不相关;在模型中作为解释变量出现。

二、联立方程模型的种类

(一)结构式模型

▶ **1. 定义**

依据经济理论直接设定的描述经济变量关系结构的联立方程组模型形式称为结构式模

型(structural model)。结构式模型是在对经济变量的影响关系进行理论分析的基础上建立的,反映了内生变量直接受前定变量、其他内生变量和随机项影响的因果关系。模型中的每个随机方程的被解释变量不仅是内生变量,而且还是由其他内生变量、前定变量和随机误差项所表示的变量,这种方程称为结构方程,各结构方程的参数称为结构参数。

下面介绍联立方程模型结构式的一般形式。

把结构方程中所有观测变量的项移到左边,用 Y 表示内生变量,β 表示内生变量的结构参数,X 表示前定变量,γ 表示前定变量的结构参数,结构式模型的一般形式为

$$
\begin{cases}
\beta_{11}Y_{1t}+\beta_{12}Y_{2t}+\cdots+\beta_{1g}Y_{gt}+\gamma_{11}X_{1t}+\gamma_{12}X_{2t}+\cdots+\gamma_{1k}X_{kt}=\mu_{1t} \\
\beta_{21}Y_{1t}+\beta_{22}Y_{2t}+\cdots+\beta_{2g}Y_{gt}+\gamma_{21}X_{1t}+\gamma_{22}X_{2t}+\cdots+\gamma_{2k}X_{kt}=\mu_{2t} \\
\cdots \\
\beta_{g1}Y_{1t}+\beta_{g2}Y_{2t}+\cdots+\beta_{gg}Y_{gt}+\gamma_{g1}X_{1t}+\gamma_{g2}X_{2t}+\cdots+\gamma_{gk}X_{kt}=\mu_{gt}
\end{cases}
$$

模型中有 g 个内生变量 $Y_{1t},Y_{2t},\cdots,Y_{gt}$;$k$ 个前定变量 $X_{1t},X_{2t},\cdots,X_{kt}$;$g$ 个结构方程。$\mu_{it}(i=1,2,\cdots,g)$ 表示随机项。对独立结构方程的个数等于内生变量的数目的模型被称为完备结构式模型,其矩阵形式为

$$
\begin{pmatrix}
\beta_{11}\beta_{12}\cdots\beta_{1g} \\
\beta_{21}\beta_{22}\cdots\beta_{2g} \\
\vdots \\
\beta_{g1}\beta_{g2}\cdots\beta_{gg}
\end{pmatrix}
\begin{pmatrix}
Y_{1t} \\
Y_{2t} \\
\vdots \\
Y_{gt}
\end{pmatrix}
+
\begin{pmatrix}
\gamma_{11}\gamma_{12}\cdots\gamma_{1k} \\
\gamma_{21}\gamma_{22}\cdots\gamma_{2k} \\
\vdots \\
\gamma_{g1}\gamma_{g2}\cdots\gamma_{gk}
\end{pmatrix}
\begin{pmatrix}
X_{1t} \\
X_{2t} \\
\vdots \\
X_{kt}
\end{pmatrix}
=
\begin{pmatrix}
\mu_{1t} \\
\mu_{2t} \\
\vdots \\
\mu_{gt}
\end{pmatrix}
\quad (t=1,2,\cdots,n)。
$$

亦即

$$
BY_t+\Gamma X_t=U_t
$$

式中,$B=(\beta_{ij})_{g\times g}$ $\qquad \Gamma=(\gamma_{ij})_{g\times k}$

$$
\boldsymbol{Y}_t=
\begin{pmatrix}
Y_{1t} \\
Y_{2t} \\
\vdots \\
Y_{gt}
\end{pmatrix}
,\boldsymbol{X}_t=
\begin{pmatrix}
X_{1t} \\
X_{2t} \\
\vdots \\
X_{kt}
\end{pmatrix}
,\boldsymbol{\mu}_t=
\begin{pmatrix}
\mu_{1t} \\
\mu_{2t} \\
\vdots \\
\mu_{gt}
\end{pmatrix}
$$

▶ **2. 结构式模型的特点**

(1)模型直观地描述了经济变量之间的关系结构,模型的经济意义明确。例如投资函数,表示投资额的变化主要取决于当期和前期的国内生产总值。

(2)模型只反映了各变量之间的直接影响,却无法直观地反映各变量之间的间接影响和总影响。例如,政府支出 G 的增加将会引起收入 Y 的变化,进而引起居民消费 C 的变化,但这种间接影响却无法通过结构方程(或结构参数)直接反映出来。同样地,上期收入 Y_{t-1} 通过投资 I、收入 Y 等变量对居民消费 C 的间接影响也没有直观地反映出来。

(3)无法直接运用结构模型进行预测。结构模型中,内生变量的变化由"外生冲击"(如技术进步、政策变动、自然灾害)驱动,但外生冲击的大小、发生时机和传导路径在现实中几乎无法预测,而模型对冲击的设定直接决定预测结果。

(二)简化式模型

▶ **1. 定义**

将结构式模型中的每个内生变量都只表示为前定变量和随机扰动项的函数所构成的模

型称为简化式模型(reduced-form equations)。习惯上用 π 表示简化式模型中每一个方程的简化式参数。

▶ **2. 求得简化式的方法**

(1)直接估计法,即直接把模型中的每一个内生变量表示成前定变量和随机扰动项的线性函数,如简化式一般形式为

$$Y_i = \pi_{i1} X_1 + \pi_{i2} X_2 + \cdots + \pi_{ik} X_k + \mu_i, i = 1, 2, \cdots, n$$

用矩阵形式表示为 $Y = \pi X + \mu$,并用普通最小二乘法估计上述的 πij 值,就得到用直接估计法建立的简化式模型。其简化式模型为

$$\begin{cases} C_t = \pi_{11} Y_{t-1} + \pi_{12} G_t + \mu_{1t} \\ I_t = \pi_{21} Y_{t-1} + \pi_{22} G_t + \mu_{2t} \\ Y_t = \pi_{31} Y_{t-1} + \pi_{32} G_t + \mu_{3t} \end{cases}$$

(2)间接估计法,即在一定条件下通过推导,将每个内生变量表示成前定变量和随机误差项的函数,其中的每个前定变量的系数称为简化式参数。

▶ **3. 简化式模型的特点**

(1)简化式方程的解释变量都是与随机项不相关的前定变量,可以应用 OLS 对简化式方程中的参数进行估计,其估计量是无偏的和一致的。

(2)简化式参数反映了前定变量对内生变量的总影响,包括直接影响和间接影响。

(3)利用简化式模型可以直接进行预测。在得到估计的简化式模型之后,根据前定变量的已知信息就可以预测模型中的所有内生变量。

(4)简化式模型没有客观地描述经济系统内各个变量间的内在联系,模型的经济含义不明确。

(三)结构式模型与简化式模型的关系

结构式模型直观地描述了经济变量之间的关系结构,模型有十分明确的经济含义,但却不便于进行参数估计、经济预测、政策评价等定量分析。简化式模型完全是根据内生变量的含义,将经济系统内各变量之间的关系人为地简化而得到的模型,所以没有明确的经济含义。但简化式模型却反映了前定变量对内生变量的总影响,能够进行最小二乘法参数估计及直接进行经济预测等分析。

针对结构式模型和简化式模型的不同特点,在实际应用中可以根据不同的研究目的合理地选择模型,同时也需要了解两类模型之间的转换过程,以及结构参数与简化参数之间的关系。

结构式模型:　　　　　　　　$BY_t + \Gamma X_t = \mu_t$

简化式模型:　　　　　　　　$Y = \Pi X + V$

将结构式模型两边同时乘以 B^{-1},整理得到 $Y = -B^{-1}\Gamma X + B^{-1}\mu$

将其与简化式模型比较,可以得到 $\Pi = -B^{-1}\Gamma$。该式描述了简化式参数与结构式参数之间的关系,称其为参数关系体式。

三、联立方程模型的识别

(一)模型识别的定义

模型的识别(identification)问题是从能否由被估计出的简化式参数求出结构式参数值

的计算问题中引申出来的。从本质上讲,识别问题是讨论模型中的结构方程是否具有确定的统计形式(指变量间的随机关系)。而从简化式与结构式的关系角度,识别问题是讨论是否能够从所估计出的简化式参数求出结构式参数。若能求出,则结构方程具有确定的统计形式;若不能,则相反。从结构式模型中若干方程或全部方程的关系角度,识别问题是讨论模型中若干方程或全部方程的任意线性组合是否与被识别方程的统计形式相同,若不同,则具有唯一的统计形式,那么是可识别的;反之,则是不可识别的。

(二)具体应用

下面用一些简单的例子阐述识别问题的含义,并引出不可识别、恰好识别和过度识别的定义。

例:粮食的需求供给模型为

$$\begin{cases} D_t = \beta_0 + \beta_1 P_t + \mu_1 & (需求函数) \\ S_t = \alpha_0 + \alpha_1 P_t + \mu_2 & (供给函数) \\ S_t = D_t & (平衡条件) \end{cases}$$

式中,D_t 为需求量;S_t 为供给量;P_t 为价格;$\mu_i (i=1,2)$ 为随机项。

当供给与需求在市场上达到平衡时,$D_t = S_t = Q_t$(产量),当有收集到的 Q_t,P_t 样本值,而无其他信息估计回归参数时,则无法区别估计值是对 α_0、α_1 的估计还是对 β_0、β_1 的估计,这就是联立方程模型的识别问题。

在需求函数和供给函数中分别加入收入变量 I_t 和滞后价格变量 P_{t-1},得

$$\begin{cases} D_t = \beta_0 + \beta_1 P_t + \beta_2 I_t + \mu_1 & (需求函数) \\ S_t = \alpha_0 + \alpha_1 P_t + \alpha_2 P_{t-1} + \mu_2 & (供给函数) \\ S_t = D_t & (平衡条件) \end{cases}$$

于是,行为方程成为可识别方程。

当结构模型已知时,能否从其对应的简化型模型参数求出结构模型参数就称为识别问题。从上面的分析已知,当一个结构模型确定下来之后,首先应考虑识别问题。

当简化型参数多于结构参数时,结构模型是过度识别的;当简化型参数少于结构参数时,结构模型是不可识别的。识别问题是完整的联立方程模型所特有的问题,只有行为方程才存在识别问题,对于定义方程或恒等式不存在识别问题。识别问题不是参数估计问题,但是估计的前提,不可识别的模型则不可估计。识别依赖于对联立方程模型中每个方程的识别,若有一个方程是不可识别的,则整个联立方程模型是不可识别的。

模型识别分为不可识别和可识别,而可识别又分为恰好识别和过度识别。

$$模型识别 \begin{cases} 不可识别 \\ 可识别 \begin{cases} 恰好识别 \\ 过度识别 \end{cases} \end{cases}$$

▶ 1. 不可识别

意义:从所掌握的信息,不能由简化型参数确定结构型参数。

原因:信息不足,没有解。

▶ 2. 可识别

(1)适度识别(恰好识别)。

意义:通过简化型模型参数可唯一确定各个结构型模型参数。

原因：信息恰当，有唯一解。

（2）过度识别。

意义：由简化型参数虽然可以确定结构型参数，但是不能唯一地确定（可得出两个或两个以上的结果）。

原因：信息过多，有解但不唯一。

（三）模型的简化式识别条件

前面都是从识别的定义出发来判断结构方程的识别特性，但是当模型包含较多的变量和方程时，这样判断就比较麻烦，为此需要研究模式的识别条件。

假设联立方程模型的结构式为 $BY+\Gamma X=U$，它相应的简化式模型为 $Y=\pi X+V$，其中有 g 个内生变量，k 个前定变量，k_i 表示第 i 个结构方程中所含的先决变量数目，g_i 表示第 i 个结构方程中所含的内生变量数目。

▶ 1. 秩条件

若秩 $R(\pi_i)<g_i-1$，则第 i 个结构方程不可识别；若秩 $R(\pi_i)=g_i-1$，则第 i 个结构方程可识别。

▶ 2. 阶条件

当第 i 个结构方程可识别时，若 $k-k_i=g_i-1$，则该方程恰好识别；若 $k-k_i>g_i-1$，则该方程过度识别。其中，π_i 是简化式参数矩阵 π 中划去第 i 个结构方程中所不包含的内生变量所对应的行和第 i 个结构方程中所包含的前定变量所对应的列后，剩下的参数按原次序组成的矩阵，R 表示矩阵的秩。

设某一模型的结构式为

$$\begin{cases} Y_1=3Y_2-2X_1+X_2+u_1 \\ Y_2=Y_3+X_3+u_2 \\ Y_3=Y_1-Y_2-2X_3+u_3 \end{cases}$$

式中，Y_1,Y_2,Y_3 为内生变量，即 $g=3$；X_1,X_2,X_3 为前定变量，即 $k=3$。第一个结构方程中 $g_1=2,k_1=2$；第二个结构方程中 $g_2=2,k_2=1$。其结构参数矩阵为

$$(B,\Gamma)=\begin{pmatrix} Y_1 & Y_2 & Y_3 & X_1 & X_2 & X_3 \\ 1 & -3 & 0 & 2 & -1 & 0 \\ 0 & 1 & -1 & 0 & 0 & -1 \\ -1 & 1 & 1 & 0 & 0 & 2 \end{pmatrix}$$

经过计算可得 R 的逆矩阵和简化参数矩阵：

$$B^{-1}=\begin{pmatrix} -2 & -3 & -3 \\ -1 & -1 & -1 \\ -1 & -2 & -1 \end{pmatrix} \qquad \pi=-B^{-1}\Gamma=\begin{pmatrix} 4 & -2 & 3 \\ 2 & -1 & 1 \\ 2 & -1 & 0 \end{pmatrix}$$

对于第一个结构方程，它不含内生变量 Y_3，包含前定变量 X_1,X_2，则画掉 π 中第三行和第一、第二列得到 $\pi(1)=\begin{pmatrix} 3 \\ 1 \end{pmatrix}$。

根据秩条件，$R[\pi(1)]=1=g_1-1=2-1$，因此第一个结构方程可识别，进而可用阶条

件,这里 $k-k_1=3-2=1=g_1-1=2-1$,因此第一个结构方程是恰好识别的。

对于第二个结构方程,它不含内生变量 Y_1,包含前定变量 X_3,画掉 $\boldsymbol{\pi}$ 中第一行及第三列得 $\boldsymbol{\pi}(2)=\begin{pmatrix} 2 & -1 \\ 2 & -1 \end{pmatrix}$。

因此,$R[\boldsymbol{\pi}(2)]=1=g_2-1=2-1$,此结构方程可识别,再用阶条件,$k-k_2=3-1=2$,$g_2-1=2-1=1$,有 $k-k_2>g_2-1$,第二个结构方程是过度识别的。

对于第三个结构方程,它含内生变量 Y_1,Y_2,Y_3(没有不包含的内生变量),包含前定变量 X_3,则保留 $\boldsymbol{\pi}$ 中的全部行,再画掉其第三列,得

$$\boldsymbol{\pi}(3)=\begin{pmatrix} 4 & -2 \\ 2 & -1 \\ 2 & -1 \end{pmatrix}$$

其秩 $R[\boldsymbol{\pi}(3)]=1<g_3-1=3-1$,因此由秩条件,第三个结构方程是不可识别的,由于第三个结构方程是不可识别的,所以该联立方程模型是不可识别的。

(四)模型的结构式识别条件

如果结构方程中包含了模型中的所有变量,则该方程与模型中任何一个方程的线性组合都有相同的统计形式,因而该方程一定是不可识别的。这一事实表明,如果一个结构方程可以识别,则必然有若干变量被排斥在该方程之外。由此可以给出判别结构方程识别性的阶条件。

模型的结构式表示为

$$\boldsymbol{BY}+\boldsymbol{\Gamma X}=\boldsymbol{\mu} \quad \text{或} \quad (\boldsymbol{B},\boldsymbol{\Gamma})\begin{pmatrix} \boldsymbol{Y} \\ \boldsymbol{X} \end{pmatrix}=\boldsymbol{\mu}$$

式中,含有 g 个内生变量、k 个前定变量,以及 g 个方程,因此它是完备的模型。

假定其中第 i 个结构方程中所含的内生变量的个数为 g_i,前定变量的个数为 k_i,矩阵 $[\boldsymbol{B}(i),\boldsymbol{\Gamma}(i)]$ 为从模型系数矩阵 $(\boldsymbol{B},\boldsymbol{\Gamma})$ 中去掉第 i 行,并去掉第 i 个结构方程包含的内生变量所对应的列而形成的矩阵。对结构式模型第 i 个结构方程的识别条件如下。

▶ **1. 结构方程识别的阶条件(完备的结构型)**

记 M 为结构模型中内生变量和前定变量的总个数($M=g+k$),M_i 为第 i 个结构方程中所含变量(内生变量和前定变量)的个数:$M_i=g_i+k_i$。

当第 i 个结构方程是可识别时:

若 $k-k_i=g_i-1$,或 $M-M_i=g-1$,称阶条件成立,此时如果第 i 个结构方程可识别,则第 i 个结构方程是恰好识别的;

若 $k-k_i>g_i-1$,或 $M-M_i>g-1$,称阶条件成立,此时如果第 i 个结构方程可识别,则第 i 个结构方程是过度识别的;

若 $k-k_i<g_i-1$,或 $M-M_i<g-1$,称阶条件不成立,则第 i 个结构方程一定不可识别。

需要指出的是,识别的阶条件只是结构方程可识别的一个必要条件,而非充要条件。也就是说,如果阶条件不成立,则对应的结构方程不可识别;如果阶条件成立,则对应的结构

方程是否可识别不能确定,还需进一步通过秩条件判别。

▶ 2. 结构方程识别的秩条件

识别的秩条件是一个充分必要条件,其具体内容为:

在具有 g 个方程的结构式模型中,任何一个方程能够被识别的充分必要条件是:该方程被排斥变量结构参数矩阵的秩为 $g-1$。或者说,在该方程被排斥变量的结构参数矩阵中,至少有一个 $g-1$ 阶的非零行列式。

若秩 $\text{Rank}[\boldsymbol{B}(i),\boldsymbol{\Gamma}(i)]<g-1$,则第 i 个结构方程不可识别。

若秩 $\text{Rank}[\boldsymbol{B}(i),\boldsymbol{\Gamma}(i)]=g-1$,则第 i 个结构方程是可识别的。

其中,秩条件是判断对应结构方程可否识别的充分必要条件,$\text{Rank}[\boldsymbol{B}(i),\boldsymbol{\Gamma}(i)]\neq g_i-1$,则秩条件成立,则对应的结构方程一定可识别;$\text{Rank}[\boldsymbol{B}(i),\boldsymbol{\Gamma}(i)]=g_i-1$,则秩条件不成立,则对应的结构方程一定不可识别。利用秩条件可以判别结构方程是否可识别,但不能确定是恰好识别还是过度识别。

识别的秩条件实际上是要求某个特定方程所排斥的变量,必须以不同的统计形式出现在其他 $g-1$ 个方程中,这样才能保证模型中的其他方程或这些方程的线性组合与待定方程具有不同的统计形式。

设某联立方程结构式模型为

$$\begin{cases} C_t=a_0+a_1Y_t+u_{t1} \\ I_t=\beta_0+\beta_1Y_t+\beta_2Y_{t-1}+u_{t2} \\ Y_t=C_t+I_t+G_t \end{cases}$$

式中,Y、C、I 为内生变量,$g=3$;G_t、Y_{t-1} 和观察值始终取 1 的虚拟变量 D 为前定变量,$k=3$。其结构式参数矩阵为

$$(\boldsymbol{B},\boldsymbol{\Gamma})=\begin{array}{c}\begin{matrix} C_t & I_t & Y_t & D & Y_{t-1} & G_t \end{matrix}\\ \begin{pmatrix} 1 & 0 & -a_1 & -a_0 & 0 & 0 \\ 0 & 1 & -\beta_1 & -\beta_0 & -\beta_2 & 0 \\ -1 & -1 & 1 & 0 & 0 & 1 \end{pmatrix}\end{array}$$

对于第一个结构方程:

$$[\boldsymbol{B}(1)\boldsymbol{\Gamma}(1)]=\begin{pmatrix} 1 & -\beta_2 & 0 \\ -1 & 0 & 1 \end{pmatrix},k_1=1,g_1=2,$$ 因为 $\boldsymbol{R}[\boldsymbol{B}(1)\boldsymbol{\Gamma}(1)]=2=g-1=3-1$,

所以该方程可以识别;又因为 $k-k_1=2>g_1-1=1$,所以该方程是过度识别的。

对于第二个结构方程:

$$[\boldsymbol{B}(2)\boldsymbol{\Gamma}(2)]=\begin{pmatrix} 1 & 0 \\ -1 & 1 \end{pmatrix},k_2=2,g_2=2,$$ 因为 $\boldsymbol{R}[\boldsymbol{B}(2)\boldsymbol{\Gamma}(2)]=2=g-1=3-1$,所以该

方程可以识别;又因为 $k-k_2=1=g_2-1$,所以该方程是恰好识别的。

第三个方程是平衡方程,不存在识别问题,所以该联立方程模型是可以识别的。通过此例可以发现结构式方法要比简化式方法更简单,因而也更常用。

第 二 节　联立方程模型的估计

联立方程模型的估计方法分为单方程估计方法与系统估计方法两大类。单方程估计方法(又称有限信息法,limited information methods)指每次只估计模型系统中的一个方程,依次逐个估计,估计时仅考虑该方程给出的有限信息。系统估计方法(又称完全信息法,full information methods)指同时对全部方程进行估计,同时得到所有方程的参数估计量,估计时同时考虑全部方程给出的信息。从模型估计的性质来讲,系统估计方法优于单方程估计方法;从方法的复杂性来讲,单方程估计方法又优于系统估计方法。本节将介绍两种常用的单方程估计法:间接最小二乘法(indirect least square)和两阶段最小二乘法(Two-stage least square)。

一、间接最小二乘法

(一)思路

联立方程模型的结构方程中包含内生解释变量,不能直接采用 OLS 估计其参数。但是对于简化式方程,可以采用 OLS 直接估计其参数。先对关于内生解释变量的简化式方程采用 OLS 估计简化式参数,得到简化式参数估计量,然后通过参数关系体系,计算得到结构式参数的估计量。间接最小二乘法只适用于恰好识别的结构方程的参数估计,因为只有恰好识别的结构方程,才能从参数关系体系中得到唯一一组结构参数的估计量。

(二)步骤

把被估计的结构方程所包含的内生变量表示为模型中全部前定变量和随机项的函数,即导出相应的简化型方程,以此消除方程中随机项与解释变量之间的相关性,使每一个简化型方程都满足 OLS 假定,从而可以应用 OLS 求得简化型参数的估计值,然后代入简化式,可以间接求得结构方程参数的估计值。

(三)实例

$$\begin{cases} Y_1 = \alpha_{12}Y_2 + \beta_{11}X_1 + \beta_{12}X_2 + \mu_1 \\ Y_2 = \alpha_{23}Y_3 + \beta_{23}X_3 + \mu_2 \\ Y_3 = \alpha_{31}Y_1 + \alpha_{32}Y_2 + \beta_{33}X_3 + \mu_3 \end{cases} \quad \text{(原式)}$$

模型中有三个内生变量 Y_1, Y_2, Y_3,其一般表达式为

$$\begin{cases} Y_1 - \alpha_{12}Y_2 + 0Y_3 - \beta_{11}X_1 - \beta_{12}X_2 + 0X_3 = \mu_1 \\ 0Y_1 + Y_2 - \alpha_{23}Y_3 + 0X_1 + 0X_2 - \beta_{23}X_3 = \mu_2 \\ -\alpha_{31}Y_1 - \alpha_{32}Y_2 + Y_3 + 0X_1 + 0X_2 - \beta_{33}X_3 = \mu_3 \end{cases}$$

其系数矩阵表示为 $\boldsymbol{AY} + \boldsymbol{\Gamma X} = \boldsymbol{\mu}$

$$(\boldsymbol{A}, \boldsymbol{\Gamma}) = \begin{pmatrix} 1 & -\alpha_{12} & 0 & -\beta_{11} & -\beta_{12} & 0 \\ 0 & 1 & -\alpha_{23} & 0 & 0 & -\beta_{23} \\ -\alpha_{31} & -\alpha_{32} & 1 & 0 & 0 & -\beta_{33} \end{pmatrix}$$

由结构式识别条件可知,第一个结构方程恰好识别;第二个是过度识别;第三个不可识别。经形式计算可得

$$A^{-1} = \frac{1}{1-\alpha_{23}(\alpha_{32}+\alpha_{31}\alpha_{12})}\begin{pmatrix} 1-\alpha_{23}\alpha_{32} & \alpha_{12} & \alpha_{12}\alpha_{23} \\ \alpha_{23}\alpha_{31} & 1 & \alpha_{23} \\ \alpha_{31} & \alpha_{32}+\alpha_{31}\alpha_{12} & 1 \end{pmatrix}$$

由于结构式参数与简化式参数的对应关系为 $II = -A^{-1}T$，可知模型简化式 $Y = \pi X + V$

$$\begin{cases} Y_1 = \pi_{11}X_1 + \pi_{12}X_2 + \pi_{13}X_3 + v_1 \\ Y_2 = \pi_{21}X_1 + \pi_{22}X_2 + \pi_{23}X_3 + v_2 \\ Y_3 = \pi_{31}X_1 + \pi_{32}X_2 + \pi_{33}X_3 + v_3 \end{cases}$$

用间接最小二乘法（ILS 法）对每一个结构方程进行估计，其步骤如下。

联立方程模型中的第一个结构方程式是恰好识别的，该方程含有两个内生变量 Y_1 和 Y_2，对应的简化式方程为

$$Y_1 = \pi_{11}X_1 + \pi_{12}X_2 + \pi_{13}X_3 + v_1$$
$$Y_2 = \pi_{21}X_1 + \pi_{22}X_2 + \pi_{23}X_3 + v_2$$

将这两个式子代入原式，得

$$\pi_{11}x_1 + \pi_{12}x_2 + \pi_{13}x_3 + v_1 = \alpha_{12}(\pi_{21}x_1 + \pi_{22}x_2 + \pi_{23}x_3 + v_2) + \beta_{11}x_1 + \beta_{12}x_2 + 0x_3 + \mu_1$$

将此式整理得

$$(\pi_{11}-\alpha_{12}\pi_{21})X_1 + (\pi_{12}-\alpha_{12}\pi_{22})X_2 + (\pi_{13}-\alpha_{12}\pi_{23})X_3 + (v_1 X_{12} v_2)$$
$$= \beta_{11}X_1 + \beta_{12}X_2 + 0X_3 + \mu_1$$

将等号两边相同变量的系数相比较可知

$$\begin{cases} \pi_{11} - \alpha_{12}\pi_{21} = \beta_{11} \\ \pi_{12} - \alpha_{12}\pi_{22} = \beta_{12} \\ \pi_{13} - \alpha_{12}\pi_{23} = 0 \end{cases}$$

因此，若已知式中 π_{ij} 的值时，可由上三式唯一确定其中的结构参数。由于简化式方程式中解释变量（前定变量）X_1，X_2，X_3 与随机误差项不相关，如果前定变量之间不存在多重共线性且当随机误差项满足零均值、同方差、无自相关的假定时，用普通最小二乘法分别对简化式参数 π_{ij} 作出的估计值 $\hat{\pi}_{ij}$ 具有最佳线性无偏和一致的特性。再将 $\hat{\pi}_{ij}$ 代入式中，则由此得到

$$\begin{cases} \hat{\alpha}_{12} = \hat{\pi}_{13}/\hat{\pi}_{23} \\ \hat{\beta}_{11} = \hat{\pi}_{11} - \hat{\alpha}_{12}\hat{\pi}_{21} \\ \hat{\beta}_{12} = \hat{\pi}_{12} - \hat{\alpha}_{12}\hat{\pi}_{22} \end{cases}$$

由此可见，对于恰好识别的结构方程，ILS 法是求出其包含的全部内生变量所对应的简化式方程中参数 $\hat{\pi}_{ij}$ 的 OLS 估计值，再由参数对应关系式可唯一确定这个结构方程的结构参数估计值。显然，ILS 法不能有效地求出整个模型中每一个结构方程的结构参数。

二、两阶段最小二乘法

（一）思路

间接最小二乘法一般只适用于联立方程模型中恰好识别的结构方程的估计，但在实际的联立方程模型中，恰好识别的结构方程很少出现，一般情况下被估计方程是过度识别的。

这样,ILS 法不能被使用,而两阶段最小二乘估计是常用的另一种可选方法。首先,利用 OLS 法估计简化式方程,得到内生变量的估计值,然后以内生变量的估计值为工具变量,对结构式方程应用 OLS 法得到结构参数估计值。两阶段最小二乘法是一种既适用于恰好识别的结构方程,又适用于过度识别的结构方程的单方程估计方法,是应用最多的单方程估计方法。

（二）步骤

（1）从结构方程导出简化式方程,用普通最小二乘法进行估价,然后用简化方程求出结构方程中内生解释变量的估计值。

（2）用所求出的内生解释变量的估计值替换结构方程中该内生解释变量的样本观测值,再对结构方程用普通最小二乘法进行估价,所求出的结构参数估计量即为两阶段最小二乘法参数估计量。

（三）实例

一般来讲,联立方程模型 $\boldsymbol{YB}+\boldsymbol{X\Gamma}=\boldsymbol{\mu}$ 的第 i 个方程可表示为 $\boldsymbol{Y}_i=\boldsymbol{Y}_0\boldsymbol{B}_0+\boldsymbol{X}_0\boldsymbol{\Gamma}_0+\boldsymbol{\mu}_i$,其中,

$$\boldsymbol{Y}_i=\begin{bmatrix}y_{1i}\\y_{2i}\\\vdots\\y_{ni}\end{bmatrix},\boldsymbol{Y}_0=\begin{bmatrix}y_{11}&\cdots&y_{1(i-1)}&y_{1(i+1)}&\cdots&y_1g_i\\y_{21}&\cdots&y_{2(i-1)}&y_{2(i+1)}&\cdots&y_2g_i\\\vdots&&&&&\vdots\\y_{ni}&\cdots&y_{n(i-1)}&y_{n(i+1)}&\cdots&y_ng_i\end{bmatrix},\boldsymbol{B}_0=\begin{bmatrix}\beta_{i1}\\\beta_{i2}\\\vdots\\\beta_{1(i-1)}\\\beta_{i(i+1)}\\\vdots\\\beta_ig_i\end{bmatrix}$$

$$\boldsymbol{X}_0=\begin{bmatrix}x_{11}&&\cdots&x_1k_i\\&&&\\\vdots&&&\vdots\\x_{n1}&x_{n2}&\cdots&x_nk_i\end{bmatrix},\boldsymbol{\mu}_i=\begin{bmatrix}\mu_{1i}\\\mu_{2i}\\\vdots\\\mu_{ni}\end{bmatrix},\boldsymbol{\Gamma}_0=\begin{bmatrix}\gamma_{i1}\\\gamma_{i2}\\\vdots\\\gamma_ik_i\end{bmatrix}$$

可以表示为

$$\boldsymbol{Y}_i=(\boldsymbol{Y}_0,\boldsymbol{X}_0)\begin{pmatrix}\boldsymbol{B}_0\\\boldsymbol{\Gamma}_0\end{pmatrix}+\boldsymbol{\mu}_i$$

第一阶段,$\boldsymbol{Y}_0$ 中每个变量对 $\boldsymbol{X}$ 用 OLS 法进行回归计算,其关系式为 $\boldsymbol{Y}_0=\boldsymbol{X\Pi}_0+\boldsymbol{V}_0$,$\boldsymbol{\Pi}_0$、$\boldsymbol{V}_0$ 的矩阵元素排列类似于上面的矩阵。$\boldsymbol{\Pi}_0$ 的 OLS 估计式为 $\hat{\boldsymbol{\Pi}}_0=(\boldsymbol{X}'\boldsymbol{X})^{-1}\boldsymbol{X}'\boldsymbol{Y}_0$,于是 $\hat{\boldsymbol{Y}}_0=\boldsymbol{X}\hat{\boldsymbol{\Pi}}_0$。

第二阶段,用 $\hat{\boldsymbol{Y}}_0$ 代替式中的 $\boldsymbol{Y}_0$,即

$$\boldsymbol{Y}_i=(\hat{\boldsymbol{Y}}_0,\boldsymbol{X}_0)\begin{pmatrix}\boldsymbol{B}_0\\\boldsymbol{\Gamma}_0\end{pmatrix}+\mu_i^*$$

对模型应用 OLS 法,得到结构参数估计量为

$$\begin{pmatrix}\hat{\boldsymbol{B}}_0\\\hat{\boldsymbol{\Gamma}}_0\end{pmatrix}=[(\hat{\boldsymbol{Y}}_0,\boldsymbol{X}_0)'(\hat{\boldsymbol{Y}}_0,\boldsymbol{X}_0)]^{-1}(\hat{\boldsymbol{Y}}_0,\boldsymbol{X}_0)'\boldsymbol{Y}_i$$

这就是第 i 个结构方程的 2SLS 的估计量。

相关链接 10-1

联立方程模型的两阶段最小二乘估计

EViews 8.0 软件操作步骤:

(1) 输入变量名和样本数据。

(2) 选择 Object/New Object 菜单命令。

(3) 弹出 New Object 对话框,在 Type of object 列表框中选择 System(系统),在 Name for object 文本框中输入项目名(要求是字母或数字),如图 10-1 所示,单击 OK 按钮。

图 10-1 设置对象类型和名称

(4) 如图 10-2 所示,在 System 窗口中输入联立方程模型,并选 C_{t-1},Y_{t-1},G_t 为工具变量。已知消费方程为 $C_t = \alpha_0 + \alpha_1 Y_t + \alpha_2 C_{t-1} + \mu_{1t}$,投资方程为 $I_t = \beta_0 + \beta_1 Y_{t-1} + \mu_{2t}$,收入方程为 $Y_t = C_t + I_t + G_t$。其中,C_t 为消费;Y_t 为国内生产总值;I_t 为投资;G_t 为政府支出。图中用 CONS 表示 C_t,用 GDP 表示 Y_t,用 INV 表示 I_t,用 GOV 表示 G_t。需要用到 @inst 函数,即工具变量函数。

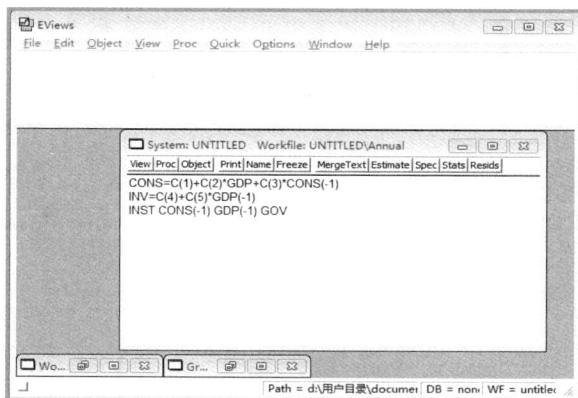

图 10-2 建立联立方程模型

(5) 单击 System 窗口上的 estimate 按钮,弹出系统估计方法对话框,如图 10-3 所示。选择 Two-SLS 估计法,单击"确定"按钮,得到估计结果,如图 10-4 所示。

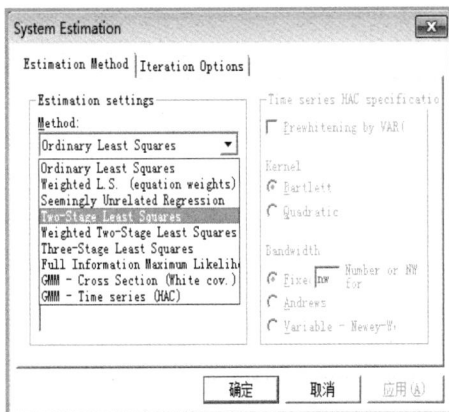

图 10-3 选择 Two-SLS 估计法

图 10-4 估计结果

关键术语

联立方程模型 结构式模型 简化式模型 间接最小二乘法 两阶段最小二乘法

闯关习题

一、即测即练

二、简述题

1. 如何识别联立方程模型?

2. 简述间接最小二乘法的基本原理。

3. 简述两阶段最小二乘法的基本思路和一般步骤。

三、软件操作题

已知联立方程:消费方程为 $C_t = \alpha_0 + \alpha_1 Y_t + \alpha_2 C_{t-1} + \mu_{1t}$;投资方程为 $I_t = \beta_0 + \beta_1 Y_{t-1} + \mu_{2t}$;收入方程为 $Y_t = C_t + I_t + G_t$。其中,C_t 为消费;Y_t 为国内生产总值;I_t 为投资;G_t 为政府支出,各数据见表 10-1。请利用 EViews 8.0 软件,使用两阶段最小二乘法对联立方程各参数进行估算。

表 10-1 联立方程参数数据   亿元

年 份	国内生产总值	消 费	投 资	政府支出
1995	3 605.60	1 759.10	1 377.90	480.00
1996	4 092.60	2 011.50	1 478.90	622.20
1997	4 592.90	2 331.20	1 599.70	676.70
1998	5 008.80	2 627.90	1 630.20	733.60
1999	5 590.00	2 902.90	1 784.20	811.90
2000	6 216.20	3 231.10	2 039.00	895.30
2001	7 362.70	3 742.00	2 515.10	1 104.30

续表

年 份	国内生产总值	消 费	投 资	政府支出
2002	9 076.70	4 687.40	3 457.50	1 298.90
2003	10 508.50	5 302.10	3 941.90	1 519.70
2004	12 277.40	6 126.10	4 462.00	1 678.50
2005	15 388.60	7 868.10	5 700.20	1 971.40
2006	17 311.30	8 812.60	6 332.70	2 351.60
2007	19 347.80	9 450.90	6 747.00	2 639.60
2008	22 577.40	10 730.60	7 868.00	3 361.30
2009	27 565.20	13 000.10	10 086.30	4 203.20
2010	36 938.10	16 412.10	15 717.70	5 487.80
2011	50 217.40	21 844.20	20 341.10	7 398.00
2012	63 216.90	28 369.70	25 470.10	8 378.50
2013	74 163.60	33 955.90	28 784.90	9 963.60
2014	81 658.50	36 921.50	29 968.00	11 219.10
2015	86 531.60	39 229.30	31 314.20	12 358.90
2016	91 125.00	41 920.40	32 951.50	13 716.50
2017	98 749.00	45 854.60	34 842.80	156 61.40
2018	108 972.40	49 213.20	39 769.40	17 665.10
2019	120 350.30	52 571.30	45 565.00	19 119.90
2020	136 398.80	56 834.40	55 963.00	20 615.10
2021	160 280.40	63 833.50	69 168.40	23 199.40
2022	188 692.10	71 217.50	80 646.30	26 605.20
2023	221 651.30	80 476.90	94 402.00	30 118.40
2024	263 093.80	93 317.20	110 919.40	35 190.90
2025	306 859.80	108 392.20	133 612.30	40 720.40

课外修炼

阅读《计量经济学》

一、基本信息

李子奈和潘文卿编著的《计量经济学》(第三版)是普通高等教育"十一五"国家级规划教材,由高等教育出版社出版。

该书融计量经济学理论、方法与应用为一体,以中级水平内容为主,适当吸收初级水平和高级水平的内容;以经典线性模型为主,适当介绍一些适用的非经典模型。

二、主要特点

全书形成一个独具特色的内容体系,详细论述了经典的单方程计量经济学模型的理论方法,适当介绍了联立方程计量经济学模型和时间序列计量经济学模型的理论方法,并引入了几类扩展的单方程计量经济学模型。在计量经济学应用模型中,该书着重讨论了模型类型选择、模型变量选择、模型函数关系设定和模型变量性质设定的原则与方法。在详细介绍线性回归模型的数学过程的基础上,各章的重点不是理论方法的数学推导与证明,而是对实际应用中出现的实际问题的处理,并尽可能与中国的模型实例相结合。

有两种与自我实现相关的折磨:一是与生活纪律相关的折磨;二是由于生活不理想而产生的折磨。实现自我的诀窍在于你更愿意承受哪种类型的折磨。

第十一章
Chapter 11
时间序列平稳性问题

>>> **知识结构图**

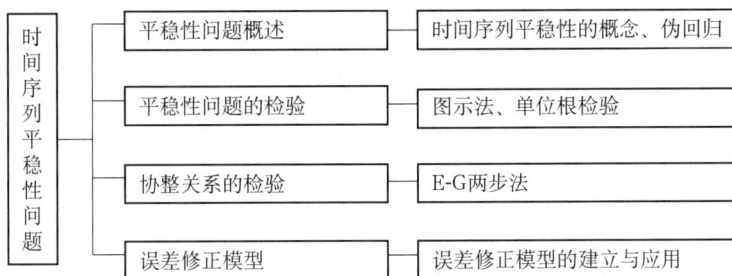

>>> **学习目标**

1. 知识目标：时间序列平稳性的概念；平稳性问题的检验方法；E-G两步法检验协整；误差修正模型的建立与应用。

2. 能力目标：理解协整与误差修正模型的联系；掌握时间序列模型的构建步骤与应用范围；掌握 EViews 软件的操作方法，能应用 EViews 软件分析时间序列。

>>> **情景写实**

一项研究表明，在某个城市出现心力衰竭死亡人数和啤酒的消耗量同时急剧升高的现象，这是否表明喝啤酒一定会引起心脏病发作呢？正确答案是：否！两者升高是因为人口迅速增加的结果。

实践中在用一个时间序列对另一个时间序列做回归时，虽然两者之间并无任何有意义的关系，却常常会得到一个很高的 R^2 值。这种问题之所以产生，是因为如果所涉及的时间序列，如这个城市中死亡人数与啤酒的消耗量都显示强劲的趋势（持续上升或下降），则所得到的 R^2 值是由于趋势的出现，而不是由于两者之间的真实关系。因此，判明经济变量之间的关系是真实的还是谬误的，是非常重要的问题，否则容易导致错误的结论。

第 一 节　　平稳性问题概述

时间序列是指某一统计指标数据按时间先后顺序排列而形成的数列,如逐年的国内生产总值和消费支出,逐月的商品销售额,逐日的股票价格等,都是时间序列。时间序列一般用 $X_1,X_2,\cdots,X_t$ 表示,t 为时间。时间序列数据的分析核心是"尊重时间顺序",通过挖掘数据的动态规律,实现对未来的预判或对过去的解释。在前面的几章中,所涉及的有关时间的序列都是平稳的(Stationary),但现实中很多时间序列是非平稳的。那么在计量经济分析中涉及非平稳时间序列时应如何处理,就是本节要讨论的问题。

一、时间序列平稳性的概念

假定某个时间序列是由某一随机过程生成的,即假定时间序列 $\{X_t\}$ $(t=1,2,\cdots)$ 的每一个数值都是从一个概率分布中随机得到,如果满足下列条件:

(1) 均值 $E(X_t)=u$,u 为常数,与时间 t 无关;

(2) 方差 $\mathrm{var}(X_t)=\sigma^2$,$\sigma^2$ 为常数,与时间 t 无关;

(3) 协方差 $\mathrm{cov}(X_t,X_{t+k})=\gamma_k$ 是只与时期间隔 k 有关,与时间 t 无关的常数,则称该随机时间序列是平稳的。

例如,每年相同季节的气温是相似的,因此每年相同季节的气温是一平稳随机过程。

经典实例 11-1

白噪声序列

一个最简单的随机时间序列是一个具有零均值同方差的独立分布序列:

$$E(X_t)=0,\mathrm{var}(X_t)=\sigma^2,\mathrm{cov}(X_t,X_{t+k})=0$$

则该序列常被称为一个白噪声(white noise)。由于 X_t 具有相同的均值与方差,且协方差为零,因此白噪声序列是平稳的。图 11-1 所示为一个白噪声随机数据分布图。

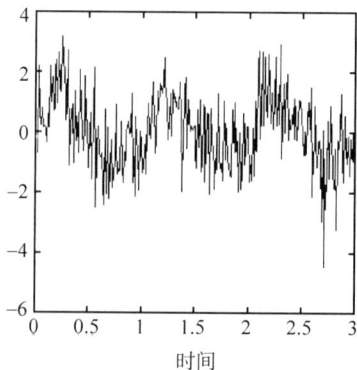

图 11-1　白噪声随机数据分布图

时间序列的非平稳性是指时间序列的统计规律随着时间的位移而发生变化,其均值、方差函数不再是常数,协方差函数也不仅仅是时间间隔 k 的函数。

经济领域中,许多时间序列都是非平稳的。例如,国内生产总值大多数情况下随时间的位移而持续增长;货币供给量在正常状态下会随时间的位移而扩大,呈现出非平稳特征。又如,许多经济现象具有季节性特征,玩具的销售额每年在圣诞节达到最高峰,而冷饮和冰淇淋的销售额则在夏天达到最高峰。这些具有季节性特征的时间序列都是非平稳的。

经典实例 11-2

随机游走序列

另一个简单的随机时间序列被称为随机游走(Random Walk)序列。该序列由如下随机过程生成:

$$X_t = X_{t-1} + u_t$$

式中,u_t 为一个白噪声。

设 X_1 的初值为 X_0,则

$$X_1 = X_0 + u_1$$
$$X_2 = X_1 + u_2 = X_0 + u_1 + u_2$$
$$\cdots$$
$$X_t = X_0 + u_1 + u_2 + \cdots + u_t$$

由于 X_0 为常数,u_t 是一个白噪声,因此 $\mathrm{var}(X_t) = ts^2$,即 X_1 的方差与时间 t 有关而非常数,它是一非平稳序列。

然而,对 X_t 取一阶差分 $\Delta X_t = X_t - X_{t-1} = u_t$,由于 u_t 是一个白噪声,则 ΔX_t 序列是平稳的。可见,如果一个时间序列是非平稳的,常常可通过取差分的方法形成平稳序列。

二、伪回归问题

伪回归(Spurious Regression)是指对事实上不存在任何相关关系的两个变量进行回归得出的能够通过显著性检验的回归模型。20 世纪 70 年代,Grange 和 Newbold 研究发现,造成"伪回归"的根本原因在丁时间序列变量的非平稳性。

下面通过简单的例子说明伪回归的表现形式及其发生的原因。

设啤酒消费量 X_t 和心力衰竭死亡人数 Y_t 是完全独立的时间序列,并且均为随机游走,为非平稳时间序列。现将 Y_t 对 X_t 进行回归,回归模型为

$$Y_t = \alpha + \beta X_t + v_t \tag{11-1}$$

式中,v_t 为误差项。

由于 Y_t 和 X_t 没有任何相关关系,回归系数 β 等于 0。如果采用 OLS 方法对式(11-1)进行估计,估计量 $\hat{\beta}$ 应该接近 0,相应的 t 检验也应该不显著。但实际回归结果却常常相反:t 检验表明 $\hat{\beta}$ 显著不为 0,回归拟合优度 R^2 也不接近 0,即使在样本量很大时仍然如此。如果仅从一般的检验判断,会得出啤酒消费量 X_t 和心力衰竭死亡人数 Y_t 有显著线性关系的错误结论。

因此,在利用回归分析方法讨论经济变量间有意义的经济关系之前,必须对经济变量时间序列的平稳性与非平稳性作出判断。如果经济变量时间序列是非平稳的,则需要寻找新的处理方法。

第二节 平稳性问题的检验

对平稳性问题的检验方法有多种,这里只介绍图示法和单位根检验两种方法。

一、图示法

给出一个随机时间序列,画出该时间序列的散点图,然后直观地判断该散点图是否围绕其均值上下波动。如果是,则该时间序列是一个平稳时间序列,如图 11-2(a)所示;如果不是,则该时间序列是一个非平稳时间序列,如图 11-2(b)所示。

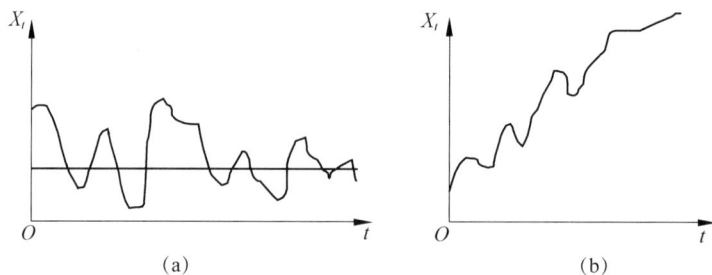

图 11-2 平稳时间序列与非平稳时间序列

(a) 平稳时间序列;(b) 非平稳时间序列

相关链接 11-1

图示法检验序列平稳性

已知某市 2006—2025 年房地产开发投资额和税收收入数据见表 11-1,检验两变量对数后的序列平稳性。

表 11-1 某市 2006—2025 年房地产开发投资额和税收收入数据 亿元

年份	房地产开发投资额 X	税收收入 Y	年份	房地产开发投资额 X	税收收入 Y
2006	266 560.00	89 473.00	2016	914 610.00	583 927
2007	598 781.00	119 457	2017	1 140 742.00	692 972
2008	642 645.00	169 604	2018	2 139 308.00	978 236
2009	677 918.00	196 778	2019	3 457 362.00	1 334 817
2010	762 528.00	226 266	2020	3 270 160.00	1 522 969
2011	693 527.00	274 606	2021	2 945 940.00	1 561 393
2012	621 211.00	326 412	2022	3 961 254.00	1 797 500
2013	566 315.00	414 834	2023	4 381 217.00	2 783 064
2014	623 326.00	452 454	2024	5 188 791.00	3 178 273
2015	792 737.00	500 163	2025	5 318 000.00	3 637 096.00

EViews 8.0 软件操作步骤:

(1) 建立工作文件并录入原始数据,对变量取对数,选择 Quick/Generate Series 菜单命令（图 11-3），令 LX＝log(X)，LY＝log(Y)，如图 11-4 和图 11-5 所示。

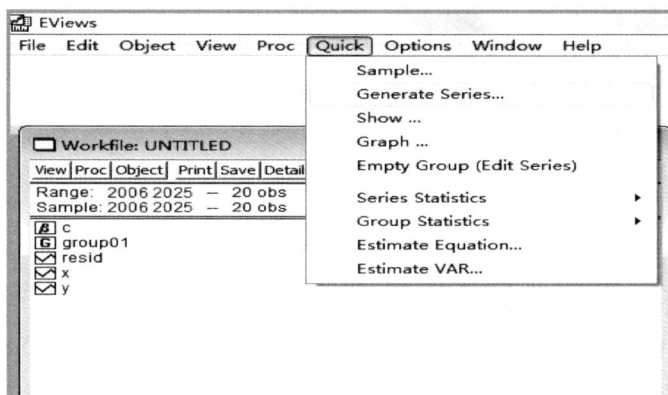

图 11-3　生成序列的操作步骤

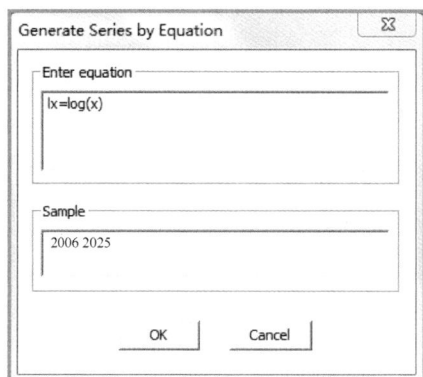

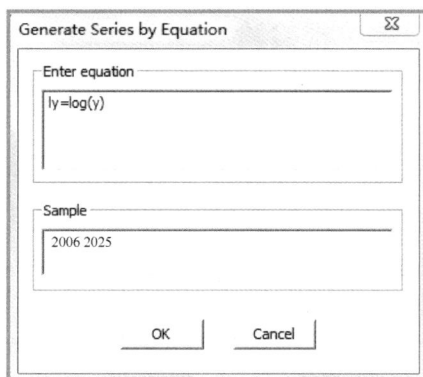

图 11-4　生成序列 LX 的操作步骤　　　图 11-5　生成序列 LY 的操作步骤

（2）打开 LX 序列，单击 View 按钮，选择 Graph 命令，在 Graph Options 对话框的 Graph type 列表框中选择 Line & Symbol 类型（图 11-6），可得 LX 的序列图，如图 11-7 所示。用同样的方式，可得 LY 的序列图，如图 11-8 所示。

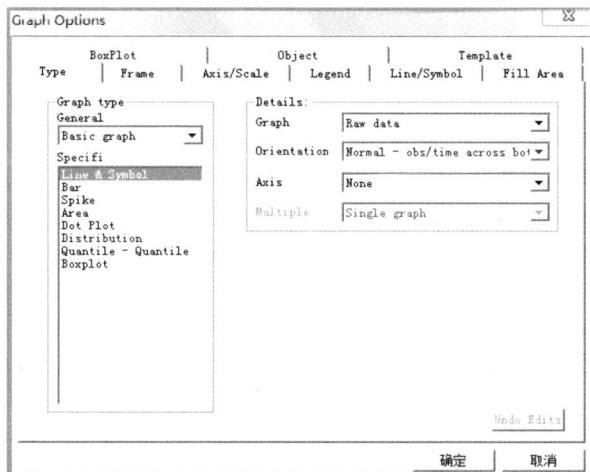

图 11-6　时间序列图的操作步骤

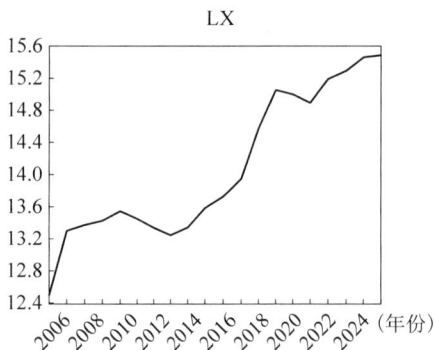

图 11-7　LX 序列图

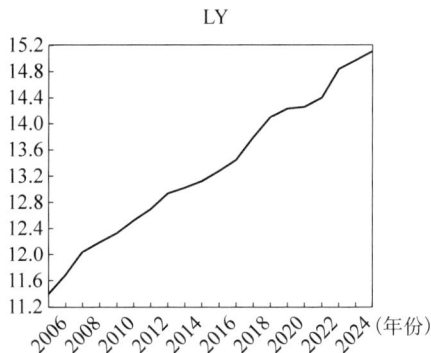

图 11-8　LY 序列图

从某市房地产开发投资额对数序列图和税收收入对数序列图可以看出,两序列有明显递增的趋势,不同时间段的均值不同,因此两序列是不平稳的。

二、单位根检验

(一) DF 检验

我们已知道,随机游走序列

$$X_t = X_{t-1} + \mu_t \tag{11-2}$$

是非平稳的,其中 μ_t 是白噪声。而该序列可被看作随机模型

$$X_t = \beta X_{t-1} + \mu_t \tag{11-3}$$

式中参数 $\beta = 1$ 时的情形。也就是说,对式(11-3)做回归,如果确实发现 $\beta = 1$,则就说随机变量有一个单位根。显然,X_t 是非平稳的。

式(11-3)可变成差分形式

$$\begin{aligned} \Delta X_t &= (\beta - 1)X_{t-1} + \mu_t \\ &= \rho X_{t-1} + \mu_t \end{aligned} \tag{11-4}$$

检验式(11-3)是否存在单位根 $\beta = 1$,也可通过式(11-4)判断是否有 $\rho = 0$。如果接受零假设 $H_0 : \rho = 0$,则说明时间序列 X_t 存在单位根,是非平稳的。这时 DF 检验值即为 X_{t-1} 系数的估计值,但它不服从标准的 t 分布,而是 DF 分布。为此,戴维·艾伦·迪基(David Allen Dickey)和韦恩·阿瑟·富勒(Wayne Arthur Fuller)利用蒙特卡罗模拟方法给出了一定样本容量、显著性水平下的 DF 分布临界值,见表 11-2。

表 11-2　DF 分布临界值表

显著性水平	样 本 容 量					t 分布临界值($n = \infty$)
	25	50	100	500	∞	
0.01	-3.75	-3.58	-3.51	-3.44	-3.43	-2.33
0.05	-3.00	-2.93	-2.89	-2.87	-2.86	-1.65
0.10	-2.63	-2.60	-2.58	-2.57	-2.57	-1.28

这样,判断 ρ 的显著性的方法就是:如果计算出来的 DF 值小于 DF 临界值,则拒绝原假设,X_t 不是单位根过程,时间序列是平稳的;如果计算出来的 DF 值大于 DF 临界值,则

接受原假设,X_t 是单位根过程,时间序列是非平稳的。

一般情况下,根据检验的需要,可以在检验式(11-5)中加入截距项或时间趋势项,因此 DF 检验可有以下三种形式:

$$\Delta Y_t = \rho Y_{t-1} + \mu_t$$
$$\Delta Y_t = \alpha + \rho Y_{t-1} + \mu_t \quad\quad (11\text{-}5)$$
$$\Delta Y_t = \alpha + \beta t + \rho Y_{t-1} + \mu$$

(二)ADF 检验

DF 方法对时间序列进行平稳性检验中,实际上假定了随机误差项 u_t 不存在序列相关。但在实际检验中,大多数经济时间序列不满足这个假设,表现出随机误差项存在序列相关(Autocorrelation),导致 DF 检验出现偏误。为了保证单位根检验的有效性,迪基和富勒对 DF 检验进行了扩充,在检验模型中加入被解释变量的适当滞后项,使得随机项不存在序列相关,从而保证检验的可信度。这就是 ADF(Augmented Dickey-Fuller)检验。ADF 检验是通过下面三个模型完成的。

模型 1:$\Delta X_t = \rho X_{t-1} + \sum_{i=1}^{m} \gamma_i \Delta X_{t-i} + u_t$

模型 2:$\Delta X_t = \alpha + \rho X_{t-1} + \sum_{i=1}^{m} \gamma_i \Delta X_{t-i} + u_t$

模型 3:$\Delta X_t = \alpha + \beta t + \rho X_{t-1} + \sum_{i=1}^{m} \gamma_i \Delta X_{t-i} + u_t$

其中,X_t 为时间序列;α 为常数项;t 为时间趋势项;X_{t-i} 为 X_t 的 i 阶滞后项;m 为滞后阶数,一般采用施瓦兹信息准则(SIC)确定。

和 DF 检验一样,在序列存在单位根的原假设下,对参数 ρ 估计值进行显著性检验的 t 统计量不再服从标准的 t 分布,而是服从 ADF 分布,软件操作结果含 ADF 检验临界值。

实际检验时从模型 3 开始,然后是模型 2,最后是模型 1。何时拒绝零假设,即原序列不存在单位根,为平稳序列,何时停止检验;否则,继续检验,直到检验完模型 1 为止。

一个简单的方法是同时估计出上述三个模型的适当形式,然后通过 ADF 临界值表检验零假设 $H_0:\rho=0$。只要其中有一个模型的检验结果拒绝了零假设,就可以认为时间序列是平稳的。当三个模型的检验结果都不能拒绝零假设时,则认为时间序列是非平稳的。

相关链接 11-2

单位根检验

以某市房地产开发投资额对数序列 LX 和税收收入对数序列 LY 为例,进行单位根检验(ADF 检验)。

EViews 8.0 软件操作步骤:

(1)对 LX 进行检验。双击 LX 序列,在 LX 序列窗口中,选择 View/Unit Root Test… 菜单命令,如图 11-9 所示,弹出 Unit Root Test 对话框,如图 11-10 所示。

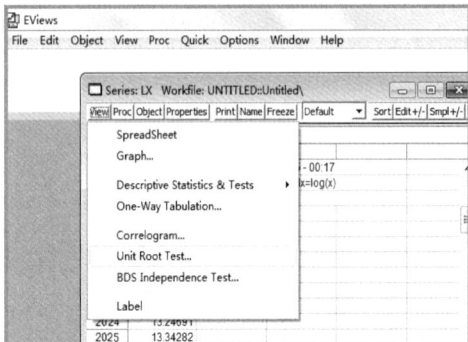

图 11-9 选择单位根检验菜单命令

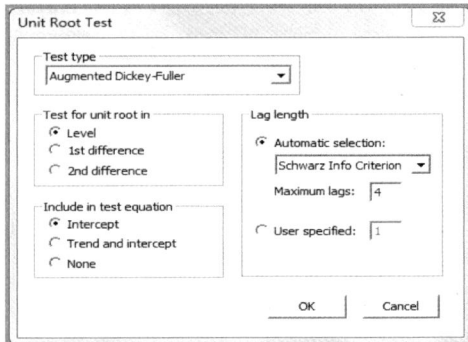

图 11-10 **Unit Root Test** 对话框

Unit Root Test 对话框的设置:Test for unit root in 选项组中,Level 是水平序列,1st difference 是一阶差分序列,2nd difference 是二阶差分序列;Include in test equation 选项组中,Intercept 是常数项,对应 ADF 检验中的第 2 个模型,Trend and intercept 是趋势项加常数项,对应 ADF 检验中的第 3 个模型,None 是没有趋势项跟常数项,对应 ADF 检验中的第 1 个模型;右侧的 Lag length 是滞后阶数的确定,系统默认是用 SIC 值确定,且默认最大滞后阶数为 4 阶。

本例中,对于 LX 序列的单位根检验是选择 Level 项,经过尝试,ADF 检验结果如图 11-11 所示。依据 ADF 检验的相关知识,其检验方程式为

$$\Delta LX_t = 4.210\,480 + 0.057\,294t - 0.337\,190 LX_{t-1} + 0.381\,098 \Delta LX_{t-1}$$
$$(2.500\,948)(2.763\,938)(-2.510\,858)(2.175\,858)$$

括号中给出的是 t 统计量的值,其中 $-2.510\,858$ 是 ADF 统计量的值,大于 ADF 分布临界值,所以 LX 序列存在单位根。

图 11-11 **LX 单位根检验结果**

（2）LX 差分序列的平稳性检验。继续对 LX 的差分序列 ΔLX_t 做单位根检验,在单位根检验对话框的 Test for unit root in 选项组中,由对原序列 LX(Level)检验单位根改为对 ΔLX_t 序列(1st difference)检验单位根,如图 11-12 所示。

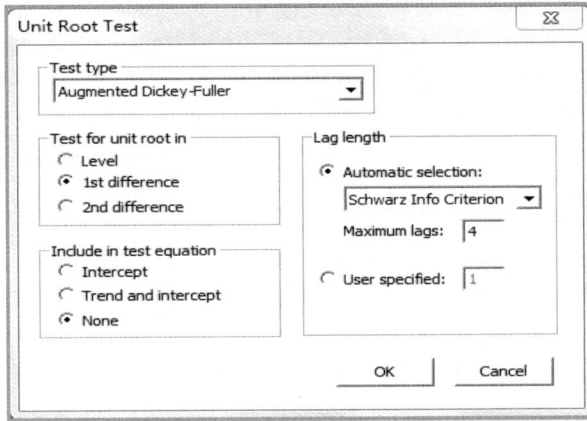

图 11-12　单位根检验选项

经过尝试,选择既不包含常数项也不包含时间趋势项的回归方程,如图 11-13 所示。回归结果表示如下:

$$\Delta^2 LX_t = -0.628\ 995\Delta LX_{t-1}$$
$$(-3.842\ 027)$$

图 11-13　LX 差分序列单位根检验结果

ADF 统计量的值为$-3.842\ 027$,小于 ADF 分布临界值,所以 LX 的差分序列是平稳的,不存在单位根。

（3）LY 序列单位根检验。经过尝试，LY 序列单位根检验结果如图 11-14 所示。回归结果表示为

$$\Delta LY_t = 0.428\,746 - 0.017\,674 LX_{t-1}$$
$$(-0.740\,494)$$

Null Hypothesis: LY has a unit root Exogenous: Constant Lag Length: 0 (Automatic based on SIC, MAXLAG=4)		t-Statistic	Prob.*
Augmented Dickey-Fuller test statistic		-0.740494	0.8130
Test critical values:	1% level	-3.831511	
	5% level	-3.029970	
	10% level	-2.655194	

图 11-14　LY 序列单位根检验结果

ADF 统计量的值为 -0.740 494，大于 ADF 分布临界值，所以 LY 序列是非平稳的，存在单位根。

进一步对 LY 差分序列进行单位根检验，检验结果如图 11-15 所示，回归结果表示为

$$\Delta^2 LY_t = 0.263\,166 - 1.406\,177\Delta LY_{t-1} + 0.484\,075\Delta^2 LY_{t-1}$$
$$(-4.912\,657) \qquad (2.290\,355)$$

Null Hypothesis: D(LY) has a unit root Exogenous: Constant Lag Length: 1 (Automatic based on SIC, MAXLAG=2)		t-Statistic	Prob.*
Augmented Dickey-Fuller test statistic		-4.912657	0.0013
Test critical values:	1% level	-3.886751	
	5% level	-3.052169	
	10% level	-2.666593	

图 11-15　LY 差分序列单位根检验结果

ADF 统计量的值为 -4.912 657，小于 ADF 分布临界值，所以 LY 的差分序列是平稳的，不存在单位根。

第 三 节　协整关系的检验

经济中遇到的大多数变量（如收入、消费、GDP、利率、贸易量等）都是非平稳的，对于非平稳的时间序列，可以用差分的方法化为平稳时间序列，但这样处理，会忽略原始序列中所包含的有用信息，而这些信息对分析问题是必不可少的。为了解决上述问题，发展了一种处理非平稳序列的新方法——协整理论。

一、单整

随机游走序列 $X_t = X_{t-1} + \mu_t$，经差分后等价地变形为 $\Delta X_t = \mu_t$，由于 μ_t 是一个白噪声过程，因此 $\{\Delta X_t\}$ 序列是平稳的。

如果一个时间序列经过一次差分变成平稳的,就称该序列是一阶单整(Integrated of 1)序列,记为 $I(1)$。有时,一个序列经一次差分后可能还是非平稳的,如果一个时间序列经过 d 次差分后变成平稳序列,则称该序列是 d 阶单整(Integrated of d)序列,记为 $I(d)$。显然,$I(0)$ 代表平稳时间序列。

从前面单位根检验可知,表 11-1 的某市房地产开发投资额对数序列 LX 和税收收入对数序列 LY 经过一次差分后变成平稳序列,为 1 阶单整序列,记为 LX～$I(1)$,LY～$I(1)$。

二、协整的定义

经典实例 11-3

两变量的长期均衡

根据弗里德曼的持久收入假说:私人总消费(CS_t)是持久私人消费(C_t^p)和暂时性私人消费(u_t)之和,持久私人消费与持久个人可支配收入(Y_t)成正比,则消费函数为

$$CS_t = C_t^p + u_t = \beta Y_t + u_t$$

私人总消费(CS_t)和持久个人可支配收入(Y_t)都被认为是非平稳的,是 1 阶单整变量,即为 $I(1)$ 变量,暂时性私人消费(u_t)一定是平稳变量。也就是说,持久收入假设下的消费函数要求给定的两个变量 CS_t 和 Y_t 的线性组合 $u_t = CS_t - \beta Y_t$ 是平稳的。显然,如果暂时性消费 u_t 具有随机游走趋势,则模型中的误差将被累积,导致不能消除偏离持久消费的离差。因此,如果能够准确地揭示持久收入与持久消费之间的长期稳定的均衡关系,则意味着从本质上讲偏离持久消费的离差是暂时性的。于是,关键的假设是偏离持久消费的离差是平稳的。换句话说,暂时性消费 u_t 是平稳的。

经典实例 11-4

多变量的长期均衡

名义货币需求量 m_t 主要是由实际收入水平 y_t、物价水平 p_t 和利率 r_t 决定的。可建立如下货币需求模型:

$$\ln m_t = \alpha + \beta_1 \ln y_t + \beta_2 \ln p_t + \beta_3 r_t + \varepsilon_t \tag{11-6}$$

在货币市场均衡的情况下,$\ln m_t$、$\ln y_t$、$\ln p_t$ 和 r_t 之间存在长期均衡关系,意味着在这四个变量构成的经济系统内,不存在破坏这种长期均衡关系的内在机制。虽然,某个时期,变量在受到干扰后会偏离其长期均衡点,但长期均衡机制将会在下一个时期或下几个时期对变量进行修正,以使其重新回到均衡状态。如果将式(11-6)表示为

$$\varepsilon_t = \ln m_t - \alpha - \beta_1 \ln y_t - \beta_2 \ln p_t - \beta_3 r_t$$

则意味着随机变量 ε_t 是平稳时间序列;否则,如果 ε_t 存在随机趋势,变量对均衡状态的偏离将会被积累,导致均衡机制的破坏。因此,货币市场均衡的关键条件是随机变量 ε_t 是平稳时间序列。一般情况下,$\ln m_t$、$\ln y_t$、$\ln p_t$ 和 r_t 都是非平稳时间序列,而这四个非平稳时间序列的线性组合 $\ln m_t - \alpha - \beta_1 \ln y_t - \beta_2 \ln p_t - \beta_3 r_t$ 为 $I(0)$,这就意味着非平稳时间序列的组合变为一个平稳时间序列。

从上面的实例可以看出,非平稳时间序列的线性组合可能为平稳时间序列,引出了要介绍的协整概念。

设 $X_t \sim I(d)$ 和 $Y_t \sim I(d)$ 为两个 d 阶单整的非平稳时间序列,并且 X_t 和 Y_t 的线性组合形成的时间序列 $aX_t + bY_t$ 的单整阶数为 $d-b$,即 $aX_t + bY_t \sim I(d-b)(d \geqslant b \geqslant 0)$,则称 X_t 和 Y_t 为 (d,b) 阶协整的,记为 $(X_t, Y_t) \sim CI(d,b)$。这里 CI 是协整的符号,(a,b) 称为协整向量。

例如,经典实例 11-3 中私人总消费 (CS_t) 为 1 阶单整序列,持久个人可支配收入 (Y_t) 也为 1 阶单整序列,如果二者的线性组合 $aCS_t + bY_t$ 构成的新序列为 0 阶单整序列,那么 CS_t 和 Y_t 就是 $(1,1)$ 阶协整。

由此可见,只有两个变量时,它们的单整阶数相同才可能协整。三个以上的变量,如果具有不同的单整阶数,经过线性组合也有可能存在协整关系。以三个变量为例:

$$Y_t \sim I(1), X_{1t} \sim I(2), X_{2t} \sim I(2)$$
$$V_t = aX_{1t} + bX_{2t} \sim I(1)$$
$$U_t = cY_t + eV_t \sim I(0)$$

那么认为:$X_{1t}, X_{2t} \sim CI(2,1)$ $Y_t, V_t \sim CI(1,1)$

从上述协整的定义以及两变量协整的实质含义可以看出,两个变量协整的经济含义在于:虽然两个非平稳时间序列变量存在各自的波动规律,但如果它们是协整的,则它们之间存在一个长期稳定的比例关系;但是,如果它们不是协整的,则它们之间就不存在一个长期稳定的比例关系。所以,协整检验也是区别真实回归与伪回归的有效方法。

三、协整检验

协整检验分为两变量检验和多变量检验,这里仅介绍检验两个非平稳时间序列是否存在协整关系的 E-G 两步法。关于多变量协整关系检验,有兴趣的读者可参考相关的书籍。

第一步:若两变量是同阶单整的,如:$Y_t \sim I(1)$,$X_t \sim I(1)$,即 X_t 和 Y_t 是平稳的,用 OLS 对回归方程 $Y_t = \alpha + \beta X_t + m_t$ 进行估计,得到残差 $e_t = Y_t - (\hat{\alpha} + \hat{\beta} X_t)$。

第二步:检验 e_t 的平稳性。如果 e_t 为平稳的,则 Y_t 与 X_t 之间存在协整关系;反之,不存在协整关系。因为 Y_t 与 X_t 不是协整的,则它们的任意线性组合都是非平稳的,因此 e_t 将为非平稳的。对残差序列 e_t 平稳性的检验,即是对 Y_t 与 X_t 之间是否存在协整的检验。

对 e_t 进行单位根检验,方法即是上述的 DF 检验或是 ADF 检验。

相关链接 11-3

协整检验

已知某市房地产开发投资额 LX 与税收收入 LY 都为一阶单整序列,用 E-G 两步法判断两变量是否存在协整。

EViews 8.0 软件操作步骤:

(1) 协整回归。首先,对 LY、LX 序列直接进行简单的 OLS 回归,结果为

$$\hat{LY} = -2.784\ 182 + 1.143\ 181LX$$

得到用于检验协整关系的残差为 $e_t = \hat{LY} + 2.784\ 182 - 1.143\ 181LX$。

（2）生成残差序列。选择 Quick/Generate Series 菜单命令，如图 11-16 所示。在弹出对话框的 Enter equation 文本框中输入 e＝resid，如图 11-17 所示，将回归后的残差值赋给新的序列 e（不能在系统保留的 resid 序列中进行单位根检验）。

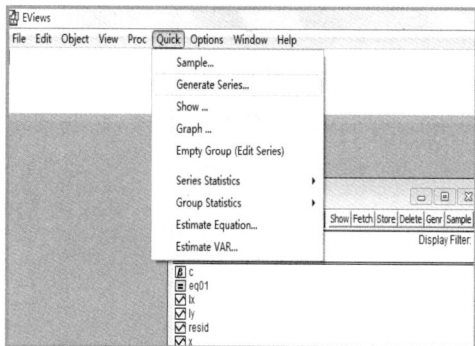

图 11-16 选择生成残差序列菜单命令　　　　图 11-17 设置 e＝resid

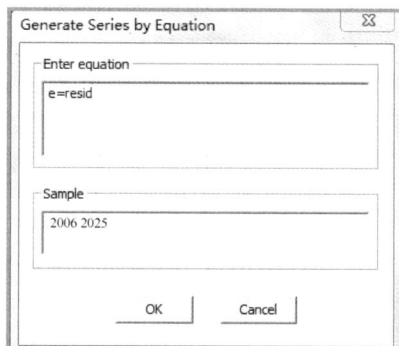

（3）双击新序列，打开 e 序列，进行水平项的单位根检验。检验结果如图 11-18 所示。由图 11-18 可知，残差序列的 t 统计量为 $-4.194\ 394$，小于各个水平下的临界值，从而拒绝原假设，说明残差序列不存在单位根，是平稳序列，某市房地产开发投资额（LX）与税收收入（LY）之间存在协整关系。

Null Hypothesis: E has a unit root
Exogenous: Constant
Lag Length: 4 (Automatic based on SIC, MAXLAG=4)

		t-Statistic	Prob.*
Augmented Dickey-Fuller test statistic		-4.194394	0.0065
Test critical values:	1% level	-3.959148	
	5% level	-3.081002	
	10% level	-2.681330	

图 11-18 残差序列单位根检验结果

第四节　误差修正模型

误差修正模型是将平稳时间序列方法和协整方法结合得出的一种模型。

基本思路：若变量间存在协整关系，即表明这些变量间存在着长期稳定的关系，而这种长期稳定的关系是在短期动态过程的不断调整下得以维持。之所以能够这样，是一种调节过程——误差修正机制在起作用，防止了长期关系偏差的扩大。因此，任何一组相互协整的时间序列变量都存在误差修正机制，反映短期调节行为。格兰杰证明了，如果若干变量存在协整关系，则这些变量必有误差修正模型表达形式存在。下面以两变量模型为例，说明误差修正模型的建立过程。

假设 X_t, Y_t 均为一阶单整序列,并且具有协整关系:

$$Y_t = \alpha + \beta X_t + u_t$$

式中,$u_t \sim I(0)$。

第一步:用普通最小二乘法估计协整回归方程,得到变量间的长期关系模型:

$$Y_t = \hat{\alpha} + \hat{\beta} X_t + e_t$$

式中,e_t 为非均衡误差的估计,$e_t = Y_t - \hat{\alpha} - \hat{\beta} X_t$。

第二步:建立短期动态关系,即误差修正模型。将长期关系模型中各变量以一阶差分形式重新加以构造,并将长期关系模型所产生的残差序列作为解释变量引入,共同构造误差修正模型,并用 OLS 估计。误差修正模型为

$$\Delta Y_t = \gamma_0 \Delta X_t + \gamma_1 (Y_{t-1} - \hat{\alpha} - \hat{\beta} X_{t-1}) + v_t = \gamma_0 \Delta X_t + \gamma_1 e_{t-1} + v_t \tag{11-7}$$

式中,$\gamma_1 (Y_{t-1} - \hat{\alpha} - \hat{\beta} X_{t-1})$ 是误差修正项。

这里有几点需要注意。

(1) Y_t, X_t 存在协整关系,那么 $e_t = Y_t - \hat{\alpha} - \hat{\beta} X_t \sim I(0)$,又因为 $Y_t, X_t \sim I(1)$,所以 $\Delta Y_t, \Delta X_t \sim I(0)$,误差修正模型中所有项都是 $I(0)$ 的,可以用 OLS 估计式(11-7)。

(2) 如认为式(11-7)动态性不足,即 v_t 中存在序列相关,可以在模型右侧加入 ΔY_t、ΔX_t 的滞后项,实践操作中,经常选择滞后两项。

(3) γ_1 的值应该为负,误差修正机制应该是一个负反馈过程。如果 $t-1$ 期 $Y_{t-1} > \hat{\alpha} + \hat{\beta} X_{t-1}$,则 e_{t-1} 为正,$\gamma_1 e_{t-1}$ 为负,使得 ΔY_t 减小,向长期均衡 $\hat{\alpha} + \hat{\beta} X_{t-1}$ 趋近;相反,如果 $t-1$ 期 $Y_{t-1} < \hat{\alpha} - \hat{\beta} X_{t-1}$,则 e_{t-1} 为负,$\gamma_1 e_{t-1}$ 为正,使得 ΔY_t 增加,向长期均衡 $\hat{\alpha} + \hat{\beta} X_{t-1}$ 趋近。不难看出,趋近的快慢取决于参数 γ_1 的大小。无论哪种情况,都体现了非均衡误差的反向修正作用。

相关链接 11-4

误差修正模型

EViews 8.0 软件操作步骤:

已知某市房地产开发投资额(LX)序列与税收收入(LY)序列之间存在协整关系,可建立它们之间的误差修正模型。为了使误差修正模型中随机扰动项为白噪声,先估计含有较多滞后项的模型。例如尝试建立回归模型:

$$\Delta LY_t = \alpha + \sum_{i=0}^{2} \beta_i \Delta LX_{t-i} + \sum_{i=1}^{2} \gamma_i \Delta LY_{t-i} + \lambda e_{t-1} + v_t$$

在软件回归窗口输入 d(ly) c d(lx) d(lx(-1)) d(lx(-2)) d(ly(-1)) d(ly(-2)) e(-1),可以得到回归结果,如图 11-19 所示。

去掉一些不显著因素,对模型重新进行调整回归,最终回归结果如图 11-20 所示,模型表示为

$$\Delta LY_t = 0.257\,955 + 0.207\,415 \Delta LX_t - 0.486\,969 \Delta LY_{t-2} - 0.131\,155 e_{t-1}$$

可见 LY 关于 LX 的短期弹性为 0.207 415。

```
Dependent Variable: D(LY)
Method: Least Squares
Date: 01/19/25  Time: 14:15
Sample(adjusted): 2006 2025
Included observations: 17 after adjusting endpoints

  Variable       Coefficient   Std. Error   t-Statistic   Prob.

  C               0.237115     0.058005     4.087831     0.0022
  D(LX)           0.126218     0.112718     1.119771     0.2890
  D(LX(-1))       0.178211     0.111881     1.592855     0.1423
  D(LX(-2))      -0.176291     0.104490    -1.687156     0.1225
  D(LY(-1))       0.081785     0.219765     0.372147     0.7175
  D(LY(-2))      -0.377581     0.193126    -1.955104     0.0791
  E(-1)          -0.146396     0.072664    -2.014697     0.0716

  R-squared            0.670022   Mean dependent var    0.180322
  Adjusted R-squared   0.472035   S.D. dependent var    0.101466
  S.E. of regression   0.073727   Akaike info criterion -2.084007
  Sum squared resid    0.054356   Schwarz criterion     -1.740920
  Log likelihood       24.71406   F-statistic            3.384172
  Durbin-Watson stat   2.472283   Prob(F-statistic)     0.043364
```

图 11-19 税收数据的可能误差修正模型

```
Dependent Variable: D(LY)
Method: Least Squares
Date: 01/17/25  Time: 01:30
Sample(adjusted): 2006 2025
Included observations: 17 after adjustments

  Variable       Coefficient   Std. Error   t-Statistic   Prob.

  C               0.257955     0.048368     5.333136     0.0001
  D(LX)           0.207415     0.104817     1.978842     0.0694
  D(LY(-2))      -0.486969     0.195031    -2.496874     0.0267
  E(-1)          -0.131155     0.066906    -1.960279     0.0718

  R-squared            0.498980   Mean dependent var    0.180322
  Adjusted R-squared   0.383361   S.D. dependent var    0.101466
  S.E. of regression   0.079678   Akaike info criterion -2.019330
  Sum squared resid    0.082531   Schwarz criterion     -1.823280
  Log likelihood       21.16431   Hannan-Quinn criter.  -1.999842
  F-statistic          4.315697   Durbin-Watson stat     2.524758
  Prob(F-statistic)    0.025561
```

图 11-20 税收数据的最终误差修正模型估计

关键术语

时间序列   非平稳时间序列   单位根检验   协整   误差修正模型

闯关习题

一、即测即练

二、简述题

1. 描述平稳时间序列的条件。

2. 单整变量的单位根检验为什么从 DF 检验发展到 ADF 检验?

3. 协整理论的提出有何重要意义?

4. 简述误差修正模型的建立过程。

三、计算分析题

1. 用图形法和 ADF 法检验 1990—2025 年某国基尼系数(表 11-3)时间序列的平稳性。

表 11-3 某国 1990—2025 年基尼系数数据

年份	基尼系数	年份	基尼系数	年份	基尼系数
1990	0.357	2002	0.336	2014	0.401
1991	0.354	2003	0.343	2015	0.479
1992	0.358	2004	0.350	2016	0.473
1993	0.350	2005	0.356	2017	0.485
1994	0.340	2006	0.362	2018	0.487
1995	0.338	2007	0.369	2019	0.484
1996	0.339	2008	0.372	2020	0.491
1997	0.338	2009	0.378	2021	0.490
1998	0.336	2010	0.380	2022	0.481
1999	0.338	2011	0.386	2023	0.477
2000	0.341	2012	0.383	2024	0.474
2001	0.337	2013	0.392	2025	0.473

2. 利用表 11-3 中的数据,对某国基尼系数时间序列进行单整性分析。

3. 从开始鼓励和引导对外发展的政策至今,某国对外直接投资得到了高速发展。为进一步发挥对外直接投资与出口贸易两者在某国经济发展过程中所起的作用,分析对外直接投资对某国货物出口贸易的影响对某国经济发展有重要的作用。表 11-4 列出了某国 1993—2025 年对外直接投资(OFDI)和货物出口额(EX)数据。

表 11-4　某国 1994—2025 年对外直接投资和货物出口额数据　　　　　　亿美元

年份	对外直接投资(OFDI)	货物出口额(EX)	年份	对外直接投资(OFDI)	货物出口额(EX)
1994	0.44	223.21	2010	26.34	1 837.09
1995	0.93	222.26	2011	17.74	1 949.31
1996	1.34	261.39	2012	9.16	2 492.03
1997	6.29	273.50	2013	68.85	2 661.55
1998	4.50	309.42	2014	27.08	3 255.96
1999	6.45	394.37	2015	28.55	4 382.28
2000	8.50	475.16	2016	54.98	5 933.26
2001	7.80	525.38	2017	122.61	7 619.53
2002	8.30	620.91	2018	211.64	9 689.36
2003	9.13	718.43	2019	265.06	12 181.55
2004	40.00	849.40	2020	559.07	14 288.05
2005	44.00	917.44	2021	565.29	12 020.48
2006	20.00	1 210.06	2022	688.11	15 784.47
2007	20.00	1 487.80	2023	746.50	18 992.81
2008	21.14	1 510.48	2024	878.00	20 501.09
2009	25.62	1 827.92	2025	901.70	22 096.00

对变量分别取对数,得到 ln OFDI 和 ln EX,用 E-G 两步法对 ln OFDI 和 ln EX 进行协整检验。

4. 利用表 5-2 某省人均实际可支配收入和人均实际消费支出的数据,判断 ln Y 和 ln X 的平稳性;用 E-G 两步法对 ln Y 和 ln X 进行协整检验并建立误差修正模型,分析该模型的经济意义。

课外修炼

阅读课外期刊文献

时间序列数据是经济分析中最常见,也是最重要的一类数据。因此,对时间序列数据的分析也就成了计量经济分析最为重要的内容之一。建立在协整理论基础上的误差修正模型既能反映不同经济序列间的长期均衡关系,又能反映短期偏离向长期均衡修正的机制,是长短期结合的、具有高度稳定性和可靠性的一种模型。因此,协整与误差修正模型在实际检验中得到了广泛的应用。

[1] 陈延林. 基于误差修正模型的地价与房价关系理论与实证分析[J]. 广东社会科学, 2015(1):34-42.

[2] 朱建华,徐顺青,逯元堂,等. 中国环保投资与经济增长实证研究——基于误差修正模

型和格兰杰因果检验[J]. 中国人口,2014(11):100-103.

[3] 马丽平,张建辉. 基于误差修正模型的汽车需求影响因素分析[J]. 科技管理研究,2014(7):106-109.

[4] 耿志民,王尚忠. 我国外汇储备与货币供应量的关系——基于协整和误差修正模型[J]. 洛阳师范学院学报,2014(3):80-82.

[5] 王琦,马斌. 国际产业转移背景下构建现代产业体系研究——基于协整与误差修正模型的实证检验[J]. 中共济南市委党校学报,2014(1):37-42.

[6] 赵会茹,杨璐,李春杰,等. 基于协整理论和误差修正模型的电网投资需求预测研究[J]. 电网技术,2011(9):193-198.

[7] 孙海涛,宋荣兴. 基于误差修正模型的能源消费与经济增长关系研究[J]. 生态经济,2011(8):61-63.

[8] 陈辉民. 基于误差修正模型的湖南省城镇居民收入与消费的关系[J]. 安徽农业科学,2011(6):3692-3694.

[9] 李国璋,江金荣,陈敏. 协整理论与误差修正模型在实证应用中几个问题的研究[J]. 统计与信息论坛,2010(4):21-24.

[10] 刘广迎,李翔. 基于协整和误差修正模型的电力需求分析[J]. 煤炭技术,2009(11):159-161.

[11] 黄飞雪,周筠,李志洁,等. 基于协整和向量误差修正模型的中国主要城市房价的联动效应研究[J]. 中大管理研究,2009(2):122-143.

[12] 李亚明,佟仁城. 中国房地产财富效应的协整分析和误差修正模型[J]. 系统工程理论与实践,2007(11):1-6.

[13] 崔到陵. 单位根检验和误差修正模型:原理及应用[J]. 南京审计学院学报,2005(8):15-18.

[14] 汪红驹. 用误差修正模型估计中国货币需求函数[J]. 世界经济,2002(5):55-61.

美国前总统杰斐逊的10条忠告:1. 今天能做的事绝不拖到明天;2. 自己能做的事绝不麻烦别人;3. 绝不花未到手的钱;4. 绝不贪便宜购买不需要的东西;5. 骄傲比饥饿和寒冷更有害;6. 不要贪食;7. 只有心甘情愿才能把事做好;8. 对于不可能发生的事不要庸人自扰;9. 凡事讲究方式方法;10. 当你气愤时,要数到十再说话!

12 第十二章
Chapter 12 数据挖掘

>>> **知识结构图**

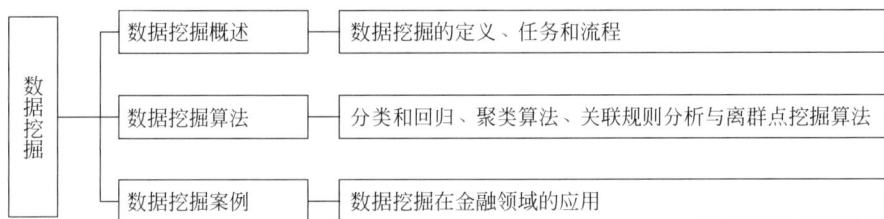

>>> **学习目标**

1. 知识目标：数据挖掘的定义、任务和流程；数据挖掘预测性任务和描述性任务下的各种算法；数据挖掘的应用场景。

2. 能力目标：理解数据挖掘的概念；掌握数据挖掘的基本思想和基本方法；理解数据挖掘中预测性任务和描述性任务的区别；理解在应用场景下进行数据挖掘的完整流程。

>>> **情景写实**

客户是企业生存的基础，在一个高度市场化的行业如保险、房地产等，企业之间竞争极其激烈，为了获取更大的市场份额和更丰富的客户资源，企业往往会采取名目繁多的促销活动或优惠政策来吸引新客户并留存老客户。有研究发现，发展一个新客户的费用比维持一个老客户要高 5 倍以上，而新客户带来的边际价值往往远高于老客户。如何在激烈的客户竞争面前先人一步完成客户纳新，是各大企业面临的困境。

潜在客户分析是以客户的历史行为信息为基础，包括消费行为数据、客户基础信息和客户历史持有的固定资产，通过综合考虑客户的发展意愿和需求，对市场中的潜在客户进行数据挖掘（data mining）的过程。在有限的市场份额内，借助数据挖掘技术，建立一个能够预测候选客户对企业产品购买意愿高或者低的模型，发掘与客户纳新密切相关的指标或者特征，可以帮助企业快速、精确地识别目标客户，提升长期业绩。

第 一 节　数据挖掘概述

随着 20 世纪末计算机技术和信息化水平的不断提升,人们获取和存储数据的成本和代价越来越低,更全面、更丰富的数据信息给传统数据计量、统计和分析的方法带来了挑战。面对指数级增长的数据条目和与之对应的海量数据特征,决策者从中搜索有效信息进行决策的难度也随之提升,甚至形成了一种"**丰富的数据、贫瘠的知识**"现象。

因此,人们迫切希望能够开发一种面向更海量数据的分析方法,从而有效提取隐藏在数据中的有价值信息,以便改善各个领域的下游任务。在这种背景下,数据挖掘应运而生,其作为一种新兴的数据处理方法,在互联网、媒体、电商、金融、工业制造、医疗等行业得到了广泛应用。

相关链接 12-1

朱传榘先生与世界第一台计算机

1946 年,宾夕法尼亚大学安排朱传榘先生和五个美国人共同研制第一台计算机。其实,在之前就已经有具有计算能力的机器出现,但是却没有逻辑能力和思维能力,而**朱传榘先生把周易二进制逻辑与电子线路结合,设计出了二进制逻辑,使得计算机具有了逻辑运算能力,相当于给计算机装上了一个大脑**,这是一项非常伟大的研究成果!

对于朱传榘先生的巨大贡献,美国政府却没有一点表示并且刻意隐瞒。反倒是那些贡献不如朱传榘先生的美国人被大肆宣传,享受着众人的鲜花和鼓掌,而作为核心贡献者的朱传榘先生却无人问津,这是何等的讽刺!

自己辛勤研究的成果就像是自己的孩子,如今自己的孩子却被别人占为己有。1978 年,朱传榘先生带着委屈回国,他决心用自己所学的先进知识和经验来报效祖国。1981 年,美国政府迫于种种压力,终于承认了朱传榘先生在研制计算机中的巨大贡献,给朱传榘颁布了"电脑先驱奖"。

一、数据挖掘的定义

数据挖掘是一种从大量的、有噪声的、不完全的、随机和模糊的数据中,提取隐含其中的,同时是人们预先不知道的、具有潜在价值的信息和知识的方法。从另一方面来说,数据挖掘还是一种信息处理技术,通过对高度集中的数据进行自动化的全面的推理,挖掘其中的模式和规律,这些模式和规律可以用来支撑决策。例如,通过对商业推荐系统的历史数据分析,数据挖掘得到的信息可以帮助我们回答类似于"用户最倾向于购买公司的哪些产品""用户在作出购买决策前有哪些常见的消费习惯和趋势"等问题。

数据挖掘与传统的数据分析方法(如报表、回归分析、时序分析)有着本质上的区别。一方面,数据挖掘侧重于在没有明确假设的前提下对数据进行处理和分析,旨在挖掘有价值的信息,并为后续处理找到相关的规律和方向。而传统的数据分析方法着重于在预先设定的合理的假设条件下对数据作出解释,并统计规律和关系。另一方面,数据挖掘获得的信息具有有效、实用和先前未知三大特征。先前未知强调了获得的信息应该是事先未曾预料到的,即数据挖掘的目标就是发现那些原本不存在于经验和直觉范畴下的信息和知识,甚至是违背常理的发现,这一要求注定了数据挖掘是一项追求创新和洞见的技术。

数据挖掘从诞生背景上看,是一门涉猎广泛的交叉学科,它将人们对数据的利用方式从简单的查询和统计提升到了从数据中发现潜在的规律。数据挖掘综合了如下领域的思想:①统计学中的抽样、估计、假设检验等;②计量经济学中的回归分析、序列分析;③机器学习、人工智能(AI)中的分类、回归算法;④数据库理论、信息论中的数据读写和传输;⑤最优化方法、高性能计算中的优化和检索。

二、数据挖掘的任务

数据挖掘的任务主要分为两类,即预测性任务和描述性任务。预测性任务是指基于当前数据进行归纳,根据其他属性的值预测特定属性的值,如回归和分类等。描述性任务侧重于刻画目标数据的一般性质,寻找能够概括数据中潜在的模式,如聚类分析、关联分析和离群点分析等。前者是"已知",后者是"未知",从"过去"面向"未来",这一演进正是数据挖掘的生命力和灵魂所在。

(一)分类任务

分类是最基本的数据分析形式,旨在找出能够描述和区分不同类别数据的模型,以便对从未见过的数据进行预测。具体来说,基于数据挖掘的分类任务通过分析数据库中的数据对每种类别建立描述,或者挖掘出显式或者隐式的规则或模型,然后利用这个规则或模型对数据库以外的其他数据进行预测。例如,信用卡公司通常会对公司的持卡人进行信誉分类,根据历史违规记录和背景调研,将个人信誉等级分类为优秀、良好和较差三类。在一个客户信息数据库,分类任务可以通过对这些数据进行分析建立一个显式的分类模型,如"年龄为25~30岁,年收入 8 万~10 万元,房屋居住面积 90m^2"是信誉优秀的客户。这样,对于一个新的有持卡意向的客户,公司可以通过个人信息数据对其预先进行信誉分类,控制风险。

(二)回归任务

回归是利用数学统计原理对大量统计数据进行分析处理,并寻找一个变量和多个变量间相互依赖的定量关系的分析方法,应用领域极为广泛,常用于贷款风险评估、销售倾向预测等领域。本书第二章、第三章所述内容围绕回归分析的两种基本模型——一元线性回归模型和多元线性回归模型展开。线性回归模型是回归任务中最基本的方法,遇到非线性回归分析时,也可用转化手段将其转为线性回归,如取对数使乘法变为加法。

分类与回归都有预测的功能,但是区别在于分类任务预测的输出为离散的属性值,而回归预测的输出为连续属性值。例如,银行对某客户的贷款风险判断,如果使用基于分类的数据挖掘模型,那么将对客户作出 0(代表客户违规风险大,不予贷款)或 1(代表客户违规风险小,给予放贷)的二元判断;如果使用基于回归的数据挖掘模型,那么将对客户给出一个介于 0~1 的分数用于描述风险等级。

(三)聚类分析

有句古话叫"物以类聚,人以群分",聚类分析技术试图找出数据集中数据的共性和差异,并将数据对象聚类或分组,将具有共性的对象用一个簇的特征来代表。聚类分析的基本原则是最大化簇内的相似性、最小化簇间相似性。聚类分析可以帮助人们判断哪些组合更有意义,现广泛应用于客户细分、定向营销、信息检索等领域。例如,对于"客户对哪一类的促销反响最好"这类问题,我们可以首先对整个客户数据做聚类分析,将客户数据划分在不同的簇里,然后分析每个簇的特征,发现客户簇与客户响应间的关系。

(四) 关联分析

关联分析是发现特征之间的相互依赖关系,通常是在给定的数据集中发现频繁出现的模式(即关联规则)。关联分析广泛用于市场营销、事务分析等领域。例如,在零售领域,通过分析顾客购物篮中的商品组合,可以挖掘出"购买商品 A 的顾客通常也会购买商品 B"的规则,从而优化商品布局或制定促销策略,提高销量。

(五) 离群点分析

离群点(outlier)是指在数据集中的某些数据点,它们与其他数据点相比,显得非常不同或者"偏离"了大多数数据的规律。离群点分析就是发现与众不同的数据,该技术已被广泛应用于欺诈行为的检测、网络入侵检测、税务稽查等领域。假设数据是正态分布的,那么离均值超过 2 个标准差的数据点,通常可以认为是离群点。比如在信用卡交易数据中,突然发生大额交易的客户可能就是离群点,可能存在欺诈行为。在网络流量数据中,如果某个 IP(网际协议)地址发出的请求次数异常,这可能是入侵行为的迹象。

(六) 描述和可视化

数据挖掘的结果往往是大量的数字、模型输出和统计数据,这些数据通常难以直观理解。而描述和可视化是对数据挖掘结果的呈现方式,旨在将数据挖掘的结果以更清晰、直观的方式展现出来。它不仅可以提高数据的可理解性,还能帮助识别潜在的模式和趋势,最终为决策提供支持。

怀古望今 12-1

王助先生与波音公司第一架飞机

1893 年,王助生于北平;1909 年,奉派赴英国学习;1910 年考入英国阿姆斯特朗海军大学,后又进入德兰姆大学学习机械工程;1916 年获麻省理工学院航空工程硕士学位,被选为美国自动机工程学会会员;1917 年,被新创办的美国太平洋飞机公司(**波音公司前身**)聘任为飞机工程师。

1917 年,他就设计和制造出了第一架能在水上滑好几百米的飞机 "B & W-C"型水上飞机。波音公司凭着这架飞机,迅速站稳了美国市场,并打开了欧洲大门。这架飞机如同"金钥匙",让波音公司赚得盆满钵满。这架飞机成了波音公司所有飞机的设计原型。

王助在波音公司参与设计和改进了多种飞机,成功解决了许多技术难题。可在波音公司内部,王助作为一名外国人,面临着各种隐形的歧视。尤其在"B & W-C"型水上飞机的一次重要试飞时,王助被拒绝进入试飞场,这飞机上明明有他亲自设计的多个重要组件呀。

1918 年 2 月,王助从波音公司回国。1919 年 8 月,他与巴玉藻为海军设计制造成功我国第一架水上飞机——"甲型1号"初级教练机。1922年8月,王助与巴玉藻合作,在上海江南造船所设计制造了世界上第一个水上飞机浮动机库——**浮坞**,成功地解决了水上飞行停置和维修的难题。

抗日战争爆发后,王助意识到航空力量对国家安全愈发重要,他全身心投入制造先进的军用飞机。1946年,王助研制出一架巨型滑翔机,可以装载30名伞兵或同等重量的货物。随后,他陆续设计制造出战斗机、海岸巡逻机、鱼雷轰炸机等15架,还为国家培养了一大批航空工程师和飞行员。其中,钱学森就是其学生之一,钱学森曾说:"王助老师教了我技术,更教会了我如何为国家贡献自己的力量。"

三、数据挖掘的流程

数据挖掘并不是一个简单的步骤,而是一个涉及多个阶段的过程。这些过程不仅仅包括算法的应用,还涉及数据的获取、准备、清洗以及模型的评估等多个方面。理解数据挖掘的整体流程是学习数据挖掘的基础。常见的数据挖掘标准流程是 CRISP-DM(Cross-Industry Standard Process for Data Mining,跨行业标准数据挖掘过程)。

数据挖掘的主要步骤描述如下。

(一)任务理解

任务理解是数据挖掘过程的第一步,也是最重要的一步。在开始数据挖掘之前,需要明确数据挖掘的目标,知道要解决什么问题,以及期望通过数据分析得到什么样的结果。例如,在一个电商公司中,数据挖掘的目标可能是提高客户的购买转化率,或者预测某个产品的销量。根据这样的目标,可以相应地选择回归或者聚类分析的算法处理任务。

(二)数据理解

数据挖掘能否得到有价值的结果,核心在于收集到的数据的质量。一般地,可以从相关的数据库、数据仓库或外部数据源中收集数据。这些数据可以是结构化的(如数据库中的表格),也可以是非结构化的(如文本、图片等)。接着需要对数据进行初步的分析,查看数据的分布情况、变量间的关系等。这通常包括一些简单的统计分析、数据可视化等手段,帮助快速了解数据的基本特征。

(三)数据准备

数据准备是数据挖掘过程中不可或缺的流程,因为原始数据通常不是可以直接用于建模的。对数据进行处理,使其更加适合后续的建模工作,这有助于提高数据挖掘的质量。数据准备工作见表12-1。

表 12-1　数据准备工作

步　　骤	描　　述
数据清洗	填补缺失值、去除重复数据、修正异常值、处理不一致的数据,确保数据质量
数据转换	对数据进行格式转换、标准化、归一化等处理,使其符合建模算法的要求
特征选择	通过分析数据中的特征,选择有意义的特征,或构造新的特征,提升模型表现
数据拆分	将数据集拆分为训练集和测试集,通常按 7∶3 或 8∶2 的比例划分

相关链接 12-2

吴健雄女士与世界第一颗原子弹

吴健雄女士（1912—1997），出生于江苏省苏州市太仓浏河镇，美籍华人，核物理学家。她是美国物理学会历史上第一位女性会长，曾参与曼哈顿原子弹计划且作出了巨大贡献，被誉为"东方居里夫人""核物理女王""物理学第一夫人"。

1936 年，她到美国加利福尼亚大学伯克利分校留学，师从物理学界巨擘欧内斯特·劳伦斯、塞格瑞、奥本海默等人。1938 年，其参与"曼哈顿计划"，她当时的主要工作是探测十分灵敏的 γ 射线。

原子弹爆炸的原理：一个中子撞击一个重原子核（如铀-235），导致原子核分裂成两个较轻的原子核，并释放出 2～3 个中子和大量能量；这些中子会继续撞击其他重原子核，形成新的中子；随着链式反应的进行，能量以指数形式增长，最终导致爆炸。原子弹爆炸需要解决两个问题：一是浓缩铀元素，并使其达到临界质量；二是引爆技术，除人为释放中子源之外，还需要促使反应堆中子数量不断增加。

1944 年 9 月 27 日，著名科学家费米建立的核反应堆如期运行，原子核链式反应开始进行得很好，但是几个小时后，便停止了。碰到这个难题，吴健雄女士的老师塞格瑞便告诉他们："应该去问吴健雄女士。"随后，吴健雄女士**关于铀原子核分裂后产生的氙气对中子吸收横截面**（数据挖掘）资料被军方尼柯斯上校拿走，其成果促成了世界第一颗原子弹研制成功。原来，氙气可以吸收中子并释放出 γ 射线，从而减少了反应堆中的中子数量。吴健雄女士根据 γ 射线数据来判断氙气的浓度，为反应堆减少氙气数量和保持有效中子数量提供了有效方法。

1945 年 7 月 16 日，新墨西哥州的一个沙漠里，人类第一颗原子弹试爆成功。三个星期后，投放在日本广岛和长崎的两颗原子弹加速了日本的投降！吴健雄女士对曼哈顿计划的巨大贡献，对中华民族也有着难以估量的功绩，日本军队的投降，避免了中国战场上更多的牺牲。

（四）数据建模

建模阶段是数据挖掘过程中的核心步骤。首先，需要根据数据的性质和业务需求选择合适的建模算法。例如，分类问题可以使用决策树、支持向量机（Support Vector Machine，SVM）等；回归问题可以使用线性回归、逻辑回归等；聚类问题可以使用 k-means（k-均值）、DBSCAN（基于密度的聚类算法）等。接着，使用训练数据来训练所选模型，通过调整算法的参数来优化模型的性能。最后进行模型调优，调整模型的超参数（例如决策树的深度、k 值、正则化系数等），使模型在训练数据上表现得更好。

（五）模型评估

在评估阶段需要对模型的效果进行验证，确保它能够在实际业务中应用，并达到预期的效果。由于模型训练通常在训练集上进行，通常使用额外的测试集对训练好的模型进行评估，判断模型的准确性、精度、召回率、F_1 值等指标，查看模型在不同数据上的表现，这也叫作模型的泛化能力（Generalization Ability）。除了技术上的评估，还要考虑模型在实际业务中的应用效果。例如,预测的结果是否能够帮助提高销售额、客户转化率等业务指标。

(六)模型部署

数据挖掘的最终目标是将模型应用到实际的业务中,提供实际的价值。部署阶段是将模型结果集成到业务流程中并转化为业务决策的阶段。例如,通过推荐系统为用户推荐产品、通过预测模型进行库存管理等。模型需要进行定期监控,并根据新数据和市场变化进行更新。随着时间推移,数据可能发生变化,因此模型也需要不断调整和优化。

第 二 节　　数据挖掘算法

数据挖掘算法是数据挖掘过程中的核心部分,它们通过不同的数学模型和技术手段,帮助我们从大量数据中提取有价值的信息和知识。随着数据量的爆炸式增长,传统的数据处理方法已经难以满足现代数据分析的需求,数据挖掘算法应运而生,成为解决大数据问题的强大工具。

数据挖掘算法可以大致分为两类:监督学习算法和无监督学习算法。监督学习算法通常用于具有标签数据集的情境,通过对已有数据的学习,建立模型并进行预测或分类;而无监督学习算法则适用于没有标签的数据,主要用于发现数据中的潜在结构或模式,如聚类和关联规则。此外,随着深度学习和人工智能的迅猛发展,越来越多的高级算法,如神经网络、支持向量机等,开始广泛应用于各个领域。它们不仅提高了数据挖掘的效率和准确性,还能处理复杂、非线性的任务,如图像识别、语音识别等。

一、分类和回归

在社会经济学中,许多现象展示了复杂的相互联系和相互制约的普遍规律。分类与回归作为两种常见的预测方法,在处理大量观察数据时,旨在揭示这些联系和制约关系之间的相关性。

分类与回归是两种不同形式的预测任务。分类任务的输出是离散的类别值,而回归任务的输出则是连续的数值。举例来说,预测银行贷款客户是否可能拖欠贷款是一个分类问题,而预测某银行在未来一年内的营业收入则属于回归分析问题。例如,借助银行客户历史信用数据,分类算法可以构建一个区分"拖欠贷款"和"非拖欠贷款"的模型。对于新申请信用贷款的客户,依据分类模型及其个人特征,可以预测该客户是否存在违约风险,进而决定是否批准该客户的贷款申请。

在分类算法中,常见的技术包括:

(1)基于决策树的分类方法。基于决策树的分类方法通过训练样本集生成一棵决策树,决策树由多个节点组成,其中每个非叶子节点表示某个属性的测试,而叶子节点则代表类别标签。通过从根节点到叶子节点的路径,可以提炼出一组分类规则。决策树的构建过程中的关键步骤是选择合适的测试属性以及划分数据集。不同的决策树算法在这些步骤中采取的技术有所不同。

（2）贝叶斯（Bayes）分类方法。贝叶斯分类方法基于一个明确的概率模型，给出样本属于某一类的概率。该方法包括朴素贝叶斯分类器（NB）和贝叶斯网络等。朴素贝叶斯分类器基于贝叶斯定理，并假设数据属性之间是独立的。该方法分类速度较快，且准确度较高，但其假设在实际数据中通常难以完全成立，因为数据属性之间可能存在某种依赖关系。贝叶斯网络则通过捕捉属性之间的依赖关系，克服了这一假设的限制，能够更精确地进行分类。

相关链接12-3

朴素贝叶斯分类器

当人们要从几个选项中决策选择哪一项时，潜意识中会借助以往的经验趋利避害，作出好的决策。贝叶斯分类方法是一类利用概率统计知识（即先验知识）进行分类的方法。其利用贝叶斯定理来预测一个未知类别的样本属于各类别的可能性，选择可能性最大的类别作为该样本的最终类别。

假定 X 为类标号未知的数据样本（可以看成"证据"），H 为样本 X 属于类别 C，分类问题就是计算概率 $P(H|X)$ 的问题，即给定"证据"或观测数据 X 时，假设 H 成立的概率。换言之，给定样本 X，确定样本 H 属于类 C 的概率。

条件如下：$P(H)$ 表示假设 H 的先验概率（prior probability）；$P(X)$ 表示样本数据 X 的先验概率；$P(H|X)$ 表示在条件 X 下，假设 H 的后验概率（posterior probability）；$P(X|H)$ 表示在给定假设 H 的前提条件下，样本 X 的后验概率。

条件概率是指一随机事件在另一随机事件发生的情况下发生的概率。$P(A|B)$ 表示在事件 B 发生的情况下事件 A 发生的概率。贝叶斯定理用来描述两个条件概率之间的关系，如 $P(A|B)$ 和 $P(B|A)$。按照概率乘法法则，有

$$P(A \bigcap B) = P(A) \cdot P(B \mid A) = P(B) \cdot P(A \mid B)$$

可以导出

$$P(B \mid A) - P(A \mid B) \cdot P(B)/P(A)$$

这就是贝叶斯定理。

对应样本 X 和假设 H，根据贝叶斯定理，则

$$P(H \mid X) = \frac{P(X \mid H)P(H)}{P(X)}$$

朴素贝叶斯分类算法流程如下：

（1）若一个类标号未知的数据样本 X 有 m 个可能类别 $C_1, C_2, \cdots, C_m$，朴素贝叶斯分类算法将预测 X 属于具有最大后验概率 $P(C_k|X)$ 的类（C_k 是 $C_1, C_2, \cdots, C_m$ 中的某个值）。

（2）根据贝叶斯定理：

$$P(C_i \mid X) = \frac{P(X \mid C_i)P(C_i)}{P(X)}$$

由于 $P(X)$ 对所有类为常数，只需要找到最大化 $P(X|C_i)P(C_i)$ 的 k 即可。一般地，先验概率 $P(C_i)$ 可以用数据集 D 中属于类别 C_i 的频率来近似计算。为了降低计算 $P(X|C_i)$ 的开销，朴素贝叶斯分类算法做了一个"朴素"的假定，即一个属性对给定类的影响独立

于其他属性,属性之间不存在依赖关系(也称作类条件独立性假设),这样

$$P(X \mid C_i) = P(x_1, x_2, \cdots, x_n \mid C_i)$$

$$= \prod_{k=1}^{n} P(x_k \mid C_i)$$

可以从数据集中求得每个 $P(x_k \mid C_i)$ 的取值。

朴素贝叶斯分类算法在计算概率的时候存在概率为 0 或概率值很小的情况,因此在实际情况下需要考虑条件概率的拉普拉斯估计和小概率相乘的溢出问题。朴素贝叶斯分类算法描述如下:

算法:Naive Bayes

输入:类别未知的样本 $X = \{x_1, x_2, \cdots, x_n\}$

输出:未知样本 X 所属类别

① for j=1 to m。

② 计算 X 属于每个类别 C_j 的概率 $P(X|C_j) = P(x_1|C_j) \times P(x_2|C_j) \times \cdots \times P(x_n|C_j)$。

③ 计算训练集中每个类别 C_j 的概率 $P(C_j)$。

④ 计算概率值 $P = P(X|C_j) \times P(C_j)$。

⑤ end for。

⑥ 选择概率值 P 最大的 $C_j (1 \leqslant j \leqslant m)$ 作为类别输出。

(3) k-最近邻(k-Nearest Neighbor,KNN)分类方法。k-最近邻分类方法是一种基于实例的学习算法,它不需要事先使用训练样本构建分类器,而是直接用训练集对数据样本进行分类,确定其类别标号。其关键技术是搜索模式空间,找出最接近的 k 个训练样本,即 k 个最近邻。如果这 k 个最近邻的多数样本属于某类,那么未知样本被分配为该类别。

相关链接 12-4

k-最近邻分类方法

当人们面对新的环境、新的形势,自然会被过去经历的类似情形的记忆所引导,基于过去的经验进行判断。例如,你听到某人说话,立刻就会猜测她来自广东,因为她的口音使你回想起你曾经遇见的其他广东人;公安人员在侦破案件时,会思考过去是否发生过类似的案件。

k-最近邻分类方法正是基于这种"相似性"概念,是基于已有样本进行推理的算法,是最简单、实用的分类方法之一,是局部性原理的典型应用。与其他分类方法显著不同,k-最近邻分类方法并不在训练集上建立模型(也被称为懒惰的学习方法),当需要对未知样本进行分类时,通过对训练集中样本和新的未知样本进行比较,得出与新的未知样本最相似的 k 个样本(k 是由用户指定的最近邻居数),最后通过对这个样本的类标号投票得出该未知样本的类别。

k-最近邻分类方法的基本流程如下:

(1) 选择距离函数:距离是 k-最近邻分类方法测量相似性的手段,欧氏距离(Euclidean Distance)是最常用的距离度量。此外,还可以根据不同的数据格式选择曼哈顿距离、马氏距离等。

(2) 选择组合函数:组合函数用来决定哪条记录可以包含在邻居中,最常用的情况是由

k 个最近邻居简单投票得到最终的类别。每个邻居都把票投给自己的类,从赞成每个类的票数比例估计新记录属于某个类的可能性。当任务是分配一个单一类别时,新记录就属于得票最多的那个类。

(3)选择邻居的数目:选择合适的 k 值很重要。若 k 太小,则容易受到训练数据中噪声的影响而产生过度拟合;若 k 太大,则最近邻列表中可能包含远离其近邻的对象,导致误分类测试样本。当只有两个类时,所选的邻居数应为奇数,以避免出现平局。有一个经验法则,当有 c 个类时,至少要使用 $c+1$ 个邻居,以保证某类有一个相对多数。

相关链接 12-5

KNN 算法实战案例

1. 问题定义

我们已收集到一些水果的特征数据,包括水果的重量(单位:克)和甜度(单位:%),并且知道这些水果属于苹果或橙子两类。现在,我们给定了一个新的水果,其重量为 210 克,甜度为 9.5%,需要通过 KNN 算法判断该水果属于哪一类。

2. 数据收集与准备

训练数据见表 12-2。

表 12-2　训练数据

水果编号	重量/克	甜度/%	类　　别
1	150	12	苹果
2	180	10	苹果
3	200	11	苹果
4	250	8	橙子
5	220	9	橙子
6	270	7	橙子

每个水果的特征可以表示为一个二维向量,例如水果 1 的特征向量为(150,12),标签为"苹果"。这些数据将作为我们的训练集,用于训练模型。而我们需要预测的新的水果特征为(210,9.5),我们需要预测它的类别。

3. 算法步骤

KNN 算法是一种基于实例的学习算法,它假设"相似的东西倾向于聚集在一起",即两个相似的对象属于同一类别。KNN 算法的基本思想是:给定一个待分类样本,找出与它最接近的 k 个邻居,根据这些邻居的类别进行预测。

步骤 1:选择 k 值

k 值是 KNN 算法中的一个关键参数,它表示在分类过程中需要考虑的邻居数量。选择 k 值时,较小的 k 值可能会对噪声过于敏感,较大的 k 值则可能会导致过度平滑,无法有效区分类别。在本案例中,我们选择 $k=3$,即我们会考虑距离新水果最近的 3 个邻居。

步骤 2:计算距离

KNN 算法的核心是距离度量。常见的距离度量方式有欧氏距离、曼哈顿距离等。对于本问题,我们使用欧氏距离来计算水果之间的相似度。

欧氏距离的计算公式为

$$d = \sqrt{(x_1 - x_2)^2 + (y_1 - y_2)^2}$$

其中,(x_1, y_1)和(x_2, y_2)分别是两个水果的特征向量。欧氏距离计算的是两个点在特征空间中的直线距离。在这个例子中,水果的特征是重量和甜度。计算训练集中每个水果与新水果的距离,具体结果见表12-3。

表 12-3 具体结果

水 果 编 号	重量/克	甜度/%	距 离
1	150	12	10.11
2	180	10	30.004
3	200	11	10.11
4	250	8	40.311
5	220	9	10.11
6	270	7	60.311

步骤 3:选择最近的 k 个邻居

通过计算出每个水果与新水果的距离,我们可以将它们按距离从小到大排序。然后,我们选择距离最小的 k 个邻居。对于本案例,$k=3$,因此我们选择最近的 3 个邻居:

水果 1,距离约为 10.11,类别为苹果

水果 3,距离约为 10.11,类别为苹果

水果 5,距离约为 10.11,类别为橙子

步骤 4:进行分类决策

接下来,我们根据选定的 3 个邻居的类别信息进行分类。统计这 3 个邻居的类别数量:

苹果:2 个

橙子:1 个

根据多数投票原则(Majority Voting),我们将新水果分类为"苹果",因为苹果类别的邻居更多。

4. 总结

通过 KNN 算法,我们成功地根据训练数据中的水果特征和类别信息对新水果进行了预测,它是一个无参数、懒惰学习算法,在训练阶段只存储数据,不进行任何显式的训练。在本例中,我们选择了 $k=3$,并通过计算欧氏距离确定了新水果的类别。然而,需要注意的是,k 值的选择对结果有重要影响。较小的 k 值可能会对噪声过于敏感,而较大的 k 值可能会导致过度平滑。在实际应用中,通常需要通过交叉验证等方法来选择最优的 k 值。此外,KNN 算法对数据的尺度非常敏感,因为它依赖于距离度量。在实际应用中,我们通常会对特征进行标准化或归一化处理,以确保所有特征在相同的尺度下进行比较。

(4)支持向量机方法。支持向量机方法根据结构风险最小化准则,以最大化分类间隔,构造最优分类超平面,来提高学习机的泛化能力,较好地解决了非线性、高维数、局部极小点等问题。在没有更多背景信息给出时,如果追求预测的准确度,常用支持向量机。

(5)集成分类方法。实际应用的复杂性和数据的多样性往往使得单一分类方法不够有

效。集成分类是一种机器学习范式,通过调用多个分类算法,获得不同的基分类器,然后根据规则组合这些分类器来解决问题。集成分类可以有效减小单个分类器的误差,获得对问题空间模型更加准确的表示,从而提高分类器的准确度,可以显著地提高分类系统的泛化能力。

在回归算法中,常见的技术包括:

(1)线性回归。线性回归是最基本的回归算法,通过拟合一条直线来描述自变量与因变量之间的线性关系。其目标是最小化预测值与真实值之间的误差平方和,从而找到最佳拟合直线。线性回归适用于自变量与因变量之间呈线性关系的情况,但其假设在面对复杂非线性数据时往往会失效。线性回归已在第二章一元线性回归模型中详细介绍。

(2)岭回归。岭回归是一种线性回归的改进方法,通过在回归模型的损失函数中加入L2正则化项(即权重的平方和)来抑制过拟合(Over-fitting),尤其在自变量高度相关的情况下。岭回归能够在多重共线性问题存在时提高模型的稳定性,并且能够避免过拟合。岭回归方法已在第六章多重共线性问题中详细介绍。

二、聚类算法

聚类分析作为数据挖掘和统计学中的关键研究领域,近年来受到了广泛关注。从机器学习的角度来看,聚类是一种无监督学习方法,即在进行分析前,对数据集的分布没有任何先验知识。它的核心过程是将一组物理或抽象对象组织成多个组,且这些组中的对象相似度尽可能高,而不同组之间的对象相似度则尽可能低。聚类方法主要依据样本间的相似性度量标准,将数据集自动划分为若干个组,每个组内的样本彼此间的相似度较高,而组间的相似度较低。聚类的组并非预先定义,而是根据实际数据的特征和样本间的相似性来确定。聚类分析的输入包括样本数据和用于度量样本相似度(或距离)的标准,而输出是簇集,即由若干组构成的分区结构。这些簇集对数据集的深入分析尤为重要,能够帮助揭示数据的潜在特征。

聚类方法非常适合用来研究样本之间的相互关联,并对样本结构进行初步评估。随着研究的深入,聚类分析已经广泛应用于多个领域,如统计学与模式识别(Pattern Recognition)、金融分析、市场营销、决策支持、信息检索、Web挖掘、网络安全、图像处理、地质勘探、城市规划、土地使用、空间数据分析、生物学、天文学、心理学、考古学等。在商业领域,聚类分析被用来识别不同的客户群体,通过分析客户的消费模式来刻画各群体的特征。它是市场细分的重要工具,并有助于研究消费者行为、挖掘潜在市场。在保险行业,聚类分析通过分析消费者的平均消费水平,将汽车保险客户进行分组。在互联网应用中,聚类分析广泛用于文档分类、信息组织和导航,依据文档内容的相关性将其归类。

聚类分析是一个充满挑战的领域,因其在实际应用中的多样性,各类应用对聚类算法提出了不同的需求。聚类分析的核心问题包括如何定义样本间的"相似性"以及如何实施有效的聚类划分。根据数据类型、实际问题的特点以及聚类的目标不同,已有多种聚类算法,主要包括基于划分的算法、层次聚类算法、基于密度的算法、基于图的算法、基于模型的算法以及集成聚类算法等。

相关链接 12-6

聚类分析的起源

聚类分析起源于分类学。在考古的分类学中,人们主要依靠经验和专业知识来实现分类。随着生产技术和科学的发展,人类的认识不断加深,分类越来越细,要求也越来越高,有时单凭经验和专业知识是难以进行确切分类的,此时就需要定性分析和定量分析结合起来,于是数学工具逐渐被引入分类学,形成了数值分类学。

后来随着多元统计分析的引进,聚类分析逐渐从数值分类学中分离,而形成一个相对独立的分支。人类活动的一项重要内容是模式识别、聚类分析,当人们试着解释复杂问题的时候,自然的倾向是把目标分解成一个个小的组成部分,从而更加简单地解释其中的每一部分。

聚类分析提供了一种了解复杂数据结构的方法,就像把不和谐的噪声信号分解成一个个更简单的电台信号。如人类在成长过程中不断通过观察进行学习,早在儿童时期,一个人就通过学会识别不同模式来区分猫和狗,认识动物和植物,辨认出空旷和拥挤的区域。聚类分析法是一种探索性分析方法,根据相似性原则,在没有先验知识的情况下对事物进行分组,进而分析事物的内在特点和规律。

k-均值算法是最经典的聚类算法之一,首次由 James MacQueen 于 1967 年提出,并广泛应用于各种聚类任务。该算法的基本流程如下:首先,随机选择 k 个对象作为初始簇的中心;然后,依照每个对象与各簇中心的距离,将对象指派给距离其最近或最相似的簇;接着,计算每个簇的新中心,即簇中所有对象的均值,并更新簇的中心;这一过程不断迭代,直到准则函数收敛。通常,准则函数采用误差平方和准则,即对于每个簇中的每个对象,计算其到簇中心的距离平方和。该准则的目标是使得生成的 k 个簇尽可能紧凑且相互独立。

k-均值算法的目标函数 E 定义为

$$E = \sum_{i=1}^{k} \sum_{x \in C_i} \left[d(x, \bar{x}_i) \right]^2$$

其中,x 是空间中的点,表示给定的数据对象,$\bar{x}_i$ 是簇 C_i 的数据对象的平均值,例如三个二维点 $(1,3)$、$(2,1)$、$(6,2)$ 的中心是 $(3,2)$,$d(x, \bar{x}_i)$ 表示 x 和 $\bar{x}_i$ 之间的函数距离,一般使用欧氏距离。k-均值算法描述如下:

输入:所期望的簇的数目 k,包含 n 个对象的数据集 D。

输出:k 个簇的集合。

(1)从 D 中任意选择 k 个对象作为初始簇中心;

(2)重复执行;

(3)将每个点指派到最近的中心,形成 k 个簇;

(4)重新计算每个簇的中心;

(5)计算目标函数 E;

(6)直到目标函数 E 不再发生变化或中心不再发生变化。

算法分析:k-均值算法的步骤(3)和步骤(4)试图直接最小化目标函数 E,步骤(3)通过将每个点指派到最近的中心形成簇,最小化关于给定中心的目标函数 E;而步骤(4)重新计算每个簇的中心,进一步最小化 E。

k-均值算法的主要优点在于其实现的速度快且结构简单。在处理大规模数据集时,k-均值算法能够表现出较高的效率,并且具有较好的可扩展性。当簇具有明显的密集性、球状形态或团簇状分布,且簇与簇之间差异明显时,算法的聚类效果尤为出色。然而,k-均值算法的一个显著缺点是要求事先指定簇的数量 k ,这一值的选择往往非常困难。许多情况下,数据集的最佳分簇数量并不明显,因此无法准确估计。此外,算法需要选择 k 个初始聚类中心来进行初始分配,随后通过优化过程进行调整。这一初始中心的选择对最终聚类结果有较大影响,不同的初始值可能导致不同的聚类结果,因而使得聚类效果存在不稳定性。

三、关联规则分析

在银行交易、商场销售记录以及医疗诊断等领域,大量积累的数据可能隐藏着某些潜在的关系。关联规则分析旨在发掘这些隐藏的联系,并已广泛应用于多个领域。关联规则分析是数据挖掘中最早且最活跃的研究方向之一,其最初的目标是解决购物篮分析问题。具体来说,该问题着眼于:一群用户购买大量产品之后,哪些产品经常同时被购买?例如,购买 A 产品的顾客通常还会购买哪些产品?这一关联规则的发现可以帮助零售商制定更加精准的营销策略,借助这些信息引导顾客消费,优化商品的布局和分组,并为顾客提供购买推荐及商品参考,进一步提高顾客忠诚度并实现有效的交叉销售。

关联规则分析的核心目标是寻找数据中属性值之间的相关性,或者说,识别哪些属性值频繁地一起出现在数据集中,并以关联规则的形式呈现出来。简单的关联规则分析假设顾客一次性购买了多个产品,分析的焦点是这些产品之间的关联性。如果顾客购买产品的时间不同,且关联强调时间顺序(例如先买了 A 再买 B),则这种问题属于序列模式分析。

在大数据时代,看似无关的事件和关联常常同时发生。相关性本身的意义并不大,真正具有价值的是揭示这些相关性背后的原因。

相关链接 12-7

购物篮分析——啤酒与尿布

购物篮分析是关联规则挖掘中的一个重要应用领域,通过分析顾客在"购物篮"中放入商品之间的关联性,来揭示顾客的购买行为。购物篮分析的结果通常用于制定营销策略、广告投放以及产品分类设计等方面。"啤酒与尿布"的经典案例,可以帮助我们更好地理解关联规则的基本概念和相关术语。

早在 20 世纪 80 年代,沃尔玛超市就已经将关联规则应用到了商品管理之中。沃尔玛曾经对数据仓库中一年多的原始交易数据进行了详细的分析,发现许多顾客会同时购买尿布与啤酒。原来,许多美国家庭都是妻子在家照顾婴儿,丈夫去超市为婴儿买尿布。丈夫们在购买尿布时往往会顺便买两瓶啤酒来犒劳自己。这一现象引起了沃尔玛的重视,沃尔玛调整了货架的位置,把尿布和啤酒摆在相邻的位置,以便年轻的爸爸们能顺利地同时找到这两种商品,这种独特的摆放法则不仅为同时想要购买尿布和啤酒的年轻爸爸提供了方便,也刺激了仅想单独购买啤酒或尿布的年轻爸爸同时购买两种商品,能够提升超市中尿布和啤酒的销售量。这一故事中的"啤酒"与"尿布"的关系即为所谓的"关联性",而"关联性"的发掘和利用则是本部分所要讨论的"关联规则分析"。

我们不妨假设一个较简单的购物篮分析的情景,见表 12-4,表中列出了面包、牛奶、尿布、啤酒、茶 5 种商品的销售记录,共 10 张清单,每张清单都是一个购物篮,即顾客选取的一种商品组合。购物篮分析的目标是从给定的销售记录中挖掘搜索出反复出现的商品之间的联系,即哪些商品频繁地被顾客同时购买。本部分不展开阐述如何采用关联规则从这些清单中找出出现次数最频繁的商品组合,主要介绍采用关联规则分析的几个基本概念。

表 12-4　某超市的交易数据库

交易号(TID)	顾客购买的商品	交易号(TID)	顾客购买的商品
T1	面包,牛奶,茶	T6	面包,牛奶,啤酒,尿布,茶
T2	面包,尿布,啤酒,茶	T7	啤酒,牛奶,茶
T3	牛奶,尿布,啤酒	T8	面包,茶
T4	面包,牛奶,尿布,茶	T9	面包,尿布,牛奶,啤酒,茶
T5	面包,尿布,牛奶	T10	面包,牛奶

一般来说,关联规则挖掘指的是从大规模数据集中发现有趣的关联或相关关系。具体而言,它包括识别频繁出现的属性值集[即频繁项集(Itemset)],并利用这些项集来构建描述关联规则的过程。关联规则及其相关定义如下:

(1)项集:项集是指一组在交易数据库中一起出现的项目(items)。它是一个集合,包含了一个或多个相关联的项目。一个单一项集可能是某个具体商品,比如"牛奶",而一个 k-项集则可能包括多个商品项,比如交易 T10 中"牛奶"和"面包"一起购买的情况。

(2)关联规则:关联规则通常由两部分组成,表示成 $X \rightarrow Y$ 的形式,左侧的项集 X 为先决条件,右侧项集 Y 为关联结果,用于表示数据内隐含的关联性。例如:假定关联规则"尿布→啤酒"成立,则表示购买了尿布的消费者往往也会购买啤酒这一商品。

(3)支持度:规则的支持度是指在所有项集中 X 和 Y 同时出现的可能性,即项集中同时含有 X 和 Y 的概率。该指标作为关联规则有用性的度量标准,衡量了所考察关联规则在"量"上的多少。其意义在于通过最小支持度值的设定,来剔除那些"出镜率"较低的无意义规则,而相应地保留下出现较为频繁的项集所隐含的规则。

$$\text{support}(X \rightarrow Y) = P(X,Y)$$

当我们设置最小支持度值为10%,表 12-4 中关联规则(尿布→啤酒)的支持度为 $4/10 = 0.4 > 0.1$,说明该关联规则是有效的。

(4)置信度:置信度反映了在前件发生的条件下,后件发生的概率。具体来说,它衡量的是在所有包含前件的交易中,后件出现的比例。置信度的高低直接影响规则的可靠性,置信度越高,说明前件发生时后件的发生概率越大。

$$\text{confidence}(X \rightarrow Y) = P(Y \mid X) = P(X,Y)/P(X)$$

当我们设置置信度的阈值为50%,从表 12-4 的数据可以计算出关联规则(尿布→啤酒)的置信度为 $4/6 = 66.7\%$,说明该关联规则是可信的。

(5)提升度:提升度用于衡量前件与后件之间的关联性或依赖关系。它表示在前件发生的情况下,后件发生的概率相较于后件独立发生的概率的增加程度。提升度有助于从大量的规则中筛选出有意义和有价值的规则。通常,当提升度人于 1 时,表示前件和后件之间具有显著的相关性,而提升度较低的规则可能只是偶然事件,缺乏实际意义。

$$\text{lift}(X \rightarrow Y) = P(Y \mid X)/P(Y)$$

从表 12-4 中可以得出,lift(啤酒→尿布)$= 1.33 > 1$,进一步说明关联规则(尿布→啤酒)的可靠性。

四、离群点挖掘算法

离群点是在数据集中偏离大部分数据的数据,使人怀疑这些数据的偏离并非由随机因素导致,而是产生于完全不同的机制。前面讨论的分类、聚类、关联规则分析等数据挖掘方法的重点是发现适用于大部分数据的常规模式,应用这些方法时,离群点通常作为噪声而被忽略。

许多数据挖掘算法试图降低或消除离群数据的影响,但在安全管理、风险控制等应用领域中,识别离群点的模式比正常数据的模式更有价值。一般地,离群点可能对应稀有事件或异常行为,所以,离群点挖掘会带给我们新的视角和发现,离群点往往具有特殊的意义和很高的实用价值,需要对其认真审视和研究,因为它们表示一种偏差或新的模式的开始,这可能给用户带来危害,或造成巨大损失,如在欺诈检测中,离群点可能意味着欺诈行为的发生;在入侵检测中,离群点可能意味着入侵行为的发生。

离群点挖掘问题可以概括为如何度量数据偏离的程度和有效发现离群点的问题,它由两个问题构成:

(1) 定义在一个数据集中什么数据是不一致或离群的数据;

(2) 找出所定义的离群点的有效挖掘方法。

基于统计的方法是人们研究得最早和最多的方法,早期大部分离群点检测都是基于统计的方法,或者说是统计“不一致性检验”方法。这类方法大部分是从针对不同分布的离群点检验方法发展起来的,通常使用分布来拟合数据集,假定给定的数据集存在一个分布或概率模型(如正态分布或泊松分布),然后将与模型不一致(即分布不符合)的数据标识为离群数据。应用基于统计分布的离群点检测方法时依赖于数据分布,如参数分布(如均值或方差)、期望离群点的数目(置信度区间)。如果一个对象关于数据的概率分布模型具有低概率值,就认为其是离群点。

Z-Score(标准分数)是一种衡量数据点与数据集均值的偏差程度的指标。通过 Z-Score,我们可以判断某个数据点在数据分布中相对于均值的偏离程度。如果某个数据点的Z-Score 值非常大,表示该数据点远离均值,可能是一个离群点。

Z-Score 的计算公式如下:

$$Z = \frac{X - \mu}{\sigma}$$

其中,X 是待检测的数据点,μ 是数据集的均值,σ 是数据集的标准差。Z-Score 方法假设数据服从正态分布,因此在使用该方法时,数据的分布状况非常重要。如果数据不满足正态分布,Z-Score 方法可能不适用。Z-Score 表示的是数据点与均值之间的距离,如果 Z-Score 的绝对值大于某个设定的阈值(通常为 2 或 3),则可以认为该数据点是离群点。

相关链接 12-8

IQR 方法

IQR(Interquartile Range,四分位距)是数据集的中间 50% 分布范围。通过计算数据的四分位数($Q1$ 和 $Q3$),可以估算数据的集中趋势和分散度,并根据此判断数据点是否为离群点。IQR 方法不依赖数据的分布类型,因此对非正态分布的数据具有较好的鲁棒性。

四分位数是将数据排序后,分为四个部分。IQR 表示的是第 3 四分位数($Q3$)与第 1 四分位数($Q1$)之间的差距:

$$IQR = Q3 - Q1$$

离群点的判断基于 IQR 的范围,常见的规则如下:

下限:$Q1 - 1.5 \times IQR$

上限:$Q3 + 1.5 \times IQR$

任何小于下限或大于上限的数据点,都会被认为是离群点。

第 三 节　　数据挖掘案例

在金融领域,银行、基金、保险等机构占据重要地位,是典型的"数据驱动型"企业。优化运营环境、提升管理水平、最大程度降低金融风险具有重要意义。金融是国民经济中的重要部分,与国民经济的各行各业都建立有密切的关系。金融数据安全与否直接影响着整个国家的运行。在了解金额变化的同时,更需要探索数据变化背后的原因,数据挖掘大有用武之地。

一、数据挖掘在金融领域的应用

随着市场经济的发展和人们消费模式的改变,金融领域拓展了许多新的业务。新型业务的拓展不仅给金融业带来了丰厚的利润,也带来了巨大的商业风险和财务风险。在激烈的角逐与竞争下,如何更好地了解和研究市场状况、市场发展趋势、客户消费行为特征,是现阶段金融业的着眼话题。

现在,越来越多的金融企业将数据挖掘技术作为客户关系管理的辅助工具。金融企业的数据库拥有大量的客户信息,包含客户基本信息数据、财务信息数据、消费交易信息数据和相关业务信息数据等。利用数据挖掘技术,可以对客户的消费行为和交易行为进行分析,从中挖掘出客户消费行为的一般规律或某客户特有的消费行为模式,然后利用这些规律或模式更好地进行市场营销活动和实施客户个性化服务,从而达到扩大企业自身的市场,留住并吸引更多的客户,增加利润的目的。如基于银行客户信用卡消费数据的挖掘,使用聚类分析技术将客户划分成具有不同消费特征的群体,为银行制定信用卡新产品和精准营销提供决策支持,从而降低营销成本。

深度数据挖掘具有如下价值:①帮助金融机构服务下沉客群,进一步促进我国普惠金融的发展,拓展银行业务;②有效防范金融风险(欺诈风险和信用风险),维护金融稳定;③作为传统征信业的有益补充,助力社会信用体系的完善。

金融数据可以从不同角度进行分类。

(1) 按照金融业务活动,金融数据可以分为银行业务数据、证券业务数据、保险业务数据以及信托、咨询等方面的数据。这些数据都从某一侧面反映了金融活动的特征、规律和运行状况。

（2）按照获取信息来源，金融数据可以分为金融系统内部数据和金融系统外部数据。金融系统内部数据是指在金融机构各项业务活动中产生的数据；金融系统外部数据是指金融机构为开展各项金融活动，而获取来自市场和全社会的数据。

金融数据的特点决定了金融数据处理的结果必须准确无误。金融数据大多以数字的形式展现，一个数字的错误可能导致整个数据分析的崩盘，因此金融数据分析审核要更加严格。无论是接受客户委托输入的数据还是用于信贷分析输入的数据，都要严格审核。

数据挖掘在金融领域中的应用很多，可以分为以下三大类。

第一类，风险管理（减小损失），包括欺诈检测、异常交易检测、借贷风险评估、客户信用评价、反洗钱、客户评分。

第二类，客户关系管理、业务拓展（增加收益，产品研发与市场营销），包括客户画像与精准营销、客户市场细分、客户流失预警、客户忠诚度分析、客户价值分析。

第三类，其他决策支持，包括运营优化、股价预测等。

相关链接 12-9

数据挖掘在金融客户画像上的应用

金融业面对的客户群体数量众多，需要快速识别目标客户，推出有竞争力的金融产品并进行精准营销，精准营销包括实时营销、交叉营销、个性化推荐、客户生命周期管理。依托大数据技术的客户画像正是实现该目标的利器，其核心是对客户属性标签化。

客户画像包括个人客户画像（人口统计学特征、消费能力等）和企业客户画像（生产、流通等数据），还包括：①客户在社交媒体上的行为数据，浏览下载阅读的信息；②客户在电商网站的交易数据；③企业客户的产业链上下游数据；④搜索关键词等即时数据；⑤金融客户偏好的其他数据。基于客户账户数据进行客户画像，预测客户潜在需求，实现精准营销。推出有竞争力的产品，根据客户消费数据，结合场景进行智能推荐，并进行风险预测和干预，提升盈利水平。

交叉营销在互联网金融领域具有广泛应用。由于金融产品极其丰富，覆盖年龄段几乎涉及人的一生，无论人生哪个阶段，都有可能购买相关的金融产品，因此，根据不同客户群的特征来做关联推荐是非常合适的。可对客户的收入水平、消费习惯、购买物品等指标进行挖掘分析，找出客户的潜在需求，并对各类理财产品进行交叉分析，找出关联性较强的产品，而对客户进行有针对性的关联营销。

二、银行潜在贷款客户画像

业务理解：负债业务是银行形成资金来源的业务，是银行资产业务的重要基础。某银行是一家拥有不断增长的客户群的银行，这些客户中的大多数都是储户，贷款业务的客户数量较少，银行希望有效地将存款客户转化为贷款客户，从而通过贷款利息获得更大的绩效。因此，该银行为负债客户开展了一项推广活动，此活动表明，有部分客户增加了银行的相关服务。这促使零售营销部门制定活动以更好地定位营销，以最小的预算提高成功率。该部门希望识别出更有可能贷款的潜在客户，提高转化成功率，同时降低广告的费用。

银行如何定位潜在的个人贷款客户,并进行精准营销,其核心是挖掘需求和控制风险,即明确现有储户的潜在需求,衡量其违约的可能性,通常根据客户基本情况、其他借贷行为和响应行为建立客户画像来判断。

数据集信息:数据集来源于 Kaggle,包含 5 000 条数据记录,每条数据包含 14 个属性,见表 12-5。接下来将变量分组为潜在客户的各个属性进行分析,勾勒出银行贷款潜在客户的"画像"。

表 12-5　某银行客户贷款数据各属性含义

属　性　名	属　性　描　述	属性类型
ID	顾客 ID	离散型
Age	年龄	数值型
Experience	工作经验	数值型
Income	收入(单位:美元)	数值型
ZIPCode	家庭地址邮政编号	离散型
Family	家庭人数	离散型
CCAvg	每月信用卡支出金额(单位)	数值型
Education	教育水平(1 表示本科,2 表示硕士,3 表示更高学历)	离散型
Mortgage	抵押房屋的价值(单位:美元)	数值型
Personal Loan	该客户是否有该银行的个人贷款?(0 表示否,1 表示是)	离散型
Securities Account	该客户是否有该银行的证券账户?(0 表示否,1 表示是)	离散型
CDAccount	该客户是否有该银行的存款账户?(0 表示否,1 表示是)	离散型
Online	该客户是否使用该银行的网上银行服务?(0 表示否,1 表示是)	离散型
CreditCard	该客户是使用该银行发行的信用卡?(0 表示否,1 表示是)	离散型

从年收入分布上看,贷款客户年收入的最小值为 60 000 元,最大值为 203 000 元,故从 60 000 元起,每 20 000 元设置为一个区间,得到各区间的人数分布,见表 12-6。贷款客户的收入集中在 100 000～200 000 元,收入较低或较高的客户申请贷款的意愿极低。在 60 000～200 000 元,贷款人数占比与年收入成正比,即随年收入的增长,有贷款意愿的人数比例增加。挖掘出此客户画像后,银行可通过电子邮件、社交媒体、广告等方式针对年收入在 100 000～200 000 元的客户群体进行定向营销,提高收益率。

表 12-6　某银行贷款客户年收入分布

贷款客户年收入区间	人数	贷款人占比/%	贷款客户年收入区间	人数	贷款人占比/%
[60 000,80 000)	7	0.88	[140 000,160 000)	83	35.47
[80 000,100 000)	34	4.82	[160 000,180 000)	94	52.51
[100 000,120 000)	69	20.47	[180 000,200 000)	83	55.70
[120 000,140 000)	107	35.20	[200 000,220 000)	3	16.67

从家庭人数分布上看,贷款客户家庭人数最小值为 1,最大值为 4,家庭人数分布见表 12-7。由此可得,随着家庭人数增多,贷款的需求也变大,即家庭人数为 3 人和 4 人的客户比家庭人数为 1 人和 2 人的客户贷款需求大,这说明需要抚养小孩或赡养老人的家庭比单身或已婚未育的家庭更需要贷款。

表 12-7　某银行贷款客户家庭人数分布

家庭人数	总人数	贷款人数	贷款人数占比/%
4	1 222	134	11.0
3	1 010	133	13.2
2	1 296	106	8.2
1	1 472	107	7.3

　　从信用卡消费额分布上来看,在已办理贷款的客户中,每月信用卡消费额最小值为 0,最大值为 10 000 元,平均值为 3 905.35 元。据此,以 1 000 元为区间,将每月信用卡消费额分为 10 个区间,见表 12-8。其中,3 000～9 000 元的客户转化率均较高,远高于平均转化率,是营销部门的关注热点。此外,数据中还反映部分 9 000～10 000 的离群点,其贷款人占比高达 100%,这暗示了信用卡消费额大于 9 000 元每月的客户有强烈的贷款需求,是有价值的数据。

表 12-8　某银行贷款客户信用卡消费额分布

每月信用卡消费额	总人数	贷款人数	贷款人占比/%	每月信用卡消费额	总人数	贷款人数	贷款人占比/%
9 000～10 000	6	6	100	4 000～5 000	219	81	37.0
8 000～9 000	45	11	24.4	3 000～4 000	319	104	32.6
7 000～8 000	84	21	25	2 000～3 000	1 039	56	5.4
6 000～7 000	132	46	34.8	1 000～2 000	1 376	45	3.3
5 000～6 000	97	63	64.9	0～1 000	1 683	47	2.8

　　从房屋抵押价值上来看,在已办理贷款的客户中,将房屋抵押价值为 0 的客户筛选掉后,剩下 168 名客户,占已办理个人贷款客户总数的 35%。已办理房屋抵押和个人贷款的客户中:抵押房屋价值的最高值为 617 000 元,均值为 288 131 元,见表 12-9。进一步分析发现,已办理房屋抵押的客户有意愿再办理个人贷款,抵押房屋价值越高的客户,其贷款意愿也越高。

表 12-9　某银行贷款客户房屋抵押价值分布

房屋抵押价值/元	贷款人数	房屋抵押价值/元	贷款人数
600 000～700 000	2	200 000～300 000	40
500 000～600 000	14	100 000～200 000	39
400 000～500 000	22	1 000～100 000	13
300 000～400 000	38		

　　数据挖掘的结果可以为银行获取潜在客户提供画像,应该将客户收入、信用卡消费额、房屋抵押价值和家庭人数四个方面作为拓展新客户的标准,以最小的投入,达到最好的成果。可以着重针对有以下特征的客户制订营销方案,30～40 岁、家庭人数为 3～4 人、每月信用卡消费额在 3 000～9 000 元、有抵押房屋且抵押房屋价值在 100 000～500 000 元、收入为 100 000～200 000 元。

关键术语

数据挖掘　聚类分析　关联规则　离群点

闯关习题

即测即练

课外修炼

阅读《数据挖掘导论》

一、作者简介

陈封能(Pang-Ning Tan),密歇根州立大学计算机科学与工程系教授,主要研究方向是数据挖掘、数据库系统、网络空间安全、网络分析等。

二、主要特点

本书从算法的角度介绍数据挖掘所使用的主要原理与技术。为了更好地理解数据挖掘技术如何用于各种类型的数据,研究这些原理与技术是至关重要的。本书所涵盖的主题包括数据预处理、预测建模、关联分析、聚类分析、异常检测和避免错误发现。通过介绍每个主题的基本概念和算法,为读者提供将数据挖掘应用于实际问题所需的必要背景以及方法。

该书针对每个主题,从基本概念和算法的角度展开讲解。其中,关联分析、聚类分析更是切割成介绍章和高级章。介绍章覆盖基本概念、代表性算法和评估技术内容;高级章深入讨论高级概念和算法。避免错误发现主题更是数据挖掘相关教科书中少见的,该主题讨论了关于避免虚假结果的统计概念,作为其他章节的补充,强调对数据分析结果的有效性和可重复性的关注。基础内容和高级内容渐进的巧妙安排,使读者能透彻地理解数据挖掘的基础,同时掌握更多重要的高级技巧。

汲取中华文化之精髓,以自信之姿,续写民族辉煌篇章!

13 Chapter 13 第十三章 机器学习

>>> **知识结构图**

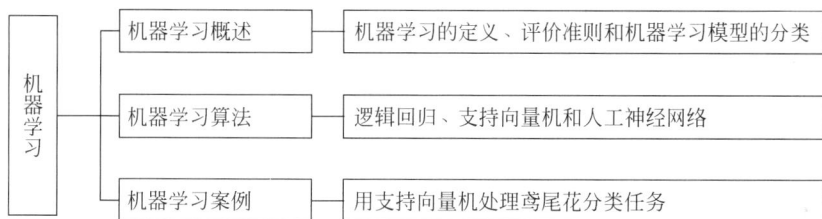

>>> **学习目标**

1. 知识目标：机器学习的定义、评价准则和机器学习模型的分类；常见的有监督学习算法；激活函数的区别；机器学习的应用场景。

2. 能力目标：理解机器学习的概念；掌握机器学习的基本思想和基本方法；理解神经网络的思想；理解在应用场景下进行机器学习的完整流程。

>>> **情景写实**

在当今快速变化的市场环境中，传统的库存管理方法面临着前所未有的挑战。市场需求的快速变化使得传统库存管理难以及时调整策略。例如，面对突发事件或市场趋势的变化，传统方法可能无法迅速响应，导致库存积压或缺货现象频发。此外，仓库之间往往是独立管理的，缺乏实时数据共享和透明度，这使得企业难以全面了解库存状况，提高了管理的复杂性和风险。

现在企业决定引入机器学习技术，建立预测模型，分析历史销售数据、季节性因素、促销活动等多维度信息，预测未来的商品需求。一方面，机器学习算法可以处理大量历史销售数据，识别季节性变化、促销活动和市场趋势等因素的影响，从而提供更精确的需求预测。另一方面，机器学习还可以分析供应链中的各种变量，如需求变化、供应商绩效和库存水平，优化库存管理，确保供应链的高效运作。

第一节　机器学习概述

　　机器学习是近 20 多年来兴起的涉及计算机科学与技术、概率论与数理统计和认知科学等多领域的交叉学科,**主要研究机器模仿人类的学习过程**,以进行知识和技能的获取。作为人工智能领域中一个重要的组成部分,机器学习广泛运用于数据挖掘、计算机视觉、自然语言处理,以及机器人研发等领域。

　　人工智能这一术语并非新颖。早在 1956 年,计算机科学家约翰·麦卡锡(John McCarthy)就在达特茅斯会议上提出了"人工智能"这一概念。进入 1980 年,美国卡耐基梅隆大学设计并实现了具备知识库和推理功能的专家系统;1997 年,IBM(国际商业机器公司)研发的"深蓝"击败了国际象棋世界冠军卡斯帕罗夫;2016 年,谷歌(Google)推出的"阿尔法狗"成功战胜韩国棋手李世石,并同我国围棋天才柯洁展开较量。这些历史性事件显著推动了人工智能领域的发展,并激发了人们对其未来的极大期待。

相关链接 13-1

王安先生与阿波罗登月计划

　　1920 年,王安出生在上海,后来在老家江苏昆山长大。就像每一个天才一样,王安年少的时候就展现了极高的数学功底,16 岁就以总分第一名考入了当时的国立交通大学。1945 年抗战胜利后,他去了美国深造,1948 年获得哈佛大学应用物理博士学位。

　　第二次世界大战结束后计算机就已经出现,但是内存的问题一直没有得到解决。1948 年,王安发明了**磁芯存储器**。它有一个非常大的优点,那就是可靠性极高,就算断电了也能保存数据,所以非常适合应用在航空航天领域。随后,该成果被广泛应用于**阿波罗登月飞船**、航空母舰、人类第一个飞出太阳系的探测器旅行者 1 号、苏联的宇航飞船和空间站等。该发明不仅改变了人类科技生活,而且助力人类宇宙探测事业的发展。

　　1955 年,IBM 以 50 万美元的价格购买了磁芯存储器的专利。从 1955 年到 1975 年这20 年期间,IBM 开始大规模生产计算机,当时全球计算机都采用这种磁芯存储器。靠着卖专利赚到的第一桶金,王安 1955 年创立了王安电脑公司,一开始是卖计算机,后来全力转型做企业文字处理市场,类似今天 Word 之类的打字软件。20 世纪 80 年代,他已成为美国十大富翁之一,不久因为经营失误导致公司巨亏倒闭。1990 年,王安逝世。比尔·盖茨曾评价他说,"若王安先生的公司没有倒闭,也许**微软公司就不复存在于世界上了**"。

　　机器学习的发展历史可追溯至 20 世纪 50 年代,其演变大致经历了三个重要阶段:**推理期**、**知识期和学习期**。推理期(即 1970 年前)标志着机器具备基础的逻辑推理能力。知识期(1970 年后)则以斯坦福大学教授爱德华·阿尔伯特·费根鲍姆(Edward Albert Feigenbaum)等人于 1965 年研发的世界首个专家系统为代表。而 20 世纪 80 年代至今被定义为学习期,重点在于使机器能够通过样本数据进行自我学习。此期间的标志性成果包括:1983 年加州理工学院的约翰·J.霍普菲尔德(John J. Hopfield)教授提出的 Hopfield 反馈神经网络,1986 年斯坦福大学大卫·埃弗雷特·鲁姆哈特(David Everett Rumelhart)教授团队提出的反向传播(Backpropagation,BP)神经网络,1995 年美国工程院院士弗拉基米尔·万普尼克(Vladimir Vapnik)教授基于统计学习理论提出的支持向量机。这些技术推动了核机器学习方法的发展,包括核聚类和核主成分分析等。

相关链接 13-2

梁文峰团队的 DeepSeek

　　2025 年 1 月 20 日,杭州深度求索人工智能基础技术研究有限公司梁文峰团队正式推出 AI 助手 DeepSeek-R1,是**性能优越、免费商用的开源大模型**,且**训练成本相较同类产品更低**,在国际上引起广泛关注和热烈讨论。

　　DeepSeek 凭借自然语言处理、机器学习与深度学习、大数据分析等核心技术优势,在**推理、自然语言理解与生成、图像与视频分析、语音识别与合成、个性化推荐、大数据处理与分析、跨模态学习以及实时交互与响应**等八大领域表现出色。美国开放人工智能研究中心(OpenAI)的首席执行官奥尔特曼赞赏 DeepSeek 的 AI 大模型可与 ChatGPT 相媲美。

　　它能进行逻辑推理、解决复杂问题,理解和生成高质量文本,精准分析图像和视频内容,准确识别和合成语音,根据用户偏好提供个性化推荐,高效处理大规模数据并挖掘有价值信息,实现多模态数据融合与学习,以及通过智能助手和聊天机器人实现快速的自然语言交互。

一、机器学习的定义

　　机器学习简单地讲就是**让机器模拟人类的学习过程,来获取新的知识或技能,并通过自身的学习完成指定的工作或任务,目标是让机器能像人一样具有学习能力。**

　　机器学习的本质是**样本空间的搜索和模型的泛化能力。**目前,机器学习研究的主要内容有三类,分别是**模式识别、回归分析和概率密度估计(Probability Density Estimation)**。模式识别又称为模式分类,是利用计算机对物理对象进行分类的过程,目的是在错误概率最小的情况下,尽可能地使结果与客观物体相一致。显然,模式识别的方法离不开机器学习。回归分析是研究两个或两个以上的变量和自变量之间的相互依赖关系,是数据分析的重要方法之一。概率密度估计是机器学习挖掘数据规律的重要方法。

　　机器学习与统计学习、数据挖掘、计算机视觉、大数据及人工智能等领域密切相关。人工智能的进步离不开机器学习的支持,而机器学习已经逐渐成为人工智能研究的核心之一。大数据的核心在于充分挖掘数据的潜在价值,而机器学习则是实现这一目标的关键技术。随着数据量的增加,机器学习算法的精度得到了显著提升,同时,随着大数据背景的普及,机器学习算法也愈发需要依赖大数据处理技术。因此,大数据与机器学习形成了一种相互促进、相互依存的关系。

相关链接 13-3

机器学习＝表示＋评价＋优化

　　假设有一个应用场景,机器学习有可能在其中发挥作用。那么,面临的第一个问题是:

各种机器学习算法令人眼花缭乱,应挑选使用哪一种?现在有成千上万的机器学习算法,每年还有成百上千的新算法发表出来。避免迷失在这么多算法中的关键是,要认识到这些算法都是由三个部分组成的,分别是:

表示(Representation):一个分类器必须用计算机可以处理的某种形式语言来表示。反过来讲,为学习器选择一种表示,就意味着选择一个特定的分类器集合。学习器可能学出的分类器只能在这个集合中。如果某个分类器不在该集合中,它就不可能被该学习器学到。

评价(Evaluation):我们需要一个评价函数(亦称为目标函数或打分函数)来判断分类器的优劣。机器学习算法内部使用的评价函数和我们希望分类器进行优化的外部评价函数有所不同,这是为了便于优化。

优化(Optimization):我们需要一个搜索方法,能够在假设空间中找到评价函数得分最高的那个分类器。优化技术的选择对学习器效率至关重要;而当评价函数有多个最优结果时,优化技术也有助于从中选择。

二、机器学习的评价准则

确定评价指标是机器学习非常重要的一个环节。机器学习的任务不同,评价指标可能就不同。同一种机器学习算法针对不同的应用,可以采用不同的评价指标,每个指标的侧重点不一样。下面介绍常用的机器学习评价指标。

(一)准确率

样本分类时,被正确分类的样本数与样本总数之比称为准确率(Accuracy)。与准确率对应的是错误率,错误率是错分样本数与总样本数之比。显然,准确率并没有反映出不同类别错分样本的情况。例如:对于一个二分类问题,准确率并不能反映出第一类和第二类分别对应的错分样本的个数。但是,在实际应用中,因为不同类别下错分样本的代价或成本不同,所以往往需要知道不同类别错分样本的情况。例如:在医学影像分类过程中,未患有乳腺癌被错分类为患有乳腺癌,与患有乳腺癌被错分类为未患有乳腺癌的重要性显然是不一样的。另外,数据分布不平衡时,样本占大多数的类主导了准确率的计算等情况,这就需要求出不同类别的准确率。

(二)召回率

召回率(Precision-Recall)指分类正确的正样本个数占所有的正样本个数的比例。它表示的是数据集中的正样本有多少被预测正确。

(三)ROC曲线

ROC(Receiver Operating Characteristic)曲线是分类器的一种性能指标,可以实现不同分类器性能比较。不同的分类器比较时,画出每个分类器的 ROC 曲线,将曲线下方面积作为判断模型好坏的指标。ROC 曲线的纵轴是"真正例率"(True Positive Rate,TPR),横轴是"假正例率"(False Positive Rate,FPR)。ROC 曲线下方面积(Area Under The ROC Curve,AUC)是指 ROC 曲线与 x 轴、点$(1,0)$和点$(1,1)$围绕的面积。ROC 曲线如图 13-1 所示。显然,$0 \leqslant AUC \leqslant 1$。假设阈值以上是阳性,以下是阴性,若随机抽取一个阳性样本和一个阴性样本,分类器正确判断阳性样本的概率高于阴性样本的概率。

(四)交叉验证

交叉验证(Cross-Validation)的基本思想是将数据集划分为训练集和测试集。首先在训

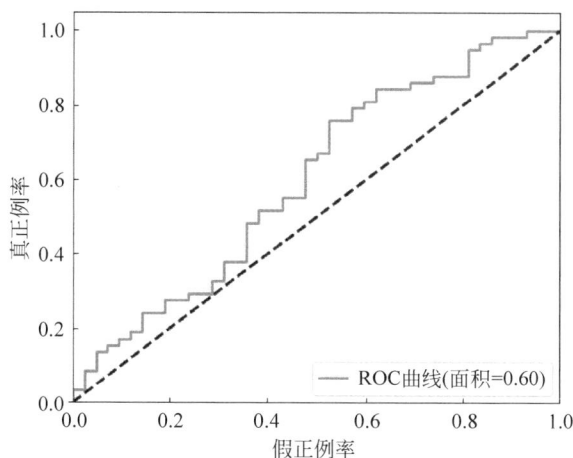

图 13-1 ROC 曲线

练集上训练模型,然后利用测试集模拟实际情况,对模型进行调整或评估,最终选择在验证数据上表现最优的模型。交叉验证的优点在于能够有效减小过拟合的风险,同时还可以从有限的数据中提取更多的有效信息。以下是两种常用的交叉验证方法。

(1) K 折交叉验证:将数据随机划分为 K 个子集,其中 K－1 个子集用于训练模型,剩下的 1 个子集用于测试。然后,计算 K 次测试结果的平均值,作为模型精度的估计,并将该值作为模型在当前 K 折交叉验证中的性能指标。

(2) 留一交叉验证:假设有 N 个样本,将每一个样本作为测试样本,其他 N－1 个样本作为训练样本,得到 N 个分类器和 N 个测试结果。用这 N 个结果的平均值来衡量模型的性能。留一交叉验证是 K 折交叉验证的特例。

相关链接 13-4

过拟合问题

机器学习过程中,模型对未知数据的预测能力称为泛化能力,是评估算法性能的重要评价指标。泛化指的是训练模型对未知样本的适应能力。优秀的机器学习模型其泛化能力强。过拟合是训练模型中涉及的参数过多,或参加训练的数据量太小等原因,导致了微小的数据扰动都会产生较大的变化或影响,造成了模型对已知数据预测精度很高,而对未知数据预测精度较低的现象,即测试样本输出和期望的值相差较大,也称为泛化误差较大。

通常情况下,解决过拟合问题的方法有以下两种。

(1) 利用正则化来控制模型的复杂度,改善或减少过度拟合的问题。

(2) 根据实际问题增加足够的训练数据。

三、机器学习模型的分类

(一) 有监督学习

有监督学习(Supervised Learning)是通过使用一组已知类别的样本来调整分类器的参数,从而实现所要求的性能,这一过程也称为"有老师的学习"。在有监督学习中,首先利用已标记的样本进行模型训练,构建相应的学习模型。接下来,利用这个训练好的模型对未知样本进行分类和预测。该过程与人类学习和认知的方式非常相似。常见的有监督学习算法包括贝叶斯分类、决策树和支持向量机等。

(二)无监督学习

无监督学习(Unsupervised Learning)是对无标签样本进行学习的过程,旨在从训练样本中发现潜在的结构性知识,这种学习方式也被称为"无老师的学习"。与有监督学习不同,无监督学习不需要事先知道样本的类别,而是通过某种方法根据数据之间的相似度进行分类。无监督学习的特点是没有标记数据,而是直接对数据进行建模。常用的无监督学习算法有聚类算法和期望最大化算法。

(三)半监督学习

半监督学习(Semi-Supervised Learning)结合了有监督学习和无监督学习的特点,利用少量带标签数据和大量无标签数据进行学习。该方法的优势在于,虽然带标签数据较为稀缺且难以获得,但无标签数据在实际数据采集过程中容易收集。例如,在医学图像分析领域,尽管可以轻松获得大量的医学图像作为训练数据,但将每个图像中的病灶标注出来却非常困难。因此,半监督学习成为一个重要的研究方向,在许多应用中具有极大的潜力。

相关链接 13-5

机器学习常用工具

Python 是一种面向对象的编程语言,由荷兰人吉多·范罗苏姆(Guido van Rossum)发明,最早的公开发行版诞生于 1991 年。Python 提供了大量的基础代码库,极大地方便了用户进行程序编写。Python 语言在数据挖掘和分析、机器学习和数据可视化等方面发挥了巨大的作用。目前,Python 是最热门的人工智能和机器学习的编程语言之一。

R 语言是一种为统计和图形显示而设计的语言环境,是贝尔实验室开发的 S 语言的一种实现。它提供了有弹性的、互动的环境分析,也提供了若干统计程序包,以及一系列统计和图形显示工具,用户只需根据统计模型,指定相应的数据库及相关的参数,便可灵活机动地进行数据分析等工作。目前,R 语言在数据挖掘和分析、机器学习和数据可视化方面发挥了巨大的作用。

Google 公司开源的 TensorFlow 框架是一款相对高级的机器学习库,旨在为用户提供设计各种神经网络结构的便捷工具,是深度学习开发的理想平台。TensorFlow 采用了向量运算符图的方法,使定义新网络结构变得更加简便。然而,TensorFlow 并不支持双向 RNN(循环神经网络)和 3D 卷积操作。其最大的优势之一是高移植性,用户编写的代码几乎不需要修改,即可在配置有任意数量 CPU(中央处理器)或 GPU(图形处理器)的 PC(个人计算机)、服务器以及移动设备上顺利部署。此外,TensorFlow 针对生产环境进行了高度优化,其高质量的代码和设计确保了在实际生产环境中的稳定性和可靠性。

第 二 节　机器学习算法

随着大数据时代的到来,传统的数据分析方法逐渐无法满足复杂数据处理的需求。机器学习作为一项重要的技术,凭借其强大的数据分析能力,能够帮助我们从海量数据中发现规律、进行预测,并不断优化决策过程。机器学习算法通过构建数学模型,利用已有的数据进行训练,从而实现对未来数据的预测或对模式的识别。

一、逻辑回归

逻辑回归起源于 20 世纪初的统计学,随着计算机科学的发展,逻辑回归在机器学习中得到了广泛应用,尤其是在信用评估、市场营销、医学诊断等领域。逻辑回归是一种广义的线性回归分析模型,属于机器学习中的有监督学习。

相关链接 13-6

逻辑回归与线性回归

多元线性回归模型是狭义线性模型,逻辑回归模型是广义线性模型。表达形式上,逻辑回归是线性回归套上了一个 Sigmoid 函数;参数估计上,都是用极大似然估计的方法估计参数。

其不同之处在于,逻辑回归实际上是分类模型,而线性回归是回归模型。线性回归优化的目标函数是均方差,而逻辑回归优化的是似然函数;线性回归要求自变量与因变量呈线性关系,而逻辑回归没有要求。线性回归假设响应变量服从正态分布,逻辑回归假设响应变量服从伯努利分布。

作为最简单的有监督学习方法之一,其模型主要由一个具有如下形式的 Sigmoid 函数组成:

$$\text{Sigmoid}(z) = \frac{1}{1 + \text{e}^{-z}}$$

其中,参数 z 可以是任何的线性组合。**在逻辑回归中,Sigmoid 函数将线性回归的输出映射到 0 和 1 之间,适用于表示概率**。逻辑回归将分类问题建模为概率值的表示:

$$P(y = 1 \mid x) = \text{Sigmoid}(w_1 x_1 + w_2 x_2 + \cdots + w_n x_n + b)$$

其中,w 和 b 都是模型需要学习的参数。在逻辑回归中,模型的参数通过最大化似然函数来估计,似然函数表示在给定参数下,观察到当前数据的概率。给定训练数据后,可以使用梯度下降法(Gradient Descent)训练上述逻辑回归模型得到相应的参数值。

相关链接 13-7

梯度下降法

梯度下降法是一种常用的优化算法,广泛应用于机器学习和深度学习中,用于最小化损失函数,通过调整学习率和选择合适的梯度下降类型,可以有效地优化模型性能。梯度下降法的核心思想是:从当前点出发,沿着损失函数梯度的反方向前进,以找到函数的局部最小值。具体而言,梯度是一个向量,表示函数在某一点处沿各个方向的变化率。沿着梯度的反方向前进,可以使函数值下降最快。

算法步骤如下。

(1) 初始化参数:随机选择模型参数的初始值。

(2) 计算梯度:计算损失函数关于各参数的偏导数,即梯度。

(3) 更新参数:根据梯度和学习率,调整参数值。

(4) 迭代:重复步骤(2)和(3),直到损失函数收敛或达到预设的迭代次数。

二、支持向量机

支持向量机是一种强大的监督学习算法,是建立在统计学习理论的结构风险最小原则基础上的机器学习方法。支持向量机在解决有限样本、非线性、高维的模式分类和回归估计等问题中表现出许多特有的优势,且不存在局部最优问题。SVM 的目标是寻找一个超平面,将数据集中的不同类别分开,并使得分类间隔最大化,这样模型的泛化能力会更强。基于支持向量机的模型及方法被广泛运用到各领域中,模式识别方面主要有人脸识别、字符识别、图像识别、文本分类、邮件分类,以及图像检索等;回归预测方面主要有非线性系统估计、建模与控制和农业病虫害的预测预报等。

SVM 的核心思想是通过构建一个决策超平面,将不同类别的数据分隔开来。对于二分类问题,SVM 尝试找到一个超平面,使得该平面到两类数据点的距离最大化,这个距离称为间隔(margin)。最优的超平面是能够最大化间隔的平面。而 SVM 的目标就是最大化分类间隔,这可以转化为一个优化问题,通常采用凸优化来解决。通过求解这个优化问题,可以得到最优的超平面和支持向量,从而实现高效的分类。

当数据集是线性可分的,即可以通过一条直线(在二维空间中)或一个超平面(在高维空间中)将不同类别的数据完全分开时,SVM 可以很容易地找到一个最优超平面,如图 13-2 所示。当数据集是非线性可分的时,用超平面直接划分会产生很大的误差。SVM 通过使用核函数,将数据映射到高维空间,在高维空间中找到一个可以线性分隔数据的超平面。常见的核函数包括线性核函数和多项式核函数等。

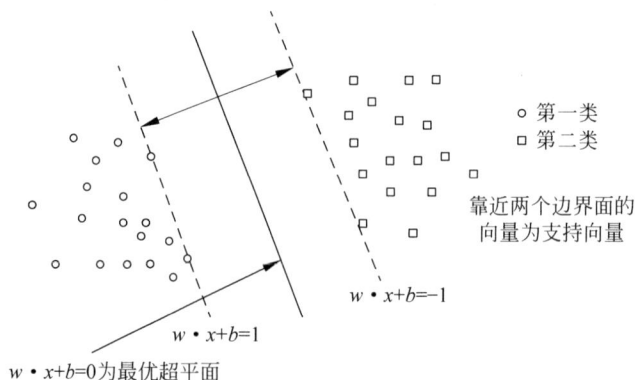

第一类

第二类

靠近两个边界面的
向量为支持向量

$w \cdot x + b = -1$

$w \cdot x + b = 1$

$w \cdot x + b = 0$ 为最优超平面

图 13-2 线性可分的支持向量机

在 SVM 中,并不是所有的数据点都对最终的超平面起到决定性作用。只有那些位于决策边界附近的数据点才会影响超平面的选择,这些数据点被称为支持向量。支持向量是决定分类决策的重要数据点,其他的样本点对分类模型的影响较小。假设超平面 $f(x) = w \cdot$

$x+b=0$ 可以将图 13-2 中的第一类样本和第二类样本完全分离,且使得所有的正样本(属于第一类的样本)满足 $w \cdot x_i + b \geqslant 1$,所有的负样本(属于第二类的样本)满足 $w \cdot x_i + b \leqslant -1$,那么超平面 $f(x)=1$ 和 $f(x)=-1$ 上的样本就是支持向量。

相关链接 13-8

线性可分支持向量机的优化问题

根据支持向量机的理论,线性可分支持向量机算法的目的就是寻找一个可以将两类样本完全分开的最优超平面。线性可分支持向量机可以归结为下面的二次规划问题:

$$\min \frac{1}{2} \parallel w \parallel^2$$

约束条件为不等式:

$$y_i(w \cdot x_i + b) \geqslant 1, \quad i = 1, 2, \cdots, n$$

利用 Lagrange(拉格朗日)乘子法,引入 Lagrange 乘子 α_i 得到对偶公式:

$$L(w, b, \alpha) = \frac{1}{2} \parallel w \parallel^2 - \sum_{i=1}^{n} \alpha_i [y_i(w \cdot x_i + b) - 1]$$

对 Lagrange 函数求 w 和 b 极小值,得优化问题的解:

$$\sum_{i=1}^{n} \alpha_i y_i = 0$$

$$w = \sum_{i=1}^{n} \alpha_i y_i x_i$$

$$\alpha_i \geqslant 0, \quad i = 1, \cdots, n$$

相关链接 13-9

决策树算法案例

1. 问题定义

和支持向量机一样,决策树也是一种有监督学习方法,通过从训练数据中学习生成规则,对新样本进行预测。决策树的结构非常直观,容易理解每一步的决策依据,尤其适合在业务决策中应用,被广泛应用于分类和回归任务。假设我们有一些申请贷款的客户数据,包括客户的年龄、年收入、信用评分等特征,我们的目标是预测客户是否能够获得贷款批准(是/否)。现在,我们有一组历史数据,包括客户的特征和是否获得批准的标签。我们希望使用决策树算法来帮助银行自动化决策过程,并预测新客户是否能获得贷款批准。

2. 数据收集与准备

训练数据见表 13-1。

表 13-1　训练数据

客户编号	年龄/岁	年收入/万元	信用评分	是否批准贷款
1	25	10	750	是
2	45	30	650	否

客户编号	年龄/岁	年收入/万元	信用评分	是否批准贷款
3	35	20	700	是
4	50	40	600	否
5	40	25	720	是
6	30	15	680	是

每个客户的特征可以表示为一个三维向量,例如客户 1 的特征向量为(25,10,750),标签为"是"(批准贷款)。这些数据将作为我们的训练集,用于训练模型。新的客户数据如下,我们希望使用决策树模型预测该客户是否能获得贷款批准:

(1) 年龄:28 岁

(2) 年收入:18 万元

(3) 信用评分:710

3. 算法步骤

决策树是一种常用的分类算法,它通过构建树形模型来做决策。其每个节点代表一个特征,每个分支代表一个特征值的可能情况,而每个叶节点代表一个分类结果。决策树的构建过程主要通过选择最优的特征来分割数据。

步骤 1:选择分裂特征

决策树通过选择特征来划分数据集。在每个节点,算法选择一个特征,并基于该特征的某个阈值将数据分成不同的子集。选择哪个特征进行分裂是基于如何减小数据的不纯度(即让数据的类别更加纯净)来决定的。常用的"不纯度"度量标准有信息增益(ID3 算法)、基尼指数[CART(分类与回归树)算法]。在本例中,我们使用基尼指数作为不纯度度量。

基尼指数的值介于 0 到 1 之间,值越低表示数据集的纯度越高,值越高表示数据集的混杂程度越高。基尼指数接近 1 表示数据集的类别分布非常均匀,即每个类别的样本数接近相等,数据集混乱不纯。基尼指数的计算公式为

$$\mathrm{Gini}(D) = 1 - \sum_{i=1}^{k} p_i^2$$

其中,p_i 是数据集中属于第 i 个类别的样本比例,k 是类别数。

步骤 2:构建决策树

根据训练数据,决策树算法首先计算每个特征的基尼指数,并选择使基尼指数最小的特征作为当前节点的划分特征。例如,假设我们首先考虑"信用评分"作为根节点。如果选择"信用评分"作为分裂特征,那么我们会根据不同的信用评分阈值将数据划分为两个子集。

我们可以选择一个阈值 700,将"信用评分"大于等于 700 的客户与小于 700 的客户分开,然后计算每个子集的基尼指数。对于信用评分大于等于 700 的客户(客户 1、客户 3、客户 5),该子集的标签为"是"。对于信用评分小于 700 的客户(客户 2、客户 4、客户 6),该子集的标签为"否"或"是",分布不均。

1) 子集 1:信用评分≥700

该子集的客户是:客户 1(是)、客户 3(是)、客户 5(是)。因此,所有客户的类别都是"是"。该子集的类别比例是:

（1）"是"类：$3/3 = 1$

（2）"否"类：$0/3 = 0$

计算基尼指数：

$$\text{Gini}(D_1) = 1 - (1^2 + 0^2) = 1 - 1 = 0$$

2）子集 2：信用评分＜700

该子集的客户是：客户 2（否）、客户 4（否）、客户 6（是）。所以该子集的类别分布为：

（1）"是"类：$1/3$

（2）"否"类：$2/3$

计算基尼指数：

$$\text{Gini}(D_2) = 1 - \left(\left(\frac{1}{3}\right)^2 + \left(\frac{2}{3}\right)^2\right) \approx 0.444$$

为了选择最优的特征进行分裂，我们需要计算每个特征分裂后的总基尼指数。基尼指数的总值是各子集基尼指数的加权平均，权重由每个子集的样本数决定。加权平均基尼指数为

$$\text{Gini} = \frac{3}{6} \times 0 + \frac{3}{6} \times 0.444 = 0.222$$

接下来，我们还可以计算其他特征（如"年收入"或"年龄"）的基尼指数，并与"信用评分"进行比较，选择基尼指数最小的特征作为分裂特征。如果"信用评分"特征的基尼指数最小，我们就选择它作为当前节点的划分特征。如果其他特征的基尼指数更小，则选择其他特征。

步骤 3：递归划分

在每个子集上，决策树继续选择最优的特征进行分裂。这个过程会一直递归进行，直到所有数据都属于同一类别或者达到了最大深度。递归的终止条件通常包括以下几点。

（1）达到树的最大深度；

（2）数据已经完全分开（即每个子集都是单一类别）；

（3）数据集中的样本数小于某个阈值。

步骤 4：预测结果

通过上述步骤，构建的决策树如图 13-3 所示。

这个决策树的构建流程如下：首先，根节点选择"信用评分"作为特征。根据数据，我们可以选择一个阈值（例如 700）来分裂数据集。大于等于 700 的客户和小于 700 的客户分别作为两个子集。接着，我们根据"年收入"选择第二个分裂特征。在大于等于 700 的客户中，如果年收入大于等于 20 万元，则批准贷款；否则，拒绝贷款。对于信用评分小于 700 的客户，我们进一步基于"年龄"做分裂，如果年龄大于 40 岁，则拒绝贷款；否则，批准贷款。

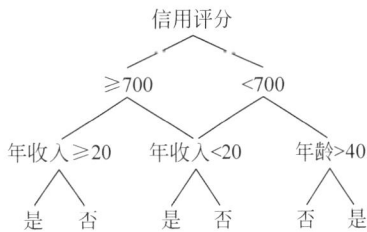

图 13-3　构建的决策树

一旦决策树构建完成，就可以使用该模型对新样本进行预测。对于每个新样本，决策树从根节点开始，根据特征值选择相应的分支，直到最终到达一个叶节点，叶节点的标签就是预测结果。对于新客户年龄 28 岁，年收入 18 万元，信用评分 710，我们可以从根节点出发得

到最终的分类结果为拒绝贷款。

4. 总结

我们通过决策树算法,根据训练数据中的客户特征(如年龄、年收入、信用评分等)预测了客户是否能获得贷款批准。决策树是一种有监督的学习方法,通过递归地选择最佳特征进行数据分裂,最终构建出一棵可以用于分类的新树。在本例中,我们选择了"信用评分"作为根节点的分裂特征,并通过计算基尼指数来选择最佳特征。需要注意的是,决策树容易出现过拟合,特别是在树深度较大时。在实际应用中,通常通过"剪枝"或集成学习方法(如随机森林)来避免过拟合。此外,决策树对噪声较为敏感,因此在构建决策树时需要注意数据预处理,确保训练数据的质量。

三、人工神经网络

人工神经网络(Artificial Neural Network,ANN),在智库百科中的定义为:"人工神经网络是由人工构建的动态系统,其拓扑结构呈有向图形式,通过对连续或离散输入的状态响应来进行信息处理。"因此,人工神经网络基于神经网络的基本原理,借鉴了人脑与外界刺激响应机制的理解与抽象,依托网络拓扑理论,模拟人脑神经系统进行复杂信息处理。人工神经网络具备自学习能力、联想存储功能以及高效寻优能力。

(一) 神经网络的基本概念

在介绍人工神经元之前,首先以人脑神经元为例介绍生物神经元的结构及特点。人脑中大约有1 000亿个神经元。神经元主要由树突、细胞体、轴突和突触组成。树突的作用是接收信息,细胞体的作用是对接收的信息进行处理,轴突的作用是发出信息。一个神经元的轴突末端与另外一个神经元的树突紧密接触形成的部分构成突触,用于保证信息的单向传递。

人工神经元是受人脑神经元结构的启发而提出的,一个神经元结构由输入向量、激活函数(Activation Function)及输出向量三部分组成。输入向量 X 和对应的权重向量 W 分别相乘再取和作为输入值,在激活函数的作用下输出对应的函数值 $f(WX+b)$,其中 b 为激活函数的阈值。

相关链接 13-10

激 活 函 数

神经网络由大量的神经元连接组成,每个神经元代表一种特定的输出函数,称为激活函数。激活函数不是要在神经网络中发挥某种激活作用,而是通过某种函数的形式把人工神经元中"激活的神经元特征"保留并映射出来。激活函数具有可微性、单调性和输出范围有限等特点。

常用的激活函数主要有Sigmoid函数、双曲正切函数、ReLU函数、线性函数等,下面重点介绍二种常用的函数。

(1) Sigmoid函数。Sigmoid函数又称为S形曲线,是一种常用的非线性激活函数,数学表达式为

$$\text{Sigmoid}(x) = \frac{1}{1+e^{-x}}$$

如图 13-4 所示,Sigmoid 函数是一个连续、光滑且严格单调的阈值函数,可将输入的实值映射到 0～1 的范围内,当输入值趋向于负无穷时映射结果为 0,当输入值趋向于正无穷时映射结果为 1。但 Sigmoid 函数也存在缺点,具体表现为 Sigmoid 函数有易饱和性,当输入值非常大或非常小时,神经元梯度几乎接近 0。

（2）双曲正切函数。双曲正切函数也叫 Tanh 函数,是一种常用的非线性激活函数,数学表达式为

$$f(x) = \frac{e^x - e^{-x}}{e^x + e^{-x}}$$

如图 13-5 所示,Tanh 函数和 Sigmoid 函数类似,是 Sigmoid 函数的变形,不同的是 Tanh 函数把实值的输入映射到[-1,1]的范围,是 0 均值,实际中 Tanh 函数比 Sigmoid 函数更常用。

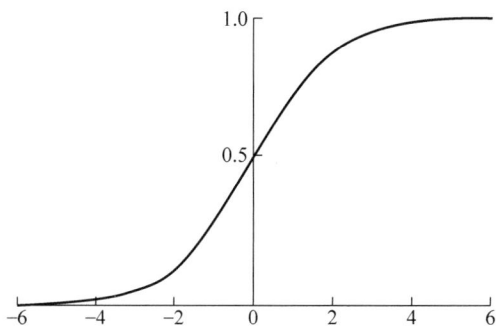

图 13-4　Sigmoid 函数

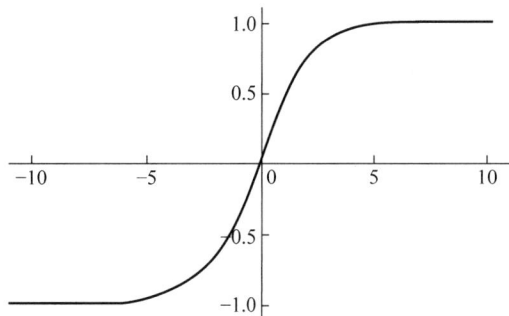

图 13-5　Tanh 函数

（3）ReLU 函数。近年来,ReLU 函数越来越受欢迎,其数学表达式为

$$f(x) = \max(0, x)$$

由图 13-6 可知,当输入信号小于 0 时,输出为 0;当输入信号大于 0 时,输入与输出相等。ReLU 函数的优点是:相比于 Sigmoid 函数和 Tanh 函数,收敛速度较快,且梯度不会饱和;计算复杂度较低,只需要一个阈值即可得到输出。其缺点是:当输入小于 0 时,梯度为 0,会导致负的梯度被置零而不被激活。

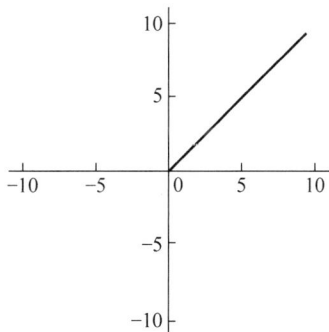

图 13-6　ReLU 函数

（二）神经网络的结构

目前为止，已有 40 多种人工神经网络模型被开发和应用，如感知机、反向网络、自组织映射、Hopfield 反馈神经网络等。根据网络中神经元的互联方式，神经网络可分为前馈型神经网络、反馈型神经网络、层内互连前向网络及互连网络。其中最常见的是前馈型神经网络。

前馈型神经网络的结构如图 13-7 所示，主要包括输入层、隐含层和输出层。网络中的神经元分层排列，层内神经元无连接，层间神经元有连接，在这种网络结构下，信息由输入单元经过隐含层到达输出单元，传导方向始终一致，无反馈。因此前馈型神经网络对每个输入信息是同等对待或等权处理的。典型的前馈型神经网络是 BP 神经网络。

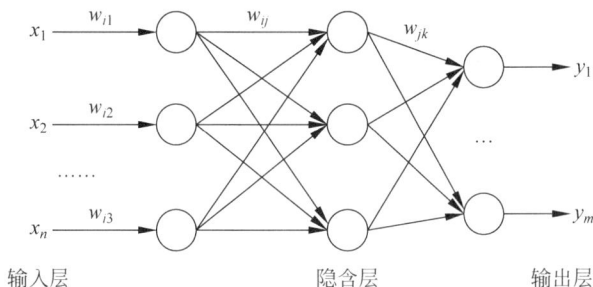

图 13-7　前馈型神经网络的结构

（三）BP 神经网络

BP 神经网络是由鲁姆哈特和詹姆斯·麦克利兰（James McClelland）在 1986 年提出的，是一种多层前向反馈网络，采用有监督学习方式。该网络包括两个主要阶段：信号的正向传播和误差的反向传播。正向传播中，输入信号经过隐含层的非线性变换，最终作用于输出节点并产生输出信号。如果实际输出与期望输出不匹配，则进入误差反向传播过程。在反向传播过程中，输出误差逐层通过隐含层传递至输入层，并将误差信息传递给各层单元，用于调整权值和阈值。通过调整隐含层节点与输出层节点的连接权值以及输入层和隐含层之间的权值，网络误差沿梯度方向减小。通过反复训练，直到误差在指定范围内，训练过程结束。BP 神经网络的核心目标是通过反向传播不断调整权值和阈值，使网络输出尽可能接近期望值，直到输出层的误差满足预设标准。其具体步骤如下：

（1）选择一组学习样本，每一个样本由输入信息和期望的输出结果两部分组成。

（2）从学习样本集中取一样本，把输入信息输入网络中。

（3）分别计算经神经元处理后的输出层各节点的输出。

（4）计算网络的实际输出和期望输出之间的误差，判断误差是否在指定范围内。如果在，则训练完成；不在，则执行步骤（5）。

（5）从输出层反向计算到第一个隐含层，并按照能使误差向减小方向变化的原则，调整网络中各神经元的连接权值及阈值，执行步骤（4）。

相关链接 13-11

何恺明先生与人工神经网络

何恺明（Kaiming He），1984 年出生于广东广州，人工智能科学家，麻省理工学院电气工程与计算机科学系副教授、道格拉斯·罗斯软件技术职业发展教授。何恺明的主要研究领域为计算机视觉和深度学习，是**深度残差网络（ResNets）**的主要开发者。

2009 年，他的第一篇论文获得 IEEE（电气电子工程师学会）国际计算机视觉与模式识别会议（CVPR）年度最佳论文奖，是 CVPR 创办 25 年以来首次有华人乃至亚洲学者获奖；2018 年获得 CVPR 大会 PAMI 青年研究者奖；2022 年入选 AI 2000 人工智能全球最具影响力学者榜单，综合排名第一；2023 年获得未来科学大奖数学与计算机科学奖。根据 Google Scholar 的统计，截至 2023 年 7 月，何恺明已发表 73 篇论文，H 指数为 67，引用次数超过 46 万次。

2015 年，何恺明团队提出了深度残差学习，**使神经网络能够达到前所未有的深度，促成了多个突破性的成果，包括 AlphaGo、AlphaFold 和 ChatGPT**，为人工智能作出了巨大贡献。2017 年，何恺明团队公布了 **Mask R-CNN**，提出了一个概念上简单、灵活和通用的用于目标实例分割（Object Instance Segmentation）框架，能够有效地检测图像中的目标，同时还能为每个实例生成一个高质量的分割掩码。

第 三 节　机器学习案例

一、编程语言引入——Python

随着 Python 生态系统的不断发展，Python 已经成为机器学习领域的主流语言。这是因为 Python 是一种面向对象的动态解释型语言，简单易学，且具有很高的可读性。此外，Python 拥有丰富且强大的类库，可以轻松地将用其他语言编写的模块连接在一起。Python 的生态圈中有大量的第三方扩展库，能够满足机器学习和数据科学领域的各种需求。得益于这些类库的支持，Python 被广泛应用于机器学习和数据科学领域，尤其是在将研究项目转化为生产项目时，Python 提供的统一语言大大降低了转换成本。

在机器学习中，SciPy 是一个重要的类库，广泛应用于数学计算、科学和工程领域。SciPy 包含了统计、优化、线性代数、傅里叶变换、信号处理、图像处理和常微分方程求解等模块，因此在机器学习项目中得到了广泛应用。SciPy 依赖以下几个与机器学习相关的类库：

NumPy：Python 的开源数值计算扩展，提供矩阵处理和高级数值编程工具，如矩阵数据类型、矢量处理和精密运算。

Matplotlib：Python 中最著名的 2D 绘图库，十分适合交互式地进行制图；也可以方便地将它作为绘图控件，嵌入 GUI（图形用户界面）应用程序中。

Pandas：基于 NumPy 的工具库，专为数据分析任务设计，提供高效的数据操作工具和标准数据模型，简化了大型数据集的处理。

scikit-learn：Python 中非常流行的机器学习类库，依赖于 SciPy 及其相关类库。scikit-learn 的主要功能包括分类、回归、聚类、数据降维、模型选择和数据预处理等。

二、鸢尾花分类任务

(一)任务概述

鸢尾花数据集(IrisDataset)是机器学习领域中最经典的多分类数据集之一,广泛用于分类算法的教学和研究,下载地址为 https://archive.ics.uci.edu/dataset/53/iris。该数据集包含 150 个样本,分为三种鸢尾花亚属:山鸢尾(Iris-setosa)、变色鸢尾(Iris-versicolor)和维吉尼亚鸢尾(Iris-virginica),每种亚属 50 个样本。每个样本有四个特征:花萼长度、花萼宽度、花瓣长度和花瓣宽度,单位均为厘米。

在机器学习项目中,使用鸢尾花数据集进行分类任务,旨在构建一个模型,能够根据输入的四个特征,自动预测鸢尾花所属的亚属。我们按照以下步骤处理数据集:

(1)数据加载与预处理:加载鸢尾花数据集,进行数据清洗和预处理,如处理缺失值、标准化特征等。

(2)数据划分:将数据集划分为训练集和测试集,通常采用 70% 训练集和 30% 测试集的比例。

(3)模型选择与训练:选择适当的机器学习算法,如支持向量机、决策树、KNN 等,对训练集进行训练。

(4)模型评估:使用测试集评估模型的性能,计算准确率、召回率、F_1 值等指标。

(5)模型优化:根据评估结果,调整模型参数,进行交叉验证,进一步提升模型性能。

(二)数据导入

首先导入在项目中将要使用的类库和方法,代码如下:

```python
# 导入类库
from pandas import read_csv
from pandas.plotting import scatter_matrix
from matplotlib import pyplot
from sklearn.model_selection import train_test_split
from sklearn.model_selection import KFold
from sklearn.model_selection import cross_val_score
from sklearn.metrics import classification_report
from sklearn.metrics import confusion_matrix
from sklearn.metrics import accuracy_score
from sklearn.linear_model import LogisticRegression

from sklearn.tree import DecisionTreeClassifier
from sklearn.discriminant_analysis import LinearDiscriminantAnalysis
from sklearn.neighbors import KNeighborsClassifier
from sklearn.naive_bayes import GaussianNB
from sklearn.svm import SVC
```

接下来在 UCI 机器学习仓库下载鸢尾花数据集,下载完成后保存在项目的统计目录中。在这里将使用 Pandas 来导入数据和对数据进行描述性统计分析,并利用 Matplotlib 实现数据可视化。需要注意的是,在导入数据时,为每个数据特征设定了名称,这有助于后面对数据的展示工作,尤其是通过图表展示数据,代码如下:

```
# 导入数据
filename = 'iris.data.csv'
names = ['separ - length', 'separ - width', 'petal - length', 'petal - width', 'class']
dataset = read_csv(filename, names = names)
```

（三）数据概述

在进行数据分析和机器学习建模之前，深入了解数据集的特性至关重要。通过对数据的全面审查，可以为后续的模型选择和算法应用提供坚实的基础。

以下从四个角度来审查数据：显示数据维度、查看数据的前 10 行、统计描述数据信息、分类分布情况，代码如下：

```
# 显示数据维度
print('数据维度: 行 %s,列 %s' % dataset.shape)
# 查看数据的前 10 行
print(dataset.head(10))
# 统计描述数据信息
print(dataset.describe())
# 分类分布情况
print(dataset.groupby('class').size())
```

通过分析结果，鸢尾花的三个亚属的数据各 50 条，分布非常平衡。如果数据的分布不平衡，可能会影响到模型的准确度。因此，当数据分布不平衡时，需要对数据进行处理，调整数据到相对平衡的状态。

相关链接 13-12

数据不平衡时的处理方法

（1）扩大数据样本：这是一个容易被忽视的选择。一个更大的数据集，就有可能挖掘出不同的或许更平衡的方面提高算法模型的准确度。

（2）数据的重新抽样：过抽样（复制少数类样本）和欠抽样（删除多数类样本）。当数据量很大时，可以考虑欠抽样（大于一万条记录）；当数据量比较小时，可以考虑过抽样。

（3）尝试生成人工样本：一种简单的生成人工样本的方法是从少数类的实例中随机抽样特征属性，生成更多的数据。

（4）异常检测和变化检测：尝试用不同的观点进行思考，以解决问题。异常检测是对罕见事件的检测。这种思维的转变在于考虑以小类作为异常值类，它可以帮助获得一种新方法来分离和分类样本。

（四）数据可视化

通过对数据集的审查，对数据有了一个基本的了解，接下来将通过图表来进一步查看数据特征的分布情况和数据不同特征之间的相互关系。使用单变量图表可以更好地理解每一个特征属性，而多变量图表则用于理解不同特征属性之间的关系。

单变量图表可以显示每一个单独的特征属性，因为每个特征属性都是数字，所以可以通

过箱线图来展示属性与中位值的离散速度。根据在数据概述中收集到的变量信息,各单变量箱线图和直方图展示代码如下:

```
# 箱线图
dataset.plot(kind = 'box', subplots = True, layout = (2,2), sharex = False, sharey = False)
pyplot.show()
# 直方图
dataset.hist()
pyplot.show()
```

从图 13-8 和图 13-9 我们看到,separ-length 和 separ-width 近似符合高斯分布,数据变量分布性质较好;而 petal-length 和 petal-width 数据存在部分离群点,分布较为分散。

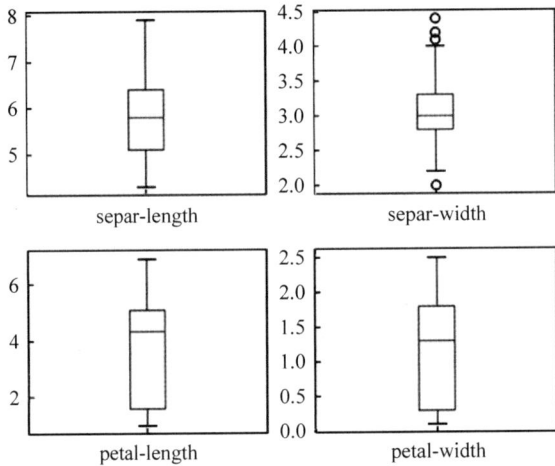

图 13-8　鸢尾花数据单变量箱线图

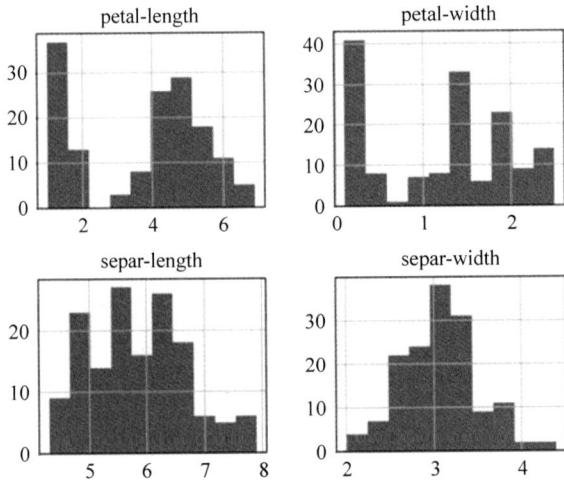

图 13-9　鸢尾花数据单变量直方图

在多变量数据分析中,散点矩阵图(Scatter Matrix)是一种有效的可视化工具,用于展示多个特征之间的相互关系。通过观察散点矩阵图,可以直观地识别特征之间的相关性、分布

模式以及潜在的异常值,代码如下:

```
# 散点矩阵图
scatter_matrix(dataset)
pyplot.show()
```

相关链接 13-13

机器学习中的特征工程

通常情况下,原始数据无法直接用于学习,我们需要从中提取和构建特征。这一过程是机器学习项目中的核心工作。通常,这部分工作融合了直觉、创造力和技术的力量。初学者常常对机器学习过程的复杂性感到惊讶。事实上,机器学习项目中真正用于模型训练的时间往往并不多。然而,数据的收集、整合、清理和预处理极为耗时,特征工程需要经过多次试验与调整。机器学习并不是一次性完成的,它是一个反复迭代的过程,涉及运行模型、分析结果、修改数据和/或优化学习器等步骤。

因此,学习部分通常是最快完成的,因为我们对其已有较高的熟练度。而特征工程则更为复杂,因为它通常依赖于特定领域的知识;相反,学习算法则更加通用。然而,两者并没有明确的界限,这也解释了为什么一些最有效的学习算法往往能够结合领域知识。机器学习的一个终极目标就是将特征工程过程越来越多地自动化,例如深度学习。现在最常采用的一种方式是先自动产生大量的候选特征,然后根据它们与分类信息的关联度来选取最好的特征。

(五)评估算法

通过不同的算法来创建模型,并评估它们的准确度,以便找到最合适的算法。模型被创建后,需要知道创建的模型是否足够好,在选择算法的过程中会采用统计学方法来评估算法模型。但是,更重要的是算法模型对真实数据的准确度如何,这就是保留一部分数据来评估算法模型的主要原因。下面将按照 80% 的训练数据集、20% 的评估数据集来分离数据:

```
# 分离数据集
array = dataset.values
X = array[:, 0:4]
Y = array[:, 4]
validation_size = 0.2
seed = 7
X_train, X_validation, Y_train, Y_validation = train_test_split(X, Y, test_size = validation_size, random_state = seed)
```

现在就分离出了 X_train 和 Y_train 用来训练算法创建模型,X_validation 和 Y_validation 在后面会用来验证评估模型。

模型选择:逻辑回归(LR)、线性判别分析(LDA)、KNN、CART、NB、支持向量机。

这些算法包含了线性算法(LR 和 LDA)和非线性算法(KNN、CART、NB 和 SVM)。在每次对算法进行评估前都会重新设置随机数的种子,以确保每次对算法的评估都使用相同

的数据集,保证算法评估的准确性。接下来创建并评估这六种算法模型:

```
# 模型建立
models = {}
models['LR'] = LogisticRegression()
models['LDA'] = LinearDiscriminantAnalysis()
models['KNN'] = KNeighborsClassifier()
models['CART'] = DecisionTreeClassifier()
models['NB'] = GaussianNB() models['SVM'] = SVC()
# 评估算法
results = [] for key in models:
    kfold = KFold(n_splits = 10, random_state = seed)
    cv_results = cross_val_score(models[key], X_train, Y_train, cv = kfold, scoring = 'accuracy')
    results.append(cv_results)
    print('%s: %f (%f)' % (key, cv_results.mean(), cv_results.std()))
```

执行上述代码,结果如下:

```
LR: 0.966667 (0.040825)
LDA: 0.975000 (0.038188)
KNN: 0.983333 (0.033333)
CART: 0.975000 (0.038188)
NB: 0.975000 (0.053359)
SVM: 0.991667 (0.025000)
```

在所有评估的模型中,SVM 表现最佳,平均准确率达到 0.991 7,标准差为 0.025 0,显示出其在该任务中的卓越性能和稳定性。而逻辑回归的平均准确率为 0.966 7,标准差为 0.040 8,略低于其他模型,可能在处理复杂模式时的表现不如其他算法。

(六)任务预测

选择了支持向量机作为该任务所使用的分类模型,现在使用全部训练集的数据生成一个 SVM 算法模型,并用预留的评估数据集给出 SVM 算法模型的预测结果报告,见表 13-2。

```
# 使用评估数据集评估算法
svm = SVC()
svm.fit(X = X_train, y = Y_train)
predictions = svm.predict(X_validation)
print(accuracy_score(Y_validation, predictions))
print(confusion_matrix(Y_validation, predictions))
print(classification_report(Y_validation, predictions))
```

表 13-2　支持向量机对鸢尾花数据集的分类结果

类　　别	精确率(Precision)	召回率(Recall)	F_1 分数(F_1-Score)	支持度(Support)
Iris-setosa	1.00	1.00	1.00	7
Iris-versicolor	1.00	0.83	0.91	12
Iris-virginica	0.85	1.00	0.92	11
平均/总计	0.95	0.94	0.94	30

SVM 模型对 Iris-setosa 类别的预测表现最佳,精确率、召回率和 F_1 分数均为 1.00,表示所有实际为 Iris-setosa 的样本都被正确预测,且所有被预测为 Iris-setosa 的样本也确实属于该类别。此外,Iris-versicolor 类别的样本中有 17% 被误分类,而预测时有 15% 预测为 Iris-virginica 的样本实际上属于其他类别。总体来看,预测的平均精确率为 0.95,召回率为 0.94,F_1 分数为 0.94,支持向量机机器学习模型的学习结果基本达到预期。

关键术语

机器学习　激活函数　逻辑回归　神经网络

闯关习题

即测即练

课外修炼

阅读《图解机器学习和深度学习入门》

一、作者简介

山口达辉是 Aidemy 股份有限公司的工程师。依照 Aidemy Pre-mium Plan 计划,对学习者从基本的编程指南到机器学习系统的实践进行指导。大学专攻自动驾驶专业,但是因偶然的机会从其他学科的教师那里取得了讲义后对机器学习的未来充满信心,随后变成了 AI 工程师。当前对人工智能和脑科学领域比较感兴趣。现在正在为探究人类的心智究竟是什么这个其中学时代就感兴趣的问题而阅读认知科学方面的论文。

二、主要特点

本书作为人工智能专业的入门书,带领读者初步学习和实践机器学习、深度学习的算法、流程和核心技术,并介绍了系统开发及开发环境,通过图解的方式将难懂的专业术语和算法表现出来,让没有相关专业基础的读者能够轻松入门。同时,本书还介绍了一些比较常用的网站网络服务,让读者能够学以致用。本书适合人工智能领域入门读者,也适合对人工智能感兴趣的其他领域读者学习。

> 梦想不会自动成真,但汗水会铺就成功的道路。加油,未来可期!

参考文献

[1] 李子奈,潘文卿.计量经济学[M].3版.北京:高等教育出版社,2009.

[2] 于俊年.计量经济学[M].2版.北京:对外经济贸易大学出版社,2007.

[3] 高铁梅.计量经济分析方法与建模:EViews 应用及实例[M].北京:清华大学出版社,2006.

[4] 古扎拉蒂.计量经济学原理与实践[M].李井奎,译.北京:中国人民大学出版社,2013.

[5] 古扎拉蒂.计量经济学[M].林少宫,译.5版.北京:中国人民大学出版社,2011.

[6] 斯托克.计量经济学导论[M].张涛,译.3版.北京:中国人民大学出版社,2014.

[7] 伍德里奇.计量经济学导论[M].费剑平,译.4版.北京:中国人民大学出版社,2010.

[8] 张晓峒.计量经济学基础[M].3版.天津:南开大学出版社,2007.

[9] 朱平芳.现代计量经济学[M].上海:上海财经大学出版社,2004.

[10] 王耀东.经济时间序列分析[M].上海:上海财经大学出版社,1996.

[11] 张保法.经济计量学[M].4版.北京:经济科学出版社,2000.

[12] 于俊年.计量经济学软件——EViews 的使用[M].北京:对外经济贸易大学出版社,2006.

[13] 易丹辉.数据分析与 EViews 应用[M].北京:中国统计出版社,2002.

[14] 张大维.EViews 数据统计与分析教程[M].北京:清华大学出版社,2010.

[15] 张晓峒.计量经济学软件 EViews 使用指南[M].天津:南开大学出版社,2003.

[16] 伍德里奇.Econometric analysis of cross section and panel data[M].Cambridge:The MIT Press,2001.

[17] 伍德里奇.Introductory econometrics:a modern approach[M].2nd ed.Chula Visea:South-Western College Publishing,2003.

[18] JOHNSTON J.Econometric methods[M].4th ed.New York:McGraw-Hill,1997.

[19] RAMANTHAN R.Introductory econometrics with applications[M].4th ed.Fort Worth:The Dryden Press,1998.

[20] MADDALA G S.Introduction to econometrics[M].3rd ed.Hoboken:John Wiley&Sons,2001.

[21] 陈封能.数据挖掘导论[M].北京:机械工业出版社,2019.

[22] 山口达辉.图解机器学习和深度学习入门[M].张鸿涛,戴凤智,高一婷,译.北京:化学工业出版社,2023.

附录 Appendix 统计分布表

附 录 A 标准正态分布表

$$\Phi(Z) = \int_{-\infty}^{z} \frac{1}{\sqrt{2\pi}} e^{-\frac{w^2}{2}} dw$$

$$[\Phi(-z) = 1 - \Phi(z)]$$

z	0.00	0.01	0.02	0.03	0.04	0.05	0.06	0.07	0.08	0.09
0.0	0.500 0	0.504 0	0.508 0	0.512 0	0.516 0	0.519 9	0.523 9	0.527 9	0.531 9	0.535 9
0.1	0.539 8	0.543 8	0.547 8	0.551 7	0.555 7	0.559 6	0.563 6	0.567 5	0.571 4	0.575 3
0.2	0.579 3	0.583 2	0.587 1	0.591 0	0.594 8	0.598 7	0.602 6	0.606 4	0.610 3	0.614 1
0.3	0.617 9	0.621 7	0.625 5	0.629 3	0.633 1	0.636 8	0.640 6	0.644 3	0.648 0	0.651 7
0.4	0.655 4	0.659 1	0.662 8	0.666 4	0.670 0	0.673 6	0.677 2	0.680 8	0.684 4	0.687 9
0.5	0.691 5	0.695 0	0.698 5	0.701 9	0.705 4	0.708 8	0.712 3	0.715 7	0.719 0	0.722 4
0.6	0.725 7	0.729 1	0.732 4	0.735 7	0.738 9	0.742 0	0.745 4	0.748 6	0.751 7	0.754 9
0.7	0.758 0	0.761 1	0.764 2	0.767 3	0.770 3	0.773 4	0.776 4	0.779 4	0.782 3	0.785 2
0.8	0.788 1	0.791 0	0.793 9	0.796 7	0.799 5	0.802 3	0.805 1	0.807 8	0.810 6	0.813 3
0.9	0.815 9	0.818 6	0.821 2	0.823 8	0.826 4	0.828 9	0.831 5	0.834 0	0.836 5	0.838 9
1.0	0.841 3	0.843 8	0.846 1	0.848 5	0.850 8	0.853 1	0.855 4	0.857 7	0.859 9	0.862 1
1.1	0.864 3	0.866 5	0.868 6	0.870 8	0.872 9	0.874 9	0.877 0	0.879 0	0.881 0	0.883 0
1.2	0.884 9	0.886 9	0.888 8	0.890 7	0.892 5	0.894 4	0.896 2	0.898 0	0.899 7	0.901 5
1.3	0.903 2	0.904 9	0.906 6	0.908 2	0.909 9	0.911 5	0.913 1	0.914 7	0.916 3	0.917 7

续表

z	0.00	0.01	0.02	0.03	0.04	0.05	0.06	0.07	0.08	0.09
1.4	0.919 2	0.920 7	0.922 2	0.923 6	0.925 1	0.926 5	0.927 9	0.929 2	0.930 6	0.931 9
1.5	0.933 2	0.934 5	0.935 7	0.937 0	0.938 2	0.939 4	0.940 6	0.941 8	0.942 9	0.944 1
1.6	0.945 2	0.946 3	0.947 4	0.948 4	0.949 5	0.950 5	0.951 5	0.952 5	0.953 5	0.954 5
1.7	0.955 4	0.956 4	0.957 3	0.958 2	0.959 1	0.959 9	0.960 8	0.961 6	0.962 5	0.963 3
1.8	0.964 1	0.964 9	0.965 6	0.966 4	0.967 1	0.967 8	0.968 6	0.969 3	0.969 9	0.970 6
1.9	0.971 3	0.971 9	0.972 6	0.973 2	0.973 8	0.974 4	0.975 0	0.975 6	0.976 1	0.976 7
2.0	0.977 2	0.977 8	0.978 3	0.978 8	0.979 3	0.979 8	0.980 3	0.980 8	0.981 2	0.981 7
2.1	0.982 1	0.982 6	0.983 0	0.983 4	0.983 8	0.984 2	0.984 6	0.985 0	0.985 4	0.985 7
2.2	0.986 1	0.986 4	0.986 8	0.987 1	0.987 5	0.987 8	0.988 1	0.988 4	0.988 7	0.989 0
2.3	0.989 3	0.989 6	0.989 8	0.990 1	0.990 4	0.990 6	0.990 9	0.991 1	0.991 3	0.991 6
2.4	0.991 8	0.992 0	0.992 2	0.992 5	0.992 7	0.929 0	0.993 1	0.993 2	0.934 0	0.993 6
2.5	0.993 8	0.994 0	0.994 1	0.994 3	0.994 5	0.994 6	0.994 8	0.994 9	0.995 1	0.995 2
2.6	0.953 0	0.995 5	0.995 6	0.995 7	0.995 9	0.996 0	0.996 1	0.996 2	0.996 3	0.996 4
2.7	0.996 5	0.996 6	0.996 7	0.996 8	0.996 9	0.997 0	0.997 1	0.997 2	0.997 3	0.997 4
2.8	0.974 0	0.997 5	0.997 6	0.997 7	0.997 7	0.997 8	0.997 9	0.997 9	0.998 0	0.998 1
2.9	0.998 1	0.998 2	0.998 2	0.998 3	0.998 4	0.998 4	0.998 5	0.998 5	0.998 6	0.998 6
3.0	0.998 7	0.998 7	0.998 7	0.998 8	0.988 0	0.998 9	0.998 9	0.998 9	0.999 0	0.999 0

附 录 B   t 分布表

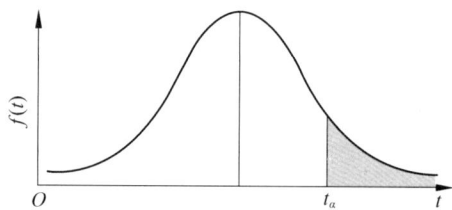

（α 指自由度，并分单侧和双侧两种类型）

（单侧）	40%	30%	20%	10%	5%	2.5%	1%	0.5%	0.05%
1	0.325	0.727	1.376	3.078	6.314	12.706	31.821	63.657	636.619
2	0.289	0.617	1.061	1.886	2.920	4.303	6.965	9.925	31.599
3	0.277	0.584	0.978	1.638	2.353	3.182	4.541	5.841	12.924
4	0.271	0.569	0.941	1.533	2.132	2.776	3.747	4.604	8.610
5	0.267	0.559	0.920	1.476	2.015	2.571	3.365	4.032	6.869
6	0.265	0.553	0.906	1.440	1.943	2.447	3.143	3.707	5.959

续表

（单侧）	40%	30%	20%	10%	5%	2.5%	1%	0.5%	0.05%
7	0.263	0.549	0.896	1.415	1.895	2.365	2.998	3.499	5.408
8	0.262	0.546	0.889	1.397	1.860	2.306	2.896	3.355	5.041
9	0.261	0.543	0.883	1.383	1.833	2.262	2.821	3.250	4.781
10	0.260	0.542	0.879	1.372	1.812	2.228	2.764	3.169	4.587
11	0.260	0.540	0.876	1.363	1.796	2.201	2.718	3.106	4.437
12	0.259	0.539	0.873	1.356	1.782	2.179	2.681	3.055	4.318
13	0.259	0.538	0.870	1.350	1.771	2.160	2.650	3.012	4.221
14	0.258	0.537	0.868	1.345	1.761	2.145	2.624	2.977	4.140
15	0.258	0.536	0.866	1.341	1.753	2.131	2.602	2.947	4.073
16	0.258	0.535	0.865	1.337	1.746	2.120	2.583	2.921	4.015
17	0.257	0.534	0.863	1.333	1.740	2.110	2.567	2.898	3.965
18	0.257	0.534	0.862	1.330	1.734	2.101	2.552	2.878	3.922
19	0.257	0.533	0.861	1.328	1.729	2.093	2.539	2.861	3.883
20	0.257	0.533	0.860	1.325	1.725	2.086	2.528	2.845	3.850
21	0.257	0.532	0.859	1.323	1.721	2.080	2.518	2.831	3.819
22	0.256	0.532	0.858	1.321	1.717	2.074	2.508	2.819	3.792
23	0.256	0.532	0.858	1.319	1.714	2.069	2.500	2.807	3.768
24	0.256	0.531	0.857	1.318	1.711	2.064	2.492	2.797	3.745
25	0.256	0.531	0.856	1.316	1.708	2.060	2.485	2.787	3.725
26	0.256	0.531	0.856	1.315	1.706	2.056	2.479	2.779	3.707
27	0.256	0.531	0.855	1.314	1.703	2.052	2.473	2.771	3.690
28	0.256	0.530	0.855	1.313	1.701	2.048	2.467	2.763	3.674
29	0.256	0.530	0.854	1.311	1.699	2.045	2.462	2.756	3.659
30	0.256	0.530	0.854	1.310	1.697	2.042	2.457	2.750	3.646
40	0.255	0.529	0.851	1.303	1.684	2.021	2.423	2.704	3.551
50	0.255	0.528	0.849	1.299	1.676	2.009	2.403	2.678	3.496
60	0.254	0.527	0.848	1.296	1.671	2.000	2.390	2.660	3.460
70	0.254	0.527	0.847	1.294	1.667	1.994	2.381	2.648	3.435
80	0.254	0.526	0.846	1.292	1.664	1.990	2.374	2.639	3.416
90	0.254	0.526	0.846	1.291	1.662	1.987	2.368	2.632	3.402
100	0.254	0.526	0.845	1.290	1.660	1.984	2.364	2.626	3.390
110	0.254	0.526	0.845	1.289	1.659	1.982	2.361	2.621	3.381
120	0.254	0.526	0.845	1.289	1.658	1.980	2.358	2.617	3.373
∞	0.253	0.524	0.842	1.282	1.645	1.960	2.326	2.576	3.291

附录 C χ^2 分布表

本表对自由度 n 的 χ^2 分布给出上侧分位数(χ_α^2)表，$P(\chi_n^2 > X_\alpha^2) = \alpha$

n	0.995	0.99	0.975	0.95	0.05	0.025	0.01	0.005
1	0.000 039 3	0.000 157	0.000 92	0.003 93	3.841	5.024	6.635	7.879
2	0.010 0	0.020 1	0.050 6	0.103	5.991	7.387	9.210	10.579
3	0.071 7	0.115	0.216	0.352	7.815	9.348	11.345	12.838
4	0.207	0.297	0.484	0.711	9.488	11.143	13.277	14.860
5	0.412	0.554	0.831	1.145	11.070	12.832	15.086	16.750
6	0.676	0.872	1.237	1.635	12.592	14.449	16.812	18.548
7	0.989	1.239	1.690	2.167	14.067	16.013	18.475	20.278
8	1.344	1.646	2.180	3.733	15.507	17.535	20.090	21.955
9	1.735	2.086	2.700	3.325	16.919	19.023	21.666	23.589
10	2.156	2.558	3.247	3.940	18.307	20.483	23.209	25.188
11	2.603	3.053	3.186	4.575	19.675	21.920	24.725	26.757
12	3.074	3.571	4.404	5.226	21.026	23.337	26.217	28.300
13	3.565	4.107	5.009	5.892	22.362	24.736	27.688	29.819
14	4.075	4.660	5.629	6.571	23.685	26.119	29.141	31.319
15	4.601	5.229	6.262	7.261	24.996	27.488	30.578	32.801
16	5.142	5.812	6.908	7.962	26.296	28.845	32.000	34.267
17	5.697	6.408	7.564	8.672	27.587	30.191	33.409	35.718
18	6.265	7.015	8.231	9.390	28.869	31.526	34.805	37.156
19	6.844	7.633	8.907	10.117	30.144	32.852	36.191	38.582
20	7.434	8.260	9.591	10.851	31.410	34.170	37.566	39.997
21	8.034	8.897	10.283	11.591	32.671	35.479	38.932	41.401
22	8.643	9.542	10.982	12.338	33.924	36.781	40.289	42.796
23	9.260	10.196	11.689	13.091	35.172	38.076	41.638	44.181
24	9.886	10.856	12.401	13.848	36.415	39.364	42.980	45.558
25	10.520	11.524	13.120	14.611	37.652	40.646	44.314	46.928
26	11.160	12.198	13.844	15.379	38.885	41.923	45.642	48.290
27	11.808	12.879	14.573	16.151	40.113	43.194	46.963	49.645
28	12.461	13.365	15.308	16.928	41.337	44.461	48.278	50.993
29	13.121	14.256	16.047	17.708	42.557	45.722	49.588	52.336
30	13.787	14.953	16.791	18.493	43.773	46.979	50.892	53.672

附 录 D　　　F 分布表

(α＝0.01)

k n－k－1	分子自由度									
	1	2	3	4	5	6	8	12	24	∞
1	4 052	4 999	5 403	5 625	5 764	5 859	5 981	6 106	6 234	6 366
2	98.49	99.01	99.17	99.25	99.30	99.33	99.36	99.42	99.46	99.50
3	34.12	30.81	29.46	28.71	28.24	27.91	27.49	27.05	26.60	26.12
4	21.2	18.00	16.69	15.98	15.52	15.21	14.8	14.37	13.93	13.46
5	16.26	13.27	12.06	11.39	10.97	10.67	10.29	9.89	9.47	9.02
6	13.74	10.92	9.78	9.15	8.75	8.47	8.10	7.72	7.31	6.88
7	12.25	9.55	8.45	7.85	7.46	7.19	6.84	6.47	6.07	5.65
8	11.26	8.65	7.59	7.01	6.63	6.37	6.03	5.67	5.28	4.86
9	10.56	8.02	6.99	6.42	6.06	5.80	5.47	5.11	4.73	4.31
10	10.04	7.56	6.55	5.99	5.64	5.39	5.06	4.71	4.33	3.91
11	9.65	7.20	6.22	5.67	5.32	5.07	4.74	4.40	4.02	3.60
12	9.33	6.93	5.95	5.41	5.06	4.82	4.50	4.16	3.78	3.36
13	9.07	6.70	5.74	5.20	4.86	4.62	4.30	3.96	3.59	3.16
14	8.86	6.51	5.56	5.03	4.69	4.46	4.14	3.80	3.43	3.00
15	8.68	6.36	5.42	4.89	4.56	4.32	4.00	3.67	3.29	2.87
16	8.53	6.23	5.29	4.77	4.44	4.20	3.89	3.55	3.18	2.75
17	8.40	6.11	5.18	4.67	4.34	4.10	3.79	3.45	3.08	2.65
18	8.28	6.01	5.09	4.58	4.25	4.01	3.71	3.37	3.00	2.57
19	8.18	5.93	5.01	4.50	4.17	3.94	3.63	3.30	2.92	2.49
20	8.10	5.85	4.94	4.43	4.10	3.87	3.56	3.23	2.86	2.42
21	8.02	5.78	4.87	4.37	4.04	3.81	3.51	3.17	2.80	2.36
22	7.94	5.72	4.82	4.31	3.99	3.76	3.45	3.12	2.75	2.31
23	7.88	5.66	4.76	4.26	3.94	3.71	3.41	3.07	2.70	2.26
24	7.82	5.61	4.72	4.22	3.90	3.67	3.36	3.03	2.66	2.21
25	7.77	5.57	4.68	4.18	3.86	3.63	3.32	2.99	2.62	2.17
26	7.72	5.53	4.64	4.14	3.82	3.59	3.29	2.96	2.58	2.13
27	7.68	5.49	4.60	4.11	3.78	3.56	3.26	2.93	2.55	2.10
28	7.64	5.45	4.57	4.07	3.75	3.53	3.23	2.90	2.52	2.06
29	7.60	5.42	4.54	4.04	3.73	3.50	3.20	2.87	2.49	2.03
30	7.56	5.39	4.51	4.02	3.70	3.47	3.17	2.84	2.47	2.01
40	7.31	5.18	4.31	3.83	3.51	3.29	2.99	2.66	2.29	1.80
60	7.08	4.98	4.13	3.65	3.34	3.12	2.82	2.50	2.12	1.60
120	6.85	4.79	3.95	3.48	3.17	2.96	2.66	2.34	1.95	1.38
∞	6.64	4.60	3.78	3.32	3.02	2.80	2.51	2.18	1.79	1.00

附 录 E　　DW 检验上下界表

$$(\alpha = 0.05)$$

n	k=1		k=2		k=3		k=4		k=5	
	d_L	d_U	d_L	d_U	d_L	d_U	d_L	d_U	d_L	d_U
15	1.08	1.36	0.95	1.54	0.82	1.75	0.69	1.97	0.56	2.21
16	1.10	1.37	0.98	1.54	0.86	1.73	0.74	1.93	0.62	2.15
17	1.13	1.38	1.02	1.54	0.90	1.71	0.78	1.90	0.67	2.10
18	1.16	1.39	1.05	1.53	0.93	1.69	0.82	1.87	0.71	2.06
19	1.18	1.40	1.08	1.53	1.97	1.68	0.86	1.85	0.75	2.02
20	1.20	1.41	1.10	1.54	1.00	1.68	0.90	1.83	0.79	1.99
21	1.22	1.42	1.13	1.54	1.03	1.67	0.93	1.81	0.83	1.96
22	1.24	1.43	1.15	1.54	1.05	1.66	0.96	1.80	0.86	1.94
23	1.26	1.44	1.17	1.54	1.08	1.66	0.99	1.79	0.90	1.92
24	1.27	1.45	1.19	1.55	1.10	1.66	1.01	1.78	0.93	1.90
25	1.29	1.45	1.21	1.55	1.12	1.66	1.04	1.77	0.95	1.89
26	1.30	1.46	1.22	1.55	1.14	1.65	1.06	1.76	0.98	1.88
27	1.32	1.47	1.24	1.56	1.16	1.65	1.08	1.76	1.01	1.86
28	1.33	1.48	1.26	1.56	1.18	1.65	1.10	1.75	1.03	1.85
29	1.34	1.48	1.27	1.56	1.20	1.65	1.12	1.74	1.05	1.84
30	1.35	1.49	1.28	1.57	1.21	1.65	1.14	1.74	1.07	1.83
31	1.36	1.50	1.30	1.57	1.23	1.65	1.16	1.74	1.09	1.83
32	1.37	1.50	1.31	1.57	1.24	1.65	1.18	1.73	1.11	1.82
33	1.38	1.51	1.32	1.58	1.26	1.65	1.19	1.73	1.13	1.81
34	1.39	1.51	1.33	1.58	1.27	1.65	1.21	1.73	1.15	1.81
35	1.40	1.52	1.34	1.58	1.28	1.65	1.22	1.73	1.16	1.80
36	1.41	1.52	1.35	1.59	1.29	1.65	1.24	1.73	1.18	1.80
37	1.42	1.53	1.36	1.59	1.31	1.66	1.25	1.72	1.19	1.80
38	1.43	1.54	1.37	1.59	1.32	1.66	1.26	1.72	1.21	1.79
39	1.43	1.54	1.38	1.60	1.33	1.66	1.27	1.72	1.22	1.79
40	1.44	1.54	1.39	1.60	1.34	1.66	1.29	1.72	1.23	1.79
45	1.48	1.57	1.43	1.62	1.38	1.67	1.34	1.72	1.29	1.78

n	$k=1$		$k=2$		$k=3$		$k=4$		$k=5$	
	d_L	d_U	d_L	d_U	d_L	d_U	d_L	d_U	d_L	d_U
50	1.50	1.59	1.46	1.63	1.42	1.67	1.38	1.72	1.34	1.77
55	1.53	1.60	1.49	1.64	1.45	1.68	1.41	1.72	1.38	1.77
60	1.55	1.62	1.51	1.65	1.48	1.69	1.44	1.73	1.41	1.77
65	1.57	1.63	1.54	1.66	1.50	1.70	1.47	1.73	1.44	1.77
70	1.58	1.64	1.55	1.67	1.52	1.70	1.49	1.74	1.46	1.77
75	1.60	1.65	1.57	1.68	1.54	1.71	1.51	1.74	1.49	1.77
80	1.61	1.66	1.59	1.69	1.56	1.72	1.53	1.74	1.51	1.77
85	1.62	1.67	1.60	1.70	1.57	1.72	1.55	1.75	1.52	1.7
90	1.63	1.68	1.61	1.70	1.59	1.73	1.57	1.75	1.54	1.78
95	1.64	1.69	1.62	1.71	1.60	1.73	1.58	1.75	1.56	1.78
100	1.65	1.69	1.63	1.72	1.61	1.74	1.59	1.76	1.57	1.78

教师服务

　　感谢您选用清华大学出版社的教材！为了更好地服务教学，我们为授课教师提供本书的教学辅助资源，以及本学科重点教材信息。请您扫码获取。

≫ 教辅获取

本书教辅资源，授课教师扫码获取

112475

≫ 样书赠送

经济学类重点教材，教师扫码获取样书

清华大学出版社

E-mail: tupfuwu@163.com

电话：010-83470332 / 83470142

地址：北京市海淀区双清路学研大厦 B 座 509

网址：http://www.tup.com.cn/

传真：8610-83470107

邮编：100084